:(:

VOTRE JOB, AIMEZ-LE

OU QUITTEZ-LE !

Traduction de l'anglais : Christophe Billon

Publié en Grande-Bretagne en 2020 sous le titre *Love It Or Leave It : How to Be Happy at Work.*

SAMANTHA CLARKE

VOTRE JOB, AIMEZ-LE OU QUITTEZ-LE !

LAROUSSE

Consultante en bonheur, **SAMANTHA CLARKE** est la fondatrice du mouvement Love It or Leave It et enseignante à The School of Life, où elle anime des ateliers sur le potentiel professionnel, la création d'une carrière multi-activités, la gestion du stress et la confiance.

Samantha accompagne DRH, dirigeants et autres cadres, et les conseille en matière de développement de stratégies du bonheur et de prise d'initiatives en termes de coaching, pour mieux traiter les sujets de la progression professionnelle et du bien-être au travail. Elle a collaboré avec bon nombre d'entreprises, telles qu'Innocent, MediaCom UK, Deutsche Telekom, Dishroom, Viacom, The Royal Bank of Scotland, Pepsico, American Express ou British Fashion Council…

Elle participe régulièrement à des congrès, comme ceux de Design Hotels AG, Harrods, Giorgio Armani, l'université de Cambridge, Cannes Lions, *Stylist* Live, *Elle,* Weekender, ainsi qu'au sommet des ressources humaines publiques d'Abu Dhabi et au Soho House Group.

Samantha gère un podcast intitulé « Love It or Leave It », qui propose des interviews de philosophes, de fondateurs de start-up et d'experts de la technologie, entre autres. Son travail a fait l'objet d'articles et de reportages dans *Monocle*, *Stylist*, *The Times*, *Psychologies*, *Forbes*, *Harper's Bazaar*, *Elle*, l'*Evening Standard*, *City AM*, BBC Global News et BBC Radio 4.

Pour en savoir plus, rendez-vous sur www.loveitleaveit.co (site en anglais).
@samanthaand_ et @_loveitleaveit_

QUELQUES TÉMOIGNAGES

« J'ai adoré la séance Love It or Leave It avec Samantha, pleine de conseils pratiques utiles. Je recommande vraiment à tout le monde de faire appel à elle. »
Naomi Puri, responsable du recrutement de talents à la Royal Bank of Scotland

« Samantha a une approche sérieuse et très fouillée de son métier de coach. Son style calme, accommodant et pragmatique vous encourage à sortir sans inquiétude de votre zone de confort et à évoluer à votre meilleur niveau. Les lecteurs peuvent s'attendre à bénéficier de conseils pertinents qui font travailler les méninges, remettent en cause leurs hypothèses et les aident à abattre plus de tâches importantes (et moins de tâches inutiles). »
Perri Lewis, cofondateur et PDG de Mastered

« Samantha est une experte expérimentée du bonheur au travail qui maîtrise totalement son sujet. »
Serdar Kutucu, directeur de l'exploitation chez Design Hotel AG

« Nous n'aurions pu choisir meilleure personne pour rendre plus heureux nos employés. »
Josh Krichefski, directeur Région EMA, MediaCom UK

« Samantha a aidé nos directeurs généraux et chefs de département à mieux comprendre ce qui les rend heureux et à savoir tirer encore plus de satisfaction de leur existence et de leurs équipes. Un investissement indéniablement fructueux. Samantha est géniale ! »
Andy O'Callaghan, directeur du personnel, Dishoom

À tous ceux en quête de méthodes de travail
et d'une existence épanouissantes, pleines de sens, riches,
plus saines et sources de bonheur.
Ce livre est fait pour vous…

Introduction

Travail : que vous est-il arrivé ? Vous avez changé.

Notre relation au travail est une histoire d'amour cruelle et tourmentée.

Nous avons commencé à troquer les travaux physiques des champs contre de l'argent. Le travail était alors rude, difficile et ne procurait aucune joie. Puis nous avons délaissé le froid extérieur pour gagner la chaleur des bureaux. Notre vie professionnelle s'est alors épanouie grâce à l'acquisition de compétences techniques. Nous étions curieux et avides de découvrir où cette relation nous mènerait, à tel point que nous l'avons laissée nous mettre en valeur : en échangeant notre temps et notre réflexion contre de l'argent, nous nous sommes encore plus consacrés au travail dans l'espoir d'un avenir meilleur.

Lentement mais sûrement, notre travail est devenu de plus en plus envahissant, s'immisçant dans toutes nos interactions, nous poursuivant pendant notre temps libre et jouant avec nos émotions. Désespérés et désorientés, nous avons cédé ; il s'est mis à perturber notre sommeil, notre vie sexuelle et à malmener notre personnalité en société. Nous sommes désormais dans une situation épineuse, car il n'est pas facile de l'occulter. Même lorsque nous essayons d'aller de l'avant et de procéder différemment, notre travail s'attache à nous rappeler tout le chemin parcouru ensemble, tout ce à quoi nous renoncerions en passant à autre chose, tout ce qu'il nous permet d'acquérir, ainsi que l'étroite imbrication entre notre identité et le bonheur (voir chapitre 1).

D'autres forces pèsent et poussent à nous réveiller et à nous montrer plus exigeants vis-à-vis de cette relation professionnelle que la technologie transforme à un rythme si rapide et qui oblige chacun d'entre nous à se métamorphoser et à prendre des décisions.

Toutefois, cette relation, comme bien d'autres, ne peut être perçue à travers un seul prisme, ce qui est plutôt positif. Certes, la technologie peut entraver notre potentiel professionnel dans un domaine, mais elle a aussi amélioré notre *manière de travailler* et favorisé notre créativité. Elle nous a offert la liberté et la flexibilité de travailler à distance, de modifier des documents en déplacement grâce à nos téléphones, de faire naître nos idées et singularités les plus incroyables et de tisser des liens avec des personnes vivant sous différentes latitudes. Si ces caractéristiques de la technologie sont positives à bien des égards, comme nous le verrons au chapitre 10, je souhaiterais pour l'instant me consacrer à son côté obscur.

Ne vous inquiétez pas pour le travail : dans tous les cas, il se portera bien, car ce ne sont pas les options qui manquent. Dans un futur assez proche, nombre de secteurs d'activité auront recours à l'intelligence artificielle (IA). Ce sera donc à VOUS de définir votre statut au sein de cette relation avant qu'il ne soit trop tard.

Toutefois, dans certains domaines, tels que nos capacités humaines naturelles, la technologie ne peut pas (encore) rivaliser, comme votre vision créative et novatrice, empathie, sens critique et réflexion stratégique. La technologie ne fera pas de quartier avec certaines fonctions. Vous le constatez d'ores et déjà lorsque vous entrez dans une banque ou un supermarché qui grouillait autrefois d'employés, qui sont aujourd'hui remplacés par des machines. Si ces dernières sont peut-être plus rapides, les effectifs humains ont été drastiquement réduits. Votre emploi n'a peut-être pas subi une automatisation aussi rapide, mais cela ne signifie pas pour autant que vous puissiez dormir sur vos deux oreilles. Que vous utilisiez ou développiez la technologie ou que vous ayez des fonctions résolument humaines, le moment est venu de vous montrer plus malin, habile et progressiste à l'heure de peser vos compétences dans vos futures attributions.

Avez-vous déjà cherché à imaginer l'employé que vous pourriez devenir après ce tournant ?

Cette question peut être perturbante et paraître quelque peu radicale. Cependant, le fait est que le travail a changé et continuera de se transformer. Il est donc temps pour vous de prendre de nouvelles et meilleures mesures. Assumer qui vous êtes et identifier vos qualités personnelles de superhéros vous aidera à demeurer à la pointe des évolutions.

Pouvez-vous devenir un funambule du changement ?

D'un point de vue neurologique, à mesure que nous vieillissons, notre cerveau devient de plus en plus résistant au changement. Celui-ci n'est pas agréable, il s'avère compliqué et notre cerveau n'aime pas cela. Mais vous devez changer et vous adapter. Il est crucial pour votre avenir de faire un point sur votre situation et de trouver quelle voie suivre et quelles mesures doivent être prises pour l'atteindre.

Vous pensez peut-être que je parle uniquement de compétences ? Ce n'est pas le cas. Devenir techniquement plus malin est dépassé. Vous ne pouvez surpasser l'IA. Plutôt que de lutter contre des moulins à vent, contentez-vous de suivre la voie de la moindre résistance et de fournir un autre type d'efforts.

Une bonne méthode consiste à développer ces qualités personnelles, pourtant si souvent moquées. L'avenir exigera donc de vous de savoir comment :

- gérer facilement les difficultés ;
- faire preuve d'empathie et être au service des autres ;
- être le champion de la résolution de problèmes ;
- collaborer et nouer des relations avec de nouveaux et d'anciens contacts ;
- gérer votre bien-être émotionnel et mental afin de réussir ;
- communiquer efficacement lors de contacts physiques et via les plateformes numériques ;
- afficher une influence sociale et diriger non seulement les autres, mais également vous-même.[1]

De nouveaux mots comme télétravail, job temporaire ou encore carrière multi-activité, font chaque jour leur apparition et démontrent à quel point la sphère du travail évolue. Sans oublier les « talents agiles ». Ce terme a été inventé par des entreprises désireuses de créer un réservoir de talents dans lequel elles peuvent puiser en toute flexibilité afin de bénéficier de renforts pour des projets ad hoc. La population active future sera un ensemble disparate d'entrepreneurs, de travailleurs indépendants, d'IA, de robots et de réservoirs de talents agiles externes.

Vous sentez-vous capable de prendre de nouvelles habitudes qui vous rendront plus flexible et ouvert à toutes les situations que vous rencontrerez ?

Ce livre sera votre prescription médicale, destinée à vous aider à ces changements ! Avoir une longueur d'avance dès le départ, c'est être prêt en permanence à apprendre des choses,

---

1. The Future of Jobs Report 2018 – Forum économique mondial. www3.weforum.org/docs/WEF_Future_of_Jobs_2018.pdf (document consulté le 16 novembre 2020)

repérer les occasions à saisir et se préparer mentalement et physiquement.

Qu'est-ce qui vous a amené à lire ce livre ?

La curiosité ? Une lubie ? Les recommandations d'un proche ? En avez-vous assez des ressources professionnelles sans substance ? Quelle que soit la raison, ce titre provocateur s'est retrouvé entre vos mains. Son objectif est de vous aider à prendre de véritables mesures, que vous aimiez ou souhaitiez quitter votre job.

> Votre job : aimez-le – trouvez des moyens d'apprécier les fonctions actuelles à leur juste valeur et de cultiver votre bonheur professionnel, aussi bien dans votre domaine de prédilection qu'en dehors ;
> ou
> quittez-le – cherchez une profession adaptée, prenez vos compétences sous le bras et passez à autre chose, qu'il s'agisse de vous recycler, d'opter pour un nouveau job, d'embrasser une carrière multi-activités ou de monter une entreprise.

Examinez ces deux voies et réfléchissez à ce que chacune d'elles vous inspire. Il n'existe pas de bon ou de mauvais chemin, mais vous aurez en main des indices pour effectuer un choix approprié. Mon rôle est de vous conseiller, de manière impartiale ; si certaines de mes questions peuvent parfois déranger, c'est toujours dans l'optique de vous aider à défricher les chemins, mais sans vous pousser vers l'un ou l'autre. Au final, le choix vous incombe.

Je vous recommande de lire cet ouvrage en entier en prenant des notes au fur et à mesure, et non de privilégier les chapitres qui vous font envie – si cette solution vous tente car elle vous paraît plus facile, elle n'est toutefois pas idéale. Au fil des pages, vous trouverez des exercices destinés à vous aider à réfléchir aux options qui s'offrent à vous.

La feuille de route présentée dans ce livre vous permettra de redéfinir votre relation au travail et à vous-même. Votre détermination est primordiale. Pour trouver le bonheur, vous devez être fin prêt et ne pas attendre de miracle. Prêt à mettre en lumière les recoins sombres de votre vie professionnelle et à en tirer les leçons pour aller vers le changement ? Le temps presse !

SECTION 1

HARMONIE
ENTRE VIE PROFESSIONNELLE
ET VIE PERSONNELLE

CHAPITRE 1

Qui suis-je en fait ?

Vous participez à une fête ou à un dîner et soudain, quelqu'un se tourne vers vous et vous demande : « Et vous, vous faites quoi ? »

Quelle est votre première réaction ? Vous répugnez à répondre ? Vous vous demandez nerveusement quel pourrait être le meilleur job ? Vous cachez votre jalousie envers l'un de vos collègues ou l'un de vos proches ? Vous vous mettez immédiatement sur la défensive ? Vous en avez assez du train-train professionnel ? PDG, concepteur, avocat, docteur… Si ce genre de titre peut être oppressant ou étouffant pour certains d'entre nous, ils s'avèrent pourtant fort utile pour juger autrui.

Répétez après moi : JE NE SUIS PAS MON TITRE. JE NE SUIS PAS MON TITRE. JE NE SUIS PAS MON TITRE.

Qui êtes-vous ?

Dans le monde de l'entreprise, l'étiquette collée à votre peau sert à :

- vous classifier ;
- donner aux autres des indicateurs clairs sur votre domaine d'expertise et votre ancienneté ;
- faciliter la vie de la DRH ;
- clarifier votre tranche de salaire.

Mais elle vous emprisonne en :

- réfrénant vos ambitions ;
- restreignant vos capacités et nivelant par le bas vos compétences ;
- pouvant être à l'origine d'un conflit lorsqu'une personne outrepasse ses fonctions.

Ceci dit, votre titre, c'est de l'histoire ancienne. Oui, vous m'avez bien entendu. Tout le monde s'en moque. Car les intitulés de poste ne cessent de changer. Conservateur de la réalité virtuelle, fermier urbain, chirurgien de la mémoire… Les avez-vous déjà entendus ? Non ? Eh bien, ça ne va pas tarder. Résistez donc à la tentation d'associer vos espoirs et votre identité à un titre ou à sa signification pompeuse actuelle car ils auront bientôt disparu !

Fuyez les fonctions ou intitulés de poste qui vous cataloguent et imprégnez-vous de tout un éventail d'habiletés, de capacités et de compétences malléables. Associez vos savoir-faire et emmagasinez les expériences qui montreront à vos futurs employeurs qui vous êtes vraiment. J'ai baptisé cet ensemble de compétences et d'expériences « signature professionnelle ».

J'en reparlerai plus loin, mais voici une petite réflexion pour commencer : quelle « signature professionnelle » pourrait décrire vos capacités si vous aviez les coudées franches ? Prenons mon exemple personnel :

Consultante en bonheur – aider les gens et les entreprises à accorder la priorité au bonheur professionnel.

Ma signature personnelle englobe divers domaines : l'écriture, le podcast, l'art oratoire, le coaching, le conseil, l'encadrement d'équipes, la gestion financière, la conception de stratégies, la résolution de problèmes, l'organisation et la création. Besoin de développer ?

Par conséquent, au lieu de vous en tenir à « concepteur de X », « docteur » ou « rédacteur », qui pourriez-vous être d'autre et comment décririez-vous ce poste ? Vous avez le sentiment d'être dans une impasse ? Ne vous inquiétez pas, nous allons traiter le sujet plus en détail par la suite. Je suis avec vous !

Quand le travail prend toute la place

Faire tout un plat d'intitulés de postes étriqués n'est pas le seul problème. Le travail a phagocyté toute notre vie, au point que nous avons oublié comment nous amuser, jouer et mener des expériences.

Qu'avez-vous d'autre dans votre vie ?

Quand nous n'avons que le travail dans la vie, que se passe-t-il quand il vient à disparaître ? Par le passé, j'ai coaché des personnes qui avaient été licenciées pour raisons économiques où renvoyées du jour au lendemain. Elles prenaient alors cruellement conscience de l'étroitesse de leur nouvel univers. Leur écosystème était exclusivement relié au travail, leurs amis en étaient presque tous uniquement issus et leur estime de soi et leur raison d'être reposaient essentiellement sur leur travail. Lorsque notre job et notre identité sont aussi étroitement liés, nos difficultés, frustrations et éventuels conflits avec nos collègues ou nos fonctions finissent par nous ronger. Nous nous sentons alors constamment visés. Accaparés par notre travail, nous nous éloignons de nos amis, de notre famille et des magnifiques choses que nous offre la vie.

Parfois, nous basons toute notre existence sur la rencontre de personnes, la participation à des événements et la création de relations purement destinées à favoriser l'avancement de notre carrière. Vraiment fou comme mode de vie ! Quand vous persistez à ne pas vivre afin de consacrer de plus en plus de temps à votre travail, vous finissez comme un œuf de Pâques oublié dans le jardin.

Voyons comment corriger cela. Le simple fait de bien vous cerner et de comprendre votre comportement est une pièce du puzzle. Les relations que vous entretenez avec les autres sont aussi essentielles. Mais l'élément primordial est votre foyer.

En quoi le travail vous prive-t-il d'une vraie vie ?

Nous plonger dans nos pensées n'est pas souvent notre occupation favorite, mais cette démarche s'avère pourtant nécessaire pour assumer la personne que nous sommes et identifier ce que le travail nous apporte. De nos jours, les gens sont terrifiés par ces silences ou circonstances susceptibles de soulever les questions d'identité. Ils font donc leur possible pour se laisser distraire : parcourir les notifications sur les réseaux sociaux, faire les magasins ou prendre un verre au café. Tout pour éviter de regarder en face les problèmes rencontrés au travail.

EXERCICE

La zone optimale

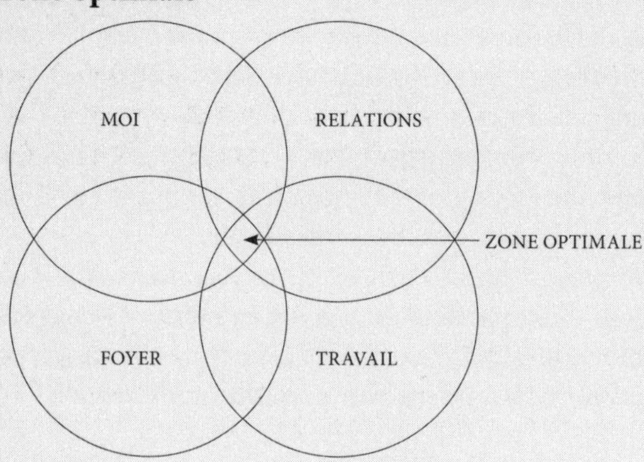

En évaluant les quatre zones – Moi, Relations, Foyer et Travail –, vous pouvez recalibrer l'ensemble et procéder à des changements importants pour votre bien-être.
Prenez un stylo et installez-vous confortablement. Analysez et répondez aux questions suivantes. En consignant vos réponses par écrit, vous constaterez ainsi noir sur blanc la situation telle qu'elle est. Cette méthode est généralement édifiante.
Si vous avez peur, sachez que c'est compréhensible. Mais je vous conseille vivement de répondre en toute sincérité à ces questions. La perception de votre situation actuelle vous sera utile à long terme. Vous saurez ainsi clairement quelle voie emprunter.

Moi

À quand remonte la dernière fois où vous avez accepté de participer à un jeu ?[2]
Le jeu nous aide à faire preuve de curiosité, à décompresser, à créer et à rire, tout simplement. Mais nous sommes devenus tellement sérieux et dévoués à notre travail que le plaisir et l'amusement se sont envolés. Pssst... Vos amis et votre famille ont peut-être tout simplement trop peur de vous dire que vous êtes devenu un horrible accro au travail.

> « *Sans le jeu, la vie est une existence mécanique pénible qui s'organise autour du nécessaire pour survivre. Le jeu est le détonateur de tout. C'est la base de l'art, des loisirs,*

---

2. Brown, S. et Vaughan, C., *Play : How It Shapes the Brain, Opens the Imagination, and Invigorates the Soul,* J P Tarcher/Penguin Putnam, 2010.

des livres, du sport, du cinéma, de la mode, du plaisir et de l'émerveillement – en bref, c'est la base de notre perception de la civilisation. Le jeu est l'essence de la vie. C'est ce qui anime notre existence. »

Stuart Brown (psychiatre renommé de l'Institute of Play)

Comment vous sentez-vous physiquement et spirituellement ?
Souffrez-vous de migraines, de douleurs au niveau de la nuque et des épaules ? Toute douleur est le moyen choisi par votre corps pour vous dire qu'il a besoin de faire une pause et qu'il mérite un peu d'attention. La plupart du temps, nous traçons notre route sans l'écouter. STOP ! Si votre quotidien se caractérise par un moral dans les chaussettes ou de la fatigue, le moment est venu de prendre conscience que votre cerveau est en surcharge et court à la catastrophe.

En termes de choix professionnels et personnels, quelles sont vos priorités et celles des autres ?
Vous voulez faire plaisir à tout le monde ! Si vous avez découvert que vos choix professionnels et personnels sont le fruit des injonctions d'autrui, le moment n'est-il pas venu de remplacer OUI par NON ?

RELATIONS

Vous côtoyez peut-être de belles personnes dans votre existence (votre conjoint, votre meilleur ami, votre sœur ou même votre chat). Mais comment s'en sortent-ils face à ce monstre qu'est le travail ?

Quelles relations avez-vous négligées et pour quelles raisons ?
Souvenez-vous de cette réunion qui a traîné en longueur à cause de ce rapport à remettre le lundi et qui vous a obligé à travailler tout le week-end, ou cette fois où vous avez reçu un appel à 20 heures. Tout cela nuit à votre vie de couple.

Les gens commencent à vous en vouloir à cause de votre manque de cohérence ou de votre indisponibilité. Vous êtes également agacé quand ils vous interrompent alors que vous souhaitez finir tranquillement ce que vous êtes en train de faire. « Qu'est-ce que ça peut faire que je loupe le prochain match de foot de Lionel ? Il joue tous les samedis. Je serai là la semaine prochaine. »
Le problème, c'est que lorsque nous cessons d'être curieux, ouverts, conscients et patients avec les êtres qui nous sont chers, ces relations se mettent à battre de l'aile.

En quoi le stress accumulé au travail touche des personnes de votre entourage ?
Vous en êtes peut-être venu à vous plaindre sans arrêt de votre relation amour-haine avec votre travail. Tout le monde n'a pas la patience d'un saint et vous vous y êtes peut-être mal pris avec certaines personnes. Vous pensez peut-être que vous menez une aventure en solo, mais dans la mesure où le malheur est contagieux, nous pouvons avoir tendance à entraîner les autres dans notre spirale lorsque la situation se corse.

Quels activités, conversations et rituels faut-il mettre en place pour conserver intacte la flamme de l'amour ?
Si vous avez découvert que certaines relations ont besoin d'être choyées, le moment est venu de vous en occuper, même si cela implique des conversations difficiles. Certaines de ces relations seront les piliers dont vous aurez besoin dans votre existence pour avancer. Et elles sont encore plus essentielles en cas de transition, comme lors d'un changement d'orientation professionnelle.

Foyer

Jouissez-vous d'une tranquillité d'esprit à la maison ?
Lorsque vous ouvrez votre porte le soir, avez-vous le cœur joyeux ou préféreriez-vous retourner très vite au bureau ? J'ai vécu une période où la seule chose que je souhaitais, c'était de me retrouver ailleurs que chez moi. Vous finissez alors par multiplier les journées à rallonge et la maison n'est alors plus qu'un endroit où trouver le sommeil. Si vous n'avez pas une zone de démarcation entre le bureau et votre foyer/zone de détente, vous devez trouver une solution.

Quel est votre rituel de réveil ou de détente ? Est-ce que vous êtes immédiatement opérationnel le matin ou sombrez-vous tout de suite dans un sommeil profond le soir ? Comment changer cela ?
Pour en revenir à la question des migraines et douleurs, lorsque nous ne faisons pas le point au moment de démarrer et de conclure la journée, tout le stress se déverse alors massivement. Nous pensons nous reposer et nous enrichir, mais en fait, nous sommes seulement sur pilote automatique. Manger. Boire. Dormir. Travailler. Répéter le cycle. Comment créer un espace chez vous afin de faciliter la phase de détente et de ralentissement du rythme ? Vous avez peut-être besoin d'un endroit au calme où prendre un café le temps de vous poser, un diffuseur de senteurs apaisantes dans votre chambre, une zone que vous pouvez investir pour un moment de calme avant de rejoindre votre conjoint ou vos colocataires. Plus vous serez en mesure d'instaurer des habitudes positives et joyeuses à l'heure de démarrer et de terminer votre journée, plus celle-ci sera réussie.

Travail

Imaginez un camembert. Quelle taille fait la portion représentant le travail ? Quel est votre ressentiment et comment se traduit-il ?

Visualisez un camembert. Vous imaginiez vous régaler avec, mais un jour, en entrant dans la cuisine, vous vous apercevez qu'une grosse part a disparu.

Qu'éprouvez-vous face à ce constat ? Cela vous embête profondément ? Vous êtes agacé ? Frustré ? Imaginez que ce camembert représente votre vie et que chaque jour, ce travail que vous détestez grignote ce camembert, ne vous en laissant au final qu'un tout petit bout. Que pouvez-vous faire ?

Que vous dites-vous intérieurement ? Votre discours est-il rempli de « je dois », « il faut » et « il est nécessaire » ? Combien de fois répétez-vous « je veux », « j'ai hâte que... » ?

C'est plutôt simple en fait. Si une journée de travail type ressemble à une tâche herculéenne, le moment est venu de remercier le ciel d'avoir acheté ce livre.

Pourquoi m'embêter avec ça ?

J'aimerais faire preuve d'insolence et répondre : « parce que je l'ai décidé ». Mais cela pourrait paraître quelque peu autoritaire et nous commençons tout juste à faire connaissance. Je dirais plutôt que dresser un bilan de votre situation dans chacun de ces domaines n'a pas de prix. Ces quatre domaines sont étroitement liés pour créer cette belle et complexe entité que VOUS êtes. Une réflexion personnelle permanente et une connaissance de soi accrue doivent être un service non négociable au bénéfice de nous-mêmes et *des autres*. Le fait de savoir ce qui fonctionne et ne fonctionne pas dans chacun de ces pans de notre vie nous permet de prendre la *bonne* mesure et de nous fixer des objectifs courageux au lieu d'évoluer au hasard. Errer sans but dans l'obscurité est une perte de temps et vous maintient dans un tourbillon permanent d'indécision et de souffrance. J'espère vous rendre plus fort à chaque étape de ce périple grâce à des exercices destinés à vous aider à demeurer en phase avec vos désirs.

Après avoir passé un peu de temps à réfléchir aux quatre domaines de votre vie (Moi, Relations, Foyer et Travail), fixer des objectifs deviendra plus facile et les atteindre vous rapprochera du bonheur professionnel rêvé.

Objectifs, objectifs, objectifs. Le débat fait rage entre se fixer des objectifs audacieux ou mettre la barre plus bas afin de pouvoir facilement répondre à vos attentes. Je me situe au milieu de ces deux extrêmes.

Le souci avec la fixation d'objectifs peu ambitieux, c'est qu'ils vous incitent à jouer petit bras, sans rencontrer de difficultés susceptibles de vous permettre d'avoir du cran et de cultiver votre résilience. D'un autre côté, lorsqu'un objectif est trop élevé, nous créons tellement de résistance à sa réalisation que nous nous empêchons d'y parvenir. Et en cas d'échec, nous nous reprochons de viser trop haut.

Réfléchissez quelques instants à deux objectifs : un objectif que vous souhaiteriez atteindre si vous aviez des superpouvoirs, ainsi que tout l'argent et les moyens disponibles, et la mesure la plus modeste que vous pourriez prendre pour aller de l'avant.

Quel serait le point central satisfaisant entre les deux ? J'aimerais que vous partiez de cette marque plutôt que de vous voir errer sans avoir de véritables objectifs. Nous aborderons au chapitre 6 la fixation efficace d'objectifs. Ne bougez pas !

Vous vous dites peut-être : « *Samantha, ça fait beaucoup d'INTROSPECTION* ». Mais comme disait Socrate : « *Une vie sans examen ne vaut pas la peine d'être vécue.* »

La pensée réflexive peut mettre mal à l'aise. Cependant, si vous ne vous accordez pas de temps pour la réflexion et d'espace pour prendre du recul et avoir une vision d'ensemble, vous ne progresserez pas et n'exploiterez pas les connaissances essentielles susceptibles de favoriser votre réussite. Simple, non ?

CHAPITRE 2

Redéfinir les limites

Peu à peu, le travail s'est immiscé dans les créneaux que nous réservions à nos loisirs, à tel point que, dans certains cas, nous lui sacrifions tout notre temps afin de travailler plus. Nous mettons notre titre sur un piédestal et avons invité le travail à notre table, quand nous ne le laissons pas s'installer confortablement sur notre matelas à mémoire de forme pour rogner sur notre sommeil.

Grâce à cette chère technologie, nous pensons gérer « efficacement » notre temps, car nous pouvons :

- répondre à des e-mails le soir, sur le chemin du retour ;
- passer à côté des problèmes d'un ami, car nous nous demandons si cette notification émise par notre Smartphone pendant qu'il se confie à nous ne serait pas un courriel envoyé par notre responsable ;
- échanger avec nos collègues situés dans d'autres fuseaux horaires depuis notre lit pendant que notre conjoint dort.

Qui est cette personne ? Mais c'est VOUS !

Loin de moi l'idée de me moquer, mais force est de constater que nous sommes littéralement accro à notre travail et à notre Smartphone, qui nous permet d'en faire toujours plus. La Deloitte's Global Mobile Consumer Survey (4e trimestre

2017) a ainsi révélé que 34 % des gens consultent leur téléphone dans les cinq minutes après leur réveil et que 48 % répondent régulièrement à des courriels entre 2 et 3 heures du matin. Nous n'avons jamais été autant connectés !

Si vous êtes disposé à révolutionner votre façon de mener votre vie professionnelle, un nettoyage de printemps s'impose. Quelles sont les limites que vous avez laissé s'assouplir ? Il existe trois manières de trahir ou au contraire de respecter une promesse.

Dans la vie privée, nous fixons non seulement des limites physiques mais aussi une distance psychologique. Malheureusement, nous ne sommes pas doués en la matière quand cela concerne le travail.

Les limites molles

Avez-vous quelques doutes quant à votre façon de fixer des priorités, vous retrouvant tantôt à ne rien faire, tantôt à trop en faire au travail ? N'avez-vous aucune idée de la nature de vos priorités ou besoins, et semblez-vous uniquement vous aligner sur ce que font les autres ?

Par exemple, lorsque vos collègues se plaignent des changements mis en œuvre, criez-vous aussi au loup ou essayez-vous de comprendre ce que ces changements signifient pour vous ? Laissez-vous la technologie perturber votre vie et conditionner tout ce que vous faites dans la journée ?

Il est de notoriété publique que les gens perdent confiance en ceux qui attendent le consensus, tergiversent à l'heure de prendre des décisions ou parlent plus qu'ils n'agissent. Cessez de vous laisser influencer par les autres et soyez clair sur ce que vous voulez et la nature de vos engagements.

Si vous avez le sentiment que votre travail ne présage rien de bon et que vous ne pouvez rien y faire, il vous faut peut-être commencer par prendre une position tranchée.

Les limites rigides

Arborez-vous de belles œillères qui font que votre vision des choses est la seule que vous considériez ? Êtes-vous fermé et prisonnier de votre posture ?

C'est également le cas de monsieur/madame Je-sais-tout au travail, qui refuse d'accepter les idées ou les conseils d'autrui parce qu'il ou elle sait tout mieux que les autres. Vous méprisez les idées des autres et vous disputez avec tous ceux qui sont en désaccord avec votre point de vue ?

Les êtres qui vous sont chers et vos collègues peuvent alors se sentir dévalorisés ou en colère. Votre curiosité intellectuelle et votre créativité se retrouvent au point mort lorsque vous cessez de vous pencher sur de nouvelles idées.

Pour modifier cette limite, posez-vous les questions suivantes : « *À côté de quoi suis-je passé ?* » « *Qu'est-ce que je ne vois pas ?* » « *En quoi est-ce que je limite le nombre de possibilités qui s'ouvrent à moi ?* »

Les limites souples

Il s'agit du point optimal. C'est là que vous étudiez délibérément ce qui freine votre évolution : ce que vous tolérez et les raisons pour lesquelles vous vous résolvez à l'idée que c'est bon pour vous. Vous savez quand faire preuve d'initiative et quand demander de l'aide.

Commencez à remarquer là où vos limites sont souples et comment les renforcer le cas échéant pour bénéficier du coup de pouce nécessaire à votre parcours. Cette approche vous permet de progresser tout en vous donnant la force de vous élever contre ce qui ne vous convient pas, est chronophage ou nuit à vos relations.

JE PEUX TRACER MA ROUTE, SEUL(E)... ENFIN, EN QUELQUE SORTE

En poursuivant la découverte de vos sources de motivation et aspirations en termes de bonheur au travail, vous pensez peut-être disposer de tous les ingrédients pour réaliser une expédition en solo fructueuse. STOP !

Bien qu'il soit possible de réaliser seul des progrès d'envergure, la présence d'alliés à nos côtés peut être précieuse au cours de ce périple en :

- nous offrant des encouragements précieux ;
- nous aidant à nous interroger sur nos difficultés et à trouver des pistes ;
- reflétant des comportements que nous pouvons avoir besoin de développer, de changer ou sur lesquels nous interroger.

Pour l'accomplissement de cette mission, il est essentiel de vous entourer d'un soutien pertinent. Vous pourriez faire face à des critiques sévères.

Votre voix dissidente

Dans mon enfance, j'ai entendu les messages suivants à propos du travail : il faut redoubler d'efforts, étudier et faire preuve de zèle dans la vie professionnelle. Les discussions devenaient parfois houleuses sur les raisons pour lesquelles il n'était pas souhaitable de « briser le moule » et sur le caractère douteux et précaire de l'esprit d'entreprise. Il arrive souvent que ces voix qui expriment la peur, l'inquiétude, le manque de connaissance et la résistance nous chuchotent à l'oreille.

Bienvenue Dizzy – ma petite voix. Parfois il s'agit d'un homme, et à d'autres moments, c'est une femme. Dizzy aime bien surgir lorsque je suis sur le point de faire quelque chose de différent qui me mettra en valeur (comme écrire un livre), avec son lot d'anecdotes qui ne parlent que d'échecs, m'envoyant des images de gens qui se moquent de moi, dans le seul but de provoquer un auto-sabotage.

Si j'ai donné un nom à cette petite voix, ce n'est pas parce que je suis folle, mais parce que cela m'aide à identifier mes peurs et à comprendre leurs messages.

Grâce aux mesures simples ci-dessous, vous pouvez vous aussi remettre en question votre petite voix et renforcer votre résilience au lieu de la laisser vous éreinter.

Écouter les histoires que vous vous racontez

Commencez par écouter les histoires que vous vous racontez, surtout lorsque vous vous sentez anxieux, submergé ou contrarié, et remarquez l'impact qu'elles ont sur vous. La plupart d'entre nous n'ont absolument pas conscience de leur puissant effet sur notre état d'esprit et notre capacité à agir.

Par exemple, lorsque vous vous dites :

- « *Je ne suis pas assez bon* », c'est généralement source de gêne qui donne envie de fuir le monde environnant ;
- « *Ce n'est pas juste* », c'est une source de colère qui pousse à rejeter la faute sur les autres ;
- « *J'échoue toujours. Apparemment, je suis incapable de réussir* », c'est souvent source de culpabilité, ce qui génère une rafale de surcompensations ;
- « *Ça va mal se passer* », cela génère peur et anxiété ;
- « *Je suis vraiment un perdant* », c'est un constat qui rend généralement triste, solitaire et grognon.

Ces systèmes de croyances toxiques s'activent face à l'adversité, aux difficultés ou à de nouvelles expériences – tels qu'un changement de carrière –, dans le but de vous protéger de nuisances potentielles.

La question à se poser : est-ce que cette histoire est vraie ? Coiffez votre casquette de détective et cherchez ce qui pourrait se produire d'autre. Nous sommes de véritables machines de traitement de données, mais nous ne sommes pas capables d'analyser tout d'un seul coup. Notre cerveau ne peut traiter que 40 bits d'informations à la seconde au cours d'une journée. Il nous faut donc faire un choix parmi 11 millions d'éléments d'information reçus par nos sens et stockés.

Par exemple : vous avez candidaté à un poste dans une entreprise que vous admirez beaucoup et dans laquelle vous rêvez de travailler, mais votre candidature est écartée après le second entretien. Il serait alors facile de sombrer dans l'état d'esprit « *Je ne suis pas assez bon* », de vous sentir abattu et rejeté ou de décider que « *Ce n'est pas juste* ». Mais vous vous retrouvez ensuite en bonne position pour d'autres fonctions avec de bonnes chances de succès.

Nous avons naturellement tendance à mettre le doigt sur les erreurs plutôt que d'identifier ce qui a bien fonctionné. Nous nous attardons sur les mauvaises expériences et les échecs et leur accordons beaucoup de poids, alors que nous devrions apprendre à nous concentrer sur les expériences positives.

Pour ce faire, il faut délibérément intégrer ces expériences positives. Le psychologue et spécialiste des neurosciences Rick Hanson montre, dans son ouvrage *le Cerveau du bonheur* (2017), que nous pouvons vaincre les réalités négatives en les reliant aux aspects positifs.

Essayez d'adopter les principes suivants :

- *« Je n'ai pas décroché ce poste, mais je suis très bien placé pour d'autres fonctions. »*
- *« Maintenant que j'ai mis un pied dans la place, cela me conduira peut-être au poste que je vise. »*
- *« Je me suis senti très bien quand j'ai visité cette entreprise. Je pourrais y être heureux, même si le poste proposé ne correspond pas encore précisément à ce que je souhaite. »*

- *« L'équipe dans laquelle je vais évoluer est composée de personnes qui me correspondent totalement. »*
- *« Il ne s'agissait peut-être pas du poste qu'il me fallait. »*

Pour que votre bonheur professionnel résiste aux déceptions, vous devez faire en sorte que les sentiments positifs soient plus marqués que les éléments négatifs. Plus vous savourez les aspects positifs, plus vous ouvrez votre cerveau à une réalité plus heureuse.

Investissez-vous dans l'histoire qui sert au mieux vos intérêts

Vous avez remarqué comme ce que vous ressentez et souhaitez faire évolue en même temps que votre histoire ? Quelle histoire sert au mieux vos intérêts dans cette situation pour l'issue souhaitée ? Le fait de savoir quelle histoire vous vous racontez renforce votre résilience et vous permet d'opérer plus de changements progressifs. Continuez de vous interroger : quels sont les aspects positifs ? Quels sont les enseignements positifs pour la nouvelle voie que je souhaite emprunter ? Mettez de l'énergie, portez votre attention sur cette histoire et voyez ce qui se produit.

D'autres voix dissidentes

Maintenant que nous avons géré la voix dissidente intérieure, quid des personnes avec qui nous vivons, partageons et travaillons ? Tout changement que vous allez opérer va attirer son lot d'opposants systématiques et de personnes qui n'y croient pas. Vous allez soudain vous muer en véritable aimant, et tout le monde aura envie de donner son opinion et de vous prodiguer des conseils.

« Tous les jobs se ressemblent… aucun ne m'intéresse ! »
« Tu penses pouvoir changer de secteur d'activité à 42 ans ? »

« Comment vas-tu faire pour payer les frais de scolarité des enfants si tu démissionnes ? »

« Pourquoi tu ne fais pas contre mauvaise fortune bon cœur ? Le travail n'est pas censé être une partie de plaisir ! »

Lorsque ce genre de voix se fait entendre, vous devez penser à vos limites et savoir où vous en êtes. Relisez le début de ce chapitre si vous avez besoin de vous rafraîchir la mémoire. La plupart du temps, contentez-vous de regarder ces opposants systématiques, de les remercier et de rester bien concentré. Concernant votre emprunt, votre loyer, le temps passé avec votre conjoint, les personnes à votre charge, etc., il est important de leur faire part des risques, des éventuelles peurs et de la manière de les surmonter. Nous nous battons souvent contre la peur de ce que peut penser autrui. Vous trouverez plus loin comment établir un budget et gérer les changements sans se mettre sur la paille. Le fait est que l'argent est souvent l'une des raisons essentielles qui nous font supporter une fonction qui ne nous plaît pas. Il faut donc avoir clairement en tête les compromis que vous êtes disposé à faire pour connaître le bonheur au travail. Ensuite, échafaudez un plan auquel vous vous tiendrez.

Tout le monde ne sera pas derrière vous, c'est un fait ! Souvenez-vous que la misère est contagieuse. Lorsque vous commencez à vous épanouir et à déployer vos ailes, à mûrir et à relever de nouveaux défis, vous devenez une nouvelle personne. Vous avancez la tête haute, votre niveau de confiance augmente. Lorsque les autres ne sont pas capables d'en faire autant, ils se mettent parfois à se sentir petits. Vos proches et vos amis ne savent peut-être tout simplement pas comment vous aider et ne sont donc pas en mesure de vous soutenir conformément à vos besoins. Ils peuvent dire certaines choses sous le coup de la frustration. Façonnez-vous une petite bulle de protection et imaginez que leurs paroles rebondissent sur vous.

SECTION 2

TROUVER L'ORIGINE DE LA SOUFFRANCE

CHAPITRE 3

Où se cache votre bonheur professionnel ?

Quelle place souhaitez-vous accorder au bonheur professionnel chez la personne que vous voulez devenir ? Votre travail reflète-t-il la personne que vous êtes aujourd'hui ?

Nous avons précédemment parlé des titres et intitulés de postes et du fardeau qu'ils font peser sur notre identité et notre existence. Quand les échelons de votre carrière et les titres en viennent à vous obséder, c'est que vous avez oublié la pièce manquante du puzzle : VOUS.

Vous avez d'ores et déjà cherché les domaines dans lesquels l'absence de bonheur au travail gangrène vos relations, voire votre vie familiale et la manière dont vous prenez soin de vous. Le moment est venu de vous projeter et de vous demander :

- Qui est-ce que je souhaite devenir dans tout ça ?
- En quoi être plus heureux au travail m'aidera à y parvenir ?
- Que signifient pour moi le bonheur et le succès professionnels ?
- À quoi vont ressembler mes journées de travail ?

C'est précisément là que certaines personnes éprouvent des difficultés. C'est d'ailleurs dans ce domaine que j'ai rencontré un écueil. Je souhaiterais revenir en arrière et approfondir un peu le contexte dans lequel j'ai négocié les mouvements de yo-yo de l'équation du succès et du bonheur.

Lorsque j'ai décroché ma licence en management et marketing, mes parents étaient ravis. Ils pensaient que j'étais désormais « sur de bons rails ». J'imagine donc aisément leur vision d'horreur lorsque je suis ressortie pleine de lassitude de l'univers de la publicité et de la valorisation des marques dans lequel j'étais entrée après mes études. Car c'était ça, la réussite, n'est-ce pas ? Travailler dans diverses agences de publicité prestigieuses, sur de « grandes marques que l'on voit à la télévision ». Qu'est-ce que je pouvais bien vouloir de plus ?

Mais j'en ai eu vite assez de vendre des produits auxquels je ne croyais pas et d'être la responsable de comptes jouant les intermédiaires. Je souhaitais être créative – une entrepreneure, une artisane du changement – et me montrer plus souvent à l'origine de transformations dans mon travail. Mais comment procéder ?

Je me savais simplement méritante et capable de réussir. Ce « comment » était la part de flou de l'entreprise. En conséquence, désireuse de pallier mon insatisfaction professionnelle, je nourrissais mon âme en étudiant le soir et le week-end. J'étudiais tout, de l'histoire à la conception de la mode et aux chaussures, et j'ai commencé à créer ma gamme de chaussures. De grosses primes ont été consacrées à des Salons de la chaussure italiens, à l'achat de pantalons en cuir et de talons hauts, à la création de ma première collection et à un stage d'apprentissage dans une fabrique de chaussures. Pour l'heure, tout allait bien… jusqu'à ce que nous connaissions la récession. Mes soutiens financiers ont jeté l'éponge, des licenciements économiques ont été décidés et le financement d'une gamme de chaussures a beaucoup pesé sur mon moral et le solde de mon compte.

J'ai évité la faillite en remplaçant pendant six mois une employée partie en congé maternité au sein d'une agence spécialisée dans l'innovation technologique. Ayant pour mission de contribuer à stimuler les entreprises en leur apportant de nouvelles idées et stratégies et de favoriser les produits novateurs, j'étais donc payée à imaginer de nouvelles idées et à rechercher des innovations à l'international. C'est ainsi que l'on m'a vendu le projet. J'espérais que les diverses cordes que j'avais à mon arc – mon amour de la découverte d'idées nouvelles et ma passion pour la recherche et les tendances – me permettraient de passer haut la main ces six mois. Mais je suis devenue une loque très nerveuse qui faisait des présentations aux clients en se forçant à aimer des suggestions auxquelles elle ne croyait pas vraiment.

La possibilité de voyager était la seule chose qui me mettait en joie. J'avais toujours rêvé de me rendre au Japon et je suis allée chez Sony, à Tokyo, non pas une, mais deux fois ! Mais le bonheur a été éphémère, car je me sentais toujours vide et quelque chose ne collait pas. J'ai passé des soirées à peaufiner mon profil professionnel et mes compétences. J'ai disséqué mon melting pot de compétences et d'expériences à coups de Post-it et de passages surlignés. Génération d'idées, valorisation de marque, stratégie, recherche, gestion de comptes, technologie, chaussure, création de mode…, j'ai commencé à démêler patiemment les éléments transposables, en trouvant comment les vendre et les aligner sur ma vision, afin d'avoir plus d'influence sur les gens et d'effectuer un travail qui me tenait vraiment à cœur.

On faisait toujours des commentaires sur mon sens du style et mon penchant pour les chaussures excentriques. Je me suis donc dit que si je ne pouvais plus les fabriquer, je pourrais au moins en chercher pour les autres et les aider à trouver un style leur correspondant parfaitement. Après une formation en stylisme et une brève période d'apprentissage, je suis devenue consultante en stylisme et conseillère en marque. J'ai aidé des professionnel(le)s et entrepreneur(e)s à créer leur marque et leur style afin qu'ils (ou elles) retournent dans la vie active après un licenciement économique, se forgent une apparence conforme à leur nouvelle activité indépendante ou leur entreprise, ou vainquent simplement leurs vieux démons concernant leur corps et leur image, qui constituaient autant d'obstacles à leur réussite. Le travail a afflué, avec des clients très chics de Dubaï et du Qatar souhaitant faire les magasins, des clients de New York à Paris s'offrant des séances particulières de conseil en ligne, et des clients via Skype en Australie et en Suisse désirant des séances de désintoxication de l'univers du stylisme et de la mode.

Pendant que je surfais sur la vague de la joie procurée par cette nouvelle carrière, mon corps rencontrait d'autres problèmes. Je dois préciser que je souffre d'un trouble sanguin chronique connu sous le nom de drépanocytose. Il s'agit d'une affection génétique entraînant un blocage de la circulation sanguine dans des articulations essentielles (principalement les genoux, les coudes et les chevilles), occasionnant des douleurs insoutenables. Les crises m'envoient à l'hôpital pendant plusieurs jours, au cours desquels on me place sous perfusion de morphine. Je passe ensuite plusieurs semaines à la maison pour m'en remettre. Mais je n'ai jamais laissé cette maladie m'empêcher de poursuivre mes objectifs, au point que je suis devenue plutôt experte dans l'art de dissimuler les attaques articulaires douloureuses, car je ne souhaitais pas me faire porter pâle. Pourtant, à certains moments, me traîner jusqu'à la salle de bain pour prendre des antalgiques ne suffisait plus, et je devais rester au lit pour me reposer. On peut facilement se laisser aller lorsque l'on a du temps à tuer, mais j'ai décidé que le moment était venu de me plonger dans les livres et le monde de la psychologie et du changement comportemental. Je me suis donc inscrite à une formation de coach dès que je me suis sentie en meilleure forme.

J'ai constaté que lorsque je parlais vêtements et couleurs avec mes clientes, elles me faisaient le récit de leurs malheurs professionnels, évoquant toutes sortes de choses : de leurs problèmes de confiance en elles à la recherche d'un poste qui les passionnerait, en passant par leurs inquiétudes face à la perspective de se mettre à leur compte. J'étais un peu une lectrice du courrier du cœur concernant leur vie professionnelle et, bizarrement, j'adorais ça. J'ai commencé à constater que les conseils que je leur prodiguais pouvaient les aider. Les changements subtils que mes clientes ont commencé à remarquer en termes de confiance en soi les ont incitées à m'inviter à venir en parler dans leur environnement professionnel. Avec mes propres ressources en ligne, j'étais un peu à la croisée des chemins entre le coaching, la thérapie, le conseil et le stylisme réfléchi.

Je suis tombée par hasard sur une annonce de The School of Life – une école internationale qui propose des cours et des ateliers sur les problèmes de la vie – qui recherchait un enseignant indépendant. J'ai été acceptée grâce à mon éventail de compétences, et je me suis soudain retrouvée rémunérée pour donner des conférences et monter des ateliers pour un tout nouveau public. Je traitais de sujets comme ma carrière multi-activités, la psychologie de l'habillement et la façon de trouver un travail que vous aimez.

Chaque semaine était unique. Entre le coaching, l'animation des ateliers et le conseil stratégique, je m'éclatais. J'ai commencé à faire du conseil pour une entreprise technologique spécialiste du télétravail – le secteur de la technologie m'avait toujours attirée, je n'allais pas laisser passer cette occasion ! Encore au stade embryonnaire, avec une équipe de 7 personnes, cette entreprise n'avait ni spécialiste des ressources humaines et de la culture d'entreprise ni plan d'envergure pour se développer rapidement. Avec mon don pour l'identification des problèmes et sachant comment me présenter, j'ai effrontément rédigé une proposition afin de devenir leur « responsable du bonheur », chargée de les aider à créer une culture du télétravail, à prendre le temps d'apprendre à connaître leurs équipes à l'international et à façonner leur vision d'un personnel heureux. Ils ont adoré. Tout comme la passionnée de technologie qui sommeille en moi, et c'est là que la jauge de mon bonheur s'est mise à grimper en flèche. J'ai passé deux ans dans cette société, suivi des formations sur le changement de système et le coaching de la dynamique de groupe, avant de bifurquer pour me mettre à mon compte en tant que consultante en bonheur.

Mon périple ne s'est pas déroulé sans anicroches, bien entendu. J'ai vécu de nombreux moments de « grand n'importe quoi » remplis de joie, de chance, de pur bonheur et de travail acharné.

Quelle est donc la moralité de cette jolie petite histoire ?

1. Nous pouvons tous être des révolutionnaires du bonheur au travail si nous parvenons à définir comment notre existence et notre travail peuvent nous aider à nous réaliser en tant que personnes.

2. Soyez disposé à disséquer en permanence vos compétences, forces et, faiblesses, et à mesurer la valeur ajoutée que vous pouvez apporter.

3. Tirez profit de toutes les occasions qui se présentent.

4. Testez divers concepts.

5. Continuez d'apprendre sur vous et les autres, et profitez-en pour vous constituer un réseau.

6. Accueillez les changements d'orientation avec un esprit ouvert, et ne renoncez jamais.

7. Ne laissez pas votre ancienne carrière définir ou entraver la suivante.

Le moment n'est-il pas venu pour la réussite et le bonheur professionnel de se mettre en couple ?

Quelle est votre vision de la réussite ?

- Passer vos week-ends à Lisbonne et la semaine à travailler dans une agence parisienne ?
- Vivre dans votre ferme écologique de la vente des produits que vous cultivez et conseiller les autres sur la façon de procéder ?
- Trouver l'âme sœur dans votre entreprise et habiter cette maison fantastique dans la commune de vos rêves ?
- Honorer intensément un contrat pendant six mois, puis prendre un congé sabbatique de six mois afin d'acquérir une nouvelle compétence ou d'écrire un roman ?
- Instruire vos enfants à domicile et faire du télétravail ?
- Travailler pour un pôle d'innovation en passant vos journées à chercher de nouvelles idées ?

Et il ne s'agit là que de quelques-uns des moyens trouvés par d'anciens clients pour élaborer leur propre version de la réussite et du bonheur professionnel !

Réussite et bonheur professionnel n'ont jamais fait bon ménage par le passé, faute d'être sur la même longueur d'onde. La réussite était auparavant une notion très noble, conservatrice et hors de portée, tandis que le bonheur professionnel était considéré comme le petit ami « sympa», à rechercher mais qui n'était guère une priorité. Heureusement, les temps changent, et avec un peu de créativité, ces deux éléments peuvent fort bien collaborer.

Le moment est venu de briser le moule et de vous poser d'autres questions difficiles. Oui, je sais, je n'y vais pas par quatre chemins, mais je souhaite que vous relâchiez la pédale de frein et laissiez s'exprimer vos talents cachés.

EXERCICE

La carrière de vos rêves

Attrapez un stylo et hop, c'est parti !

- Si tous les jobs vous permettaient d'obtenir le salaire mensuel de vos rêves, qu'aimeriez-vous vraiment faire ? (Quelles pistes avez-vous abandonnées pour des questions d'argent ?)
- Si vous pouviez vous adresser à votre moi de 16 ans et lui donner des conseils sur le bonheur professionnel, que lui diriez-vous ?

Prenez quelques instants pour vous pencher sur votre situation actuelle, et voyez ce qui limite votre pensée créative ; analysez :

- votre façon de travailler ;
- les raisons pour lesquelles vous continuez de travailler de cette manière ;
- ce que vous estimez ne pas être en mesure de changer.

Quelle réussite et quel bonheur professionnel souhaitez-vous aujourd'hui, par rapport à ce que l'on vous a toujours poussé à penser ?

Choisissez-vous de viser petit par facilité ? C'est dur, je sais, mais bien qu'être à l'aise face à la difficulté ne soit pas votre tasse de thé, c'est vraiment une habileté de premier choix. C'est l'un de ces moments où vous avez besoin de vous dépasser, de vous lancer un défi et de vous pousser à opérer le changement souhaité.

ÊTRE UN AGENT DU CHANGEMENT : QUELS EFFORTS ME FAUDRA-T-IL FOURNIR POUR Y PARVENIR ?

Plus question de vous reposer sur vos lauriers et de subir le travail ou de laisser le bureau n'être qu'un endroit où vous êtes présent entre 9 heures et 18 heures.

Pour trouver le bonheur professionnel, vous devez mener votre quête en affichant un esprit d'entreprise. Le terme « entrepreneur » a été considéré comme la meilleure alternative à l'emploi à plein temps sous les ordres de quelqu'un d'autre ou à un poste que vous détestez. Il a été élevé au rang de meilleur moyen d'accomplir vos rêves, même si cela ne convient pas à tout le monde. Nous nous pencherons plus loin sur les raisons pour lesquelles adopter certains traits de personnalité du créateur d'entreprise peut faire progresser votre bonheur professionnel (voir chapitre 6).

La voie qui nous mène à l'environnement professionnel moderne peut parfois paraître déshumanisante, étriquée, prédéterminée et décourageante. En ce qui me concerne, l'école ne m'a pas préparée au succès. Mon parcours scolaire s'est avéré des plus traditionnels, avec des journées qui se ressemblent toutes, faites d'un mélange de cours, de routine, avec des enseignants et des conseillers d'orientation quelque peu désillusionnés. Cet apprentissage par cœur et ce programme rebattu et rabâché forgent des individus qui ont peur de sortir des sentiers battus.

Nous nous contentons de supporter la situation, convaincus de ne pas avoir le droit de changer les choses. Il semble difficile de remettre en cause la situation par peur d'échouer, persuadés que nous sommes que les personnes dotées d'un titre plus élevé savent mieux que tout le monde. L'école n'a pas toujours pour vocation de former des entrepreneurs, mais des salariés pour que les entreprises continuent de tourner. Il faut donc parvenir à dépasser cette réalité pour décrocher le statut de « personne heureuse ».

Selon mon expérience, nombre de personnes abordent le changement de carrière sans être correctement armées pour y parvenir : elles sont trop craintives et n'ont pas de véritable plan d'action.

« Je ne peux pas tirer un trait sur toutes ces années au poste de... »

« J'ai été un X brillant pendant dix ans, je n'ai pas les qualités pour devenir également bon en matière de Y. »

« J'ai 45 ans, trois enfants et un emprunt immobilier sur le dos. Je suis trop vieille et je n'ai pas le temps de tout redémarrer à zéro. »

La facilité consisterait à laisser vos antécédents professionnels définir ou restreindre le prochain chapitre de votre carrière. Mais pourquoi ? Personne n'a dit que le changement de carrière était un long fleuve tranquille à l'issue limpide. Mais si quelque chose vaut la peine d'être tenté, pourquoi ne pas se laisser une chance ? Nous devons être ouverts au changement, ne pas craindre d'avoir à faire quelques pas en arrière pour mieux avancer, ni redouter les innombrables épreuves auxquelles nous pourrions avoir à faire face.

LES QUATRE ÉTAPES MENANT AU BONHEUR PROFESSIONNEL

Pour vous assurer de réussir, il vous faut un plan d'action. Savourer le moment où vous donnez votre lettre de démission avant de tourner les talons peut paraître excitant. Mais ensuite ? Les moments de terreur lorsque les réserves d'argent diminuent et les questions incessantes des êtres chers sur ce que vous faites de votre vie commencent à vous rendre fou.

Préparer un changement de carrière ne s'apparente pas à monter un meuble IKEA sans jeter un seul coup d'œil au mode d'emploi. Vous serez peut-être capable de gérer un tiroir de travers pendant un moment, mais un changement de carrière bancal aura des répercussions plus profondes. Empruntez donc la bonne voie pour obtenir des réponses pertinentes.

1. Opter pour le bon changement

Il n'y a rien de pire que de ne pas savoir pourquoi l'on souhaite se révolter. Râler à propos du caractère ingrat de votre travail est inutile si vous n'êtes pas disposé à explorer ce que vous devez et désirez changer. Il est crucial de bâtir des fondations et de comprendre quels sont vos valeurs, votre situation actuelle, vos intérêts et votre vision de votre future carrière afin d'atteindre le bonheur professionnel.

Pour bâtir les fondations d'une maison, il faut d'abord creuser. On ne passe pas au stade de la décoration avant de disposer de murs et de sols. En creusant, vous allez découvrir des schémas liés à votre travail. Avez-vous toujours eu des velléités de changement dans votre vie professionnelle ? Saisissez-vous les occasions qui se présentent par hasard ou par le biais de votre réseau d'amis et de contacts ? Ces schémas sont des indicateurs des parties à construire et des zones réclamant un renforcement de vos fondations.

2. Évaluer votre arsenal

Trouver le bonheur professionnel ne consiste pas à tirer un trait sur toutes ses compétences et expériences afin de tout recommencer à zéro. Au lieu de rechercher des solutions rapides, avoir la patience d'évaluer ses compétences et points forts permet de récolter d'excellents fruits.

Cette étape tient plus de l'organisation que du créatif, de l'évaluation que de la destruction. Il s'agit de reconstituer le puzzle et d'intégrer vos compétences et vos capacités. En identifiant le mélange de compétences et de forces qui vous caractérise, vous saurez ce que vous avez à offrir et à vendre, et comment vous souhaitez travailler.

3. PASSER À L'ACTION

Commencez par de mini-expériences afin de faire le tour de votre nouvel univers. Cela vous aidera à établir des passerelles entre votre situation actuelle et celle dont vous rêvez.

Dans les pages qui suivent, nous allons détailler plus avant les différents types d'action pour chacun des deux axes – aimer son job ou le quitter. Il n'est pas de mon ressort de vous dire de suivre votre passion ou de trouver votre raison d'être. Vous devriez mieux me connaître, à ce stade. Bien que je souhaite vous voir tracer votre route ET faire ce qui vous tient à cœur, il vous faut une stratégie, une direction et une méthode. La transition professionnelle est une route sinueuse. Mais personne n'a dit que je ne vous donnerai pas une carte et des « vivres » pour effectuer ce périple. Inutile de déambuler sans but.

4. POURSUIVRE SUR SA LANCÉE

Tout est une question de persévérance dans son engagement et de détermination à foncer dans une nouvelle direction. Il est facile de déborder d'énergie au démarrage, mais le réservoir va bientôt se retrouver à sec si vous ne faites pas le plein. La dernière chose à souhaiter est de tomber en panne sans aucune solution de secours. Lorsque vous participez à une révolution, l'aventure peut s'avérer haletante, mais vous devez donc être prêt à faire preuve d'endurance et de résistance.

Je ne serais pas une bonne coach si je ne vous préparais pas en vous offrant les outils nécessaires pour renforcer votre résilience, pour surmonter les obstacles, gérer le stress, faire taire votre petite voix et acquérir les compétences et mécanismes de soutien qui vous permettront d'avancer. Si vous suivez scrupuleusement le plan, le succès sera au rendez-vous.

Sur la route du bonheur professionnel, il me semble nécessaire de conclure avec les propos brillants d'Alain de Botton, de The School of Life, qui nous a gratifiés de cette pensée afin de nous aider à accomplir notre périple vers le bonheur professionnel :

« Le meilleur type de travail est celui que nous ferions même sans être payés, même si ce n'était pas un job. Les meilleurs jobs se rapprochent de la dimension de passe-temps, avec l'avantage d'offrir un salaire. C'est une perspective extrêmement rare mais d'une beauté immense. »

Mon espoir et mon souhait numéro un pour l'aventure que nous allons vivre ensemble, c'est que la perspective du bonheur professionnel ne soit pas due au hasard, mais une belle réalité tangible.

Le chapitre suivant vous aidera à vous concentrer sur les pans douloureux de votre vie professionnelle afin de vous aider à retirer cette épine de votre pied. Allons-y !

CHAPITRE 4

Opérer le bon changement

D'OÙ VIENT VOTRE SOUFFRAAAAAAANCE ?

La plupart des gens ne connaissent pas vraiment la nature de la souffrance qu'ils éprouvent au travail au cours de leur carrière. Ils ressentent simplement l'existence d'un obstacle dont ils souhaitent se débarrasser. Mais pour cela, il faut aller au cœur du problème et ne pas se contenter de l'atténuer. Quand notre carrière n'offre pas de perspective digne de ce nom, nous nous retrouvons souvent à la case départ, prisonniers d'un travail qui pourrait payer mieux, mais qui ne correspondrait pas à nos attentes.

Lorsque je prends place en face de mes clients, soit en entretien individuel, soit dans le cadre d'un atelier, la première question que je leur pose est la suivante : « D'où vient votre souffrance ? » Ils me regardent alors d'un air ébahi et répondent parfois :

« De partout, je suis simplement fatigué… »

« Je ne sais pas, peut-être des gens… »

« Je ne suis pas certaine d'avoir jamais vraiment aimé mon travail… »

C'est un bon début, car cela nous indique la direction à prendre, le territoire qu'il va falloir explorer.

Je les invite ensuite à déterminer si ce sont les PERSONNES, le SECTEUR D'ACTIVITÉ ou le JOB qui causent cette souffrance.

Des déclics se produisent alors, comme si ce simple éclaircissement avait dissipé le brouillard. J'entends souvent :

« En fait, j'adore mon équipe, mais mon travail n'a rien de passionnant. »

« Je pense n'avoir jamais aimé le droit. Je suis tombé dedans parce que mes parents sont avocats. »

« C'est mon chef, un vrai cauchemar... »

« Je souhaiterais être plus créative dans mes fonctions. » (Cette phrase est celle que j'entends le plus souvent.)

En identifiant d'abord le domaine dans lequel les choses doivent changer, nous pouvons ensuite nous pencher sur l'ampleur de ce changement. Si le changement de carrière paralyse la plupart des gens, c'est parce qu'il s'agit d'un énorme bouleversement à leurs yeux. Grâce à tout un éventail d'exercices, ce chapitre va vous aider à comprendre le type de changement de carrière souhaité et comment entreprendre cette mutation d'une manière adéquate et adaptée à votre situation comme à vos souhaits.

Ces exercices peuvent paraître rebutants voire chronophages, mais il est indispensable de poser dès maintenant les fondations, sous peine de vivre par la suite dans une maison branlante.

Le facteur humain

« Selon moi, le problème ne concerne pas mes fonctions, mais plutôt certaines personnes travaillant dans mon bureau.

Elles sont extrêmement brusques et refusent de prendre du recul pour étudier les idées émises. J'ai le sentiment d'être contestée sur le moindre petit détail. »

Une cliente reçue en entretien particulier

Travailler en entreprise, c'est un peu comme vivre dans la jungle. Tout le monde et tous les éléments ont un rôle à jouer, et nous avons beau avoir le sentiment d'être indépendants, une vaste interdépendance, même si elle est invisible, existe et elle peut influer sur notre production et nos comportements.

Le travail peut être l'endroit où se forgent des amitiés durables, où vous rencontrez votre conjoint et trouver le cofondateur de votre nouvelle entreprise. L'institut Gallup rapporte que les meilleurs amis de 30 % des employés se trouvent dans leur environnement professionnel.[3] Lorsque nous avons la chance que ce soit le cas, nous prenons du plaisir et notre travail est une source de joie et non une corvée. Nous exécutons les tâches très rapidement et nous nous sentons généralement extrêmement bien. Cependant, selon Gallup, si vous vous trouvez dans la « zone sans amis », vous n'avez qu'une chance sur douze d'être en phase avec votre travail et de vous investir pleinement.

Bien que le sentiment d'appartenance et de connexion soit essentiel en termes de bonheur et de productivité, il s'accompagne parfois de problèmes. La concurrence concernant les fonctions et les titres peut perturber l'exécution des tâches, et le manque de confiance contrebalancer ces instants joyeux à la machine à café et ces sorties après le travail en compagnie d'un collègue qui travaille au deuxième étage. Ajoutez à cela la personnalité toxique de certains dirigeants, cadres ou

---

3. « Your Friends and Your Social Wellbeing », *Business Journal*, août 2010. https://news.gallup.com/businessjournal/127043/friends-socialwellbeing.aspx (document consulté le 16 novembre 2020).

collègues, qui vous prennent à rebrousse-poil, relèvent vos défauts personnels et vous font vous demander pourquoi vous vous êtes levé le matin. Petit à petit, vous commencez à penser qu'il serait peut-être souhaitable d'aller travailler ailleurs. C'est l'envie de sauter le pas dont nous parlions précédemment.

Ne vous contentez pas de penser que c'est à vos collègues de changer afin que vous puissiez continuer d'évoluer paisiblement. Lorsque les gens nous « asticotent », il en ressort que nous devons changer, accueillir avec bienveillance ou pointer un élément de notre propre comportement. Désolée de jouer la rabat-joie, mais je parle d'expérience. La vérité, c'est qu'il nous incombe de les laisser ou non nous provoquer et de prendre les mesures nécessaires pour remédier au problème. De même, nous devons identifier ceux qui nous aident à nous épanouir et nous poussent à être meilleurs, et déterminer comment nous pouvons gérer ceux qui au contraire entravent notre progression. Comme vous ne travaillez pas seul dans votre bulle, mieux vaut vous armer en sachant comment effectuer de véritables changements.

Voici les quatre principaux traits de caractère que l'on peut rencontrer au bureau.

Le commandant

- **Qualités :** confiance en soi, franc-parler, détermination, aptitude à prendre des risques.
- **Animé par :** le pouvoir et l'autorité, la compétitivité, la soif de victoire et de succès.
- **Déteste :** perdre le contrôle, que l'on profite de lui, la vulnérabilité.
- **Répercussions sur les autres :** manque d'égard, impatience, insensibilité.
- **Attitude à adopter lorsque vous communiquez avec lui :** soyez précis, factuel, évitez les généralisations, concentrez-vous sur les solutions et non sur les problèmes et soyez succinct.

– **Éléments à surveiller :** il exige beaucoup de lui-même et de vous, cela s'accompagne d'une tendance à trouver des failles à votre argumentation, votre approche ou vos suggestions parce qu'il tient à exploiter la meilleure méthode ; sa patience s'avère très limitée lorsqu'un élément entrave sa progression vers le succès.

Le navigateur

– **Qualités :** sociable, optimiste, bavard, enthousiaste.
– **Animé par :** les activités de groupe, les relations, la reconnaissance sociale.
– **Déteste :** perdre son influence, être ignoré ou rejeté, la désapprobation.
– **Répercussions sur les autres :** manque de suivi, désorganisation, impulsivité.
– **Attitude à adopter lorsque vous communiquez avec lui :** soyez discursif, laissez-le s'intéresser à vous et provoquez la discussion ; n'abusez pas des détails ; ne parlez pas plus fort que lui, c'est rédhibitoire.
– **Éléments à surveiller :** prendre des décisions au pied levé ; avec ce genre de personne, les relations sont toujours trépidantes, au point que parfois, vous ne savez plus où vous en êtes ; l'enthousiasme lui tient à cœur et il souhaite se lancer sans trop tenir compte de l'organisation ou des petits détails nécessaires pour mettre en œuvre des idées d'actions.

Le pacificateur

– **Qualités :** calme, modeste, patient, sens du collectif, grande capacité d'écoute.
– **Animé par :** les environnements stables, les visions unifiées, les occasions d'apporter son aide, la volonté d'être apprécié.
– **Déteste :** offenser les autres, les changements rapides.
– **Répercussions sur les autres :** il peut être indécis ; tout paraît aller de soi ; il tient à ses habitudes.

- **Attitude à adopter lorsque vous communiquez avec lui :** montrez votre intérêt pour lui ; répondez clairement à ses questions ; montrez-vous poli.
- **Éléments à surveiller :** c'est un taiseux et la plupart des gens en viennent à douter de ses véritables motivations. Les autres adorent la précision et la dimension analytique de ses méthodes de travail, ainsi que son efficacité ; mais il lui arrive d'en ébranler certains avec sa rigidité et son incapacité à s'exprimer franchement comme à provoquer le changement.

Le prudent

- **Qualités :** sceptique, réservé, calme.
- **Animé par :** les occasions de se servir de son expertise et d'acquérir de nouvelles compétences, attentif à la qualité et aux détails.
- **Déteste :** le travail bâclé, la critique, être accusé d'avoir tort ou découvrir qu'il n'a pas raison.
- **Répercussions sur les autres :** il peut sombrer dans l'analyse excessive et se montrer critique envers les autres et leurs actions ; il peut vouloir s'isoler.
- **Attitude à adopter lorsque vous communiquez avec lui :** laissez tomber le langage émotionnel et tenez-vous-en strictement aux faits ; il n'a pas de temps à perdre avec les énoncés tels que : « *J'ai le sentiment que...* » ; soyez patient avec lui.
- **Éléments à surveiller :** sous pression, il peut se replier et se montrer hésitant vis-à-vis des mesures à prendre, surtout si elles débordent de son cadre bien défini ; il a du mal à percevoir les idées ou les émotions d'autrui et déteste la perte de contrôle ; la coopération n'est pas vraiment une priorité pour lui.

Cherchez, dans les profils ci-dessus, lequel vous correspond et quels facteurs seraient susceptibles de vous causer le plus de soucis au quotidien. Cela sera particulièrement utile si vous estimez que les gens sont à l'origine de votre blues professionnel. Pour savoir quel caractère vous correspond parfaitement, faites le quiz de la page 285 – à moins que vous ne le sachiez déjà…

Avez-vous deviné mon profil ? Le voici : je suis une navigatrice, suivie de près d'une pacificatrice, puis d'une prudente. Rien de très surprenant.

Je souhaite maintenant que vous réfléchissiez aux relations difficiles que vous devez gérer au travail. Il peut s'agir de votre collaborateur le plus proche qui n'est pas très réactif, ce qui contrarie votre côté dynamique. Peut-être que votre chef aspire au consensus au lieu de prendre une position ferme de temps en temps ; à moins que votre assistant ait besoin d'un peu plus d'accompagnement, ce qui ne va pas avec votre degré de patience naturelle ou parce que vous êtes pressé par le temps. Ces scénarios du quotidien peuvent se concrétiser et être à l'origine d'un conflit, d'une contrariété et d'un abattement.

Au chapitre 7, nous allons étudier comment gérer ces collègues quelle que soit leur personnalité, afin que vous soyez en mesure d'affronter avec fluidité les situations qui peuvent se présenter. Mais avant, j'ai un petit exercice à vous soumettre.

EXERCICE

Souvenirs professionnels

Repensez aux trois à cinq dernières années de votre vie active. Peu importe que vous ayez occupé le même emploi, ayez eu de multiples expériences ou démissionné pour monter votre entreprise. Je souhaite que vous réfléchissiez aux types de personnes contre qui vous semblez vous rebiffer et celles qui vous stimulent.

- Quelles interactions avez-vous trouvées les plus agréables et motivantes ?
- Quelles interactions avez-vous trouvées les plus négatives ou frustrantes ?

Ces interactions peuvent être de toutes sortes, des réunions aux pots en passant par les séances avec les clients, les événements de réseautage et les instants passés à la machine à café.

- Avec quel type de personnalité avez-vous envie de travailler ?

Cet exercice est utile pour vous aider à cerner le genre de personnes que vous aimez côtoyer et celles qui vous font vivre des moments moins agréables. Comme je l'ai dit auparavant, le travail est une jungle et il est essentiel de savoir avec qui vous collaborez parfaitement, que vous sachiez avec qui vous devez garder vos distances et qui sont au contraire vos meilleurs alliés ou partisans.
Si vous êtes conscient de travailler avec des gens fabuleux, vous avez de la chance ! Si ce n'est pas le cas, vous m'en voyez désolée. Mais je vous dévoilerai des méthodes pour résoudre ce problème au chapitre 7.
Penchons-nous maintenant sur un autre domaine de souffrance d'envergure : le secteur d'activité. Ça vous parle peut-être ?

Le secteur d'activité

> « *J'aime vraiment mon métier de concepteur de logiciels. Je passe mes journées à prendre des décisions et à trouver des solutions aux problèmes. Mais vous m'avez aidé à prendre conscience de ma souffrance. Je ne me soucie pas assez du service ou du produit de mon entreprise. Que dois-je faire ?* »

Un client du secteur de la technologie

L'un des éléments qui tuent le plus souvent la joie au travail est de savoir que vous aimez ce que vous faites, mais avez le sentiment que les valeurs et l'orientation prise par votre entreprise et/ou secteur d'activité ne sont pas en phase avec ce que vous souhaitez. Chaque journée est alors une vraie corvée parce que vous luttez littéralement contre vous-même et vos valeurs. La seule chose qui vous console, c'est peut-être la présence d'une excellente équipe. Cela peut faire passer les heures plus vite, mais à condition d'avoir un peu de chance !

C'est précisément ce que je ressentais lorsque je travaillais dans la publicité numérique. S'il avait fallu que je continue à chercher comment inciter les femmes à manger plus de céréales allégées ou que je conçoive un autre jeu en ligne interactif pour vendre des céréales sucrées pour enfants, j'aurais hurlé. J'adorais côtoyer mes collègues, mais je ne pouvais pas me résoudre à être d'humeur joyeuse en vendant de la malbouffe.

J'ai coaché de nombreuses personnes qui ont adoré le secteur public mais se sont lassées des budgets limités. Et j'ai aidé ceux qui cherchaient à quitter le secteur privé ou un autre secteur d'activité pour rejoindre des domaines plus viables et altruistes.

En fin de compte, il existe plus de 24 secteurs d'activité dans lesquels vous pourriez travailler, du droit à la défense en passant par l'industrie pharmaceutique, le milieu hospitalier, la finance et l'aérospatiale. Vous voyez où je veux en venir, non ? Envisager un recyclage en vue d'intégrer un autre secteur d'activité peut paraître passionnant, mais également paralysant lorsque l'on pense au temps et aux frais associés. Et c'est la porte ouverte au maintien d'un état permanent d'indécision.

Il faut alors s'accrocher au fait que, quel que soit votre domaine d'expertise, il existe toujours des éléments transposables dans un autre secteur d'activité. Bien que certaines industries subissent une forme de contraction, d'autres, dans le domaine social ou technologique, par exemple, connaissent des changements, un développement et des innovations stratosphériques.

Vous vous dites peut-être : « *Tout cela est passionnant, Samantha ! Mais soyons réalistes, je ne peux pas le faire.* »

Pourquoi avons-nous des œillères concernant les modes de progression possibles ?

La plupart des gens peuvent se retrouver prisonniers du changement, submergés par la peur de ne pas connaître assez bien un nouveau secteur d'activité, au point de refuser la moindre tentative de l'intégrer. Ils se retrouvent alors dans une impasse. Ne sous-estimez jamais le fait que vos atouts peuvent séduire un autre secteur d'activité en pleine mutation. Les meilleurs changements et innovations sont toujours l'œuvre des personnes ayant un regard et un point de vue neufs.

D'une manière ou d'une autre, il faut dépasser le stade où, à vos yeux, les endroits dans lesquels vous êtes susceptible de trouver le bonheur sont limités, et explorer des territoires inconnus. Détaillons cela tout de suite.

EXERCICE

La passerelle – Partie 1

Cet exercice va vous aider à cesser de vous sentir dans une impasse et vous offrir les connaissances nécessaires pour passer à l'action. Il requiert seulement quelques instants de réflexion.

Croyance : au sein de votre entreprise actuelle, dans quel domaine votre foi ou croyance est-elle au plus bas ? Le produit, le service, le leadership ou la culture d'entreprise ? Et pourquoi ?

Résultats : à quoi ressemble le succès à vos yeux ? Prendre la place de votre chef est-il un objectif ? Est-ce que les récompenses vous motivent ? Êtes-vous en mesure de réussir dans votre secteur d'activité ?

Impact : quelles connaissances ou idées précieuses souhaitez-vous partager ? Quel impact majeur souhaitez-vous produire ? Quelles traces allez-vous laisser ? Pouvez-vous y parvenir dans votre secteur d'activité actuel ?

Désirs : qu'est-ce qui vous fait le plus envie ?

- Plus d'argent ;
- Du RESPECT ;
- Un statut et une certaine supériorité ;
- Une stabilité et une période sans nuages ;
- Un travail qui vous remplit de bonheur ;
- L'harmonie entre vie professionnelle et vie personnelle.

Croissance : votre secteur d'activité est-il en plein essor ou en train de régresser ? Quelle est la probabilité que vous trouviez un nouveau job dans un environnement similaire ? Est-ce que la structure qui vous emploie se trouve dans une situation financière difficile ?

Épanouissement : dans quel état d'esprit vous plonge votre quotidien au bureau ? Vous sentez-vous compétent, heureux et épanoui, ou malheureux, contesté, épuisé et plongé dans l'ennui ? Que retenez-vous et qu'apprenez-vous ?
Ce bilan devrait vous permettre de glaner quelques impressions, comme :

« La culture de cette entreprise est néfaste et mon secteur d'activité n'est pas connu pour abriter un environnement récompensé du titre de "lieu de travail de l'année". Le changement sera donc très lent. »

« Je souhaiterais plus d'argent et de reconnaissance en raison de mes compétences, mais je ne tiens pas pour autant à vendre mon âme au diable. »
« Le produit (ou le service) commercialisé par mon entreprise est trop superficiel, il ne fait que suivre les tendances, et je préférerais travailler sur quelque chose de plus durable ou plus en phase avec la réalité du monde. »
« Ce secteur d'activité est connu pour ses horaires démentiels et son rythme éreintant, alors que tout ce que je souhaite, c'est voir un peu mes enfants avant qu'ils n'aillent au lit. »

Fort de ces informations, l'étape suivante consiste à repérer les possibilités existant dans d'autres secteurs d'activité. Mais attention, tout ce qui brille n'est pas or.
Par exemple :

- Passer d'une énorme entreprise à une start-up évoluant dans un nouveau secteur d'activité présente également certains inconvénients – comme une baisse de salaire, une moindre sécurité de l'emploi et le fait de devoir porter de nombreuses casquettes.
- Un changement de secteur d'activité peut nécessiter une nouvelle formation. Est-ce que cela vous conviendrait ?
- Aller vers des gens que vous ne connaissez pas afin de tisser des liens et vous construire un nouveau réseau ne vous enchante peut-être pas.

Pas forcément facile à avaler, tout ça ! La vie est faite de concessions. Gardez à l'esprit le genre de compromis que vous êtes prêt à accepter.
Vous avez de la volonté et du courage. Si vous vous êtes procuré ce livre, c'est que vous êtes prêt pour cette aventure. Ne partez pas battu. Nous verrons plus loin comment passer d'un secteur d'activité à un autre et entamer des conversations sur votre bonheur et vos désirs professionnels en compagnie de personnes susceptibles de vous aider à franchir le pas !

La passerelle – Partie 2

Choisissez dans la liste ci-dessous trois secteurs d'activité qui suscitent votre intérêt (mais vous pouvez tout aussi bien n'en prendre qu'un ou deux). Prenez certaines de vos idées de l'exercice de la Passerelle – Partie 1, et voyez si elles collent avec les secteurs d'activité qui ont piqué votre curiosité.

Explorez toutes les pistes qui existent pour vous au sein de chaque secteur. Il peut s'agir d'idées de carrière ou d'affaires à développer qui font appel à vos compétences.

Vous pouvez aussi souhaiter réfléchir à d'autres fonctions ou à un changement de département dans votre secteur d'activité actuel.

Secteurs d'activité

Administration et services de soutien
Aérospatial et défense
Agriculture
Arts et culture
Biens de consommation
Conseil
Droit
Énergie et ressources naturelles
Enseignement
Événementiel
Fonction publique
Immobilier
Industrie pharmaceutique
Presse/Édition
Production industrielle
Professions libérales
Publicité, marketing et relations publiques
Ressources humaines
Restauration
Santé
Services financiers
Sport
Technologie
Télécommunications
Transport
Tourisme

Déterrer vos désirs en termes de secteur d'activité
Je souhaite que vous voyiez les choses et que vous commenciez à réfléchir aux évolutions qui seront les vôtres. On peut facilement se retrouver mentalement pris au piège de ce processus décisionnel, mais le fait de consigner vos idées par écrit vous aidera à avoir une vision plus claire. Disséquer un secteur d'activité en petites composantes qui vous intriguent peut vous démontrer comment s'emboîtent les pièces du puzzle.

Voici quelques exemples qui vous éclaireront :

- Vous pourriez exploiter votre sens aigu de la finance non plus au sein d'un petit cabinet de comptabilité, mais dans une start-up qui réfléchit à la mise en place d'une offre bancaire en ligne totalement novatrice.
- Vous pourriez mettre à profit les compétences commerciales acquises dans un laboratoire pharmaceutique pour aider un fabricant de panneaux solaires indépendant à trouver de nouvelles parts de marché et à vendre son produit révolutionnaire.
- Si vous êtes un chercheur évoluant dans le domaine de la santé et travaillant dans le laboratoire d'un hôpital d'université, vous pourriez proposer vos compétences à une entreprise spécialisée dans la robotique qui conçoit des appareils destinés à aider les patients victimes d'une attaque ou ayant perdu l'usage de leurs membres.
- Consultant indépendant dans le domaine des arts et de la culture, habitué à monter des projets artistiques et musicaux et guidé par la volonté d'inspirer la jeunesse, vous pourriez passer dans le secteur public et vous servir de vos connaissances de terrain auprès des adolescents et des adultes pour devenir chargé de mission et mettre en place des programmes plus créatifs dans les écoles...

Mais attendez ! J'entends d'ici votre petite voix apeurée.
« *Je ne connais absolument aucun autre secteur d'activité.* »

« Ça fait des lustres que je suis avocat. Je ne sais faire que ça. »

Restez avec moi ! Précisons qu'il s'agit seulement là d'une liste de secteurs d'activité que vous pourriez essayer d'intégrer si vous saviez que l'échec est impossible et que l'argent, le temps et d'autres critères n'étaient pas un souci.

EXERCICE

La passerelle – Partie 3

Passez en revue chacun de vos choix d'un nouveau secteur d'activité et répondez aux questions ci-dessous.

Croyance : dans ce nouveau secteur d'activité, quelle est la philosophie de l'entreprise ou de l'organisation qui vous convient le mieux ?

Résultats : serez-vous capable de connaître la réussite que vous recherchez dans ce secteur d'activité ? Est-ce que le cheminement vers un poste de cadre supérieur est bien clair ? Est-ce un objectif que vous aimeriez atteindre personnellement ? Souhaitez-vous travailler dans un environnement où il n'existe aucune hiérarchie et où tout le monde a son mot à dire sur les décisions à prendre ?

Impact : quelle est la plus grosse influence que vous souhaitez avoir ? Est-elle axée sur une petite communauté, tous les secteurs d'activité ou le monde entier ?

Désirs : certaines personnes adorent l'idée d'empocher beaucoup d'argent dans le secteur bancaire et celui de la technologie financière, quand d'autres ont le sentiment que c'est inhumain et impitoyable. L'impensable pour une personne est une chose magnifique pour une autre. Est-ce que ce nouveau secteur d'activité répond à vos désirs ?

Croissance : quelles recherches pouvez-vous mener pour connaître les perspectives de ce nouveau secteur d'activité ? En moyenne, combien de personnes postulent ? S'agit-il d'un secteur en proie à des fluctuations constantes ou au sein duquel les changements sont lents ?

Épanouissement : comment vous renseigner sur les arcanes de cet environnement ? Jouez au détective et découvrez à quoi ressemble la culture du milieu grâce à votre réseau d'amis, de proches, d'anciens collègues de travail ou d'ex-employés, à des forums et aux réseaux sociaux. Vos qualifications conviennent-elles ? Est-ce que cela vous obligera à acquérir certaines connaissances ?

Plutôt que votre carnet, vous pouvez utiliser un mur vierge et des Post-it pour vous aider à démêler les éléments sur lesquels vous souhaitez en savoir plus.

La passerelle – Partie 4

Prenez du recul et penchez-vous sur les options à votre disposition.

- Parmi les deux ou trois secteurs d'activité sélectionnés, lequel vous intéresse et vous enthousiasme le plus ? Pourquoi ?
- Êtes-vous en mesure d'identifier des thèmes communs ? Dans l'affirmative, lesquels ? Quelles sont les différences frappantes concernant vos choix ? Peut-être souhaiteriez-vous travailler au sein d'une start-up dans le secteur de la mode, car vous aimez la liberté d'innover et de vous montrer créatif… Mais peut-être aimeriez-vous également toucher un gros salaire dans la finance… Prenez votre choix numéro 1 et dressez la liste des endroits où vous trouverez 20 personnes évoluant dans ce secteur d'activité, que vous pourriez contacter par

courriel afin de convenir d'un appel téléphonique ou d'une rencontre. C'est ce genre de conversation qui peut être le détonateur d'une carrière. Nous approfondirons le sujet au chapitre 9, alors tenez bon !

Faites-moi confiance, vous devez vous montrer et parlez aux autres. Vous devez également identifier le quotidien professionnel dans cet environnement. Les rêveries et les fantasmes ne sont pas autorisés et ne contribueront pas non plus à mettre fin à votre souffrance.

Je souhaite que vous visualisiez votre autre « moi possible ». Qu'est-ce que j'entends par là ? Hermina Ibarra, professeure de comportement organisationnel à l'INSEAD et dans des écoles de commerce de Harvard, et autrice de *Working Identity: Unconventional Strategies for Reinventing Your Career* (paru en 2003), explique que le changement de carrière implique la découverte et l'examen des nombreuses versions de nous-mêmes que nous aimerions voir naître.

Vous avez peut-être toujours rêvé d'être officier de police judiciaire ou de réaliser un court-métrage qui ferait partie de la sélection au Festival de Cannes ? Alors ne vous fixez pas de limite. Appropriez-vous cette vision afin d'élaborer une feuille de route.

Le job

> *« Tous les jours se ressemblent : des échanges virulents et des réunions interminables. Ce qui me passionne, c'est de créer des modèles et de visualiser des solutions, mais les occasions de me montrer créatif diminuent au fil des jours de la semaine. »*
>
> **Une cliente du secteur de la mode**

Nous avons évoqué deux éléments qui pourraient réduire à néant votre bonheur professionnel. Penchons-nous sur le troisième : le travail quotidien proprement dit.

Qu'est-ce qui vous rend dingue dans votre travail ?

Souvent, nous restons confinés dans un rôle qui ne nous convient plus, car nous laissons notre petite voix prendre le dessus. Le seul moyen de savoir ce qui nous attire vraiment est de le mettre en lumière.

Quelles sont les tâches qui vous font mourir d'ennui et celles qui vous enthousiasment ?

EXERCICE

L'exercice de la dimension émotionnelle de votre job

Sur une semaine, dressez la liste des tâches entrant dans le cadre de vos fonctions qui vous…
- **font mourir d'ennui** (tâches ennuyeuses et sources de frustration) ;
- **titillent** (tâches qui suscitent votre intérêt) ;
- **enthousiasment** (tâches qui vous dynamisent).

Servez-vous des questions suivantes afin d'orienter vos réponses.

- Quelles activités professionnelles vous ennuient et vous incitent à regarder votre montre ?
- Quel est l'élément de votre travail quotidien le plus exaspérant ?
- Chaque semaine, quelle tâche avez-vous le plus envie d'exécuter ?
- Si vous vous projetiez dans le futur, de quels éléments de votre travail quotidien seriez-vous le plus fier ?

Par exemple :

Tâches à mourir d'ennui	Tâches qui vous titillent	Tâches enthousiasmantes
Tâches administratives, rédaction de l'ordre du jour des réunions	Participation aux séances de remue-méninges pour le développement d'un nouveau produit	Animer un atelier, conclure une vente

QUE VOUS A APPRIS CET EXERCICE ?

Cet exercice va vous permettre d'identifier ce qui vous ennuie vraiment. Vous aurez peut-être également une petite idée de ce qui ne vous apporte pas grand-chose et de ce qui vous enthousiasme parmi vos tâches hebdomadaires.

L'HEURE DU DIAGNOSTIC

Vous voilà à la fin de l'examen de votre situation professionnelle. Grâce à ces exercices, vous avez pu faire petit à petit le diagnostic de votre santé émotionnelle au travail. Mais je vous propose encore un tout dernier exercice, pour mettre le doigt sur le type de malaise que vous éprouvez.

Le traitement

Le moment est venu de vous prescrire le bon traitement. Faites vous-même l'ordonnance décrivant les mesures à prendre pour mettre en lumière la souffrance à éviter. C'est l'occasion de prendre un engagement clair envers vous-même et de vous préoccuper de l'avenir de votre bonheur professionnel.
Vous trouverez quelques pistes ci-dessous.

Nom : ....

Date de naissance : ....

Adresse : ....

Nom du médicament	Motif de la prescription
Travailler avec des personnes créatives.	Je suis plein d'entrain lorsque je cherche des idées avec les autres et que je mets en place des projets.
Travailler au sein d'une start-up ou d'une scale-up qui se développe rapidement.	J'aime les environnements pleins de spontanéité et dynamiques qui me permettent d'utiliser différentes compétences ou de coiffer plusieurs casquettes.
Trouver un travail me permettant d'encadrer de grosses équipes.	Il est important pour moi d'œuvrer vers un objectif commun en compagnie de nombreux caractères uniques. J'ai un excellent relationnel et on m'a souvent dit que je ferais un très bon responsable d'équipe.

Le patient doit démarrer le traitement immédiatement.

QUAND LA SOUFFRANCE DEVIENT INSUPPORTABLE

Je me souviens, étant petite, avoir remarqué que ma mère avait du mal à terminer son petit déjeuner. Elle avait l'air de ne pas avoir fermé l'œil de la nuit et traînait des pieds, alors qu'en temps normal, elle m'aurait dit de finir de me préparer pour l'école. J'étais perplexe. Elle pleurait devant son café, et tout ce que je pouvais dire n'y faisait rien. Un jour, j'ai décidé d'écouter aux portes alors que mes parents discutaient de la *situation professionnelle* de ma mère. Ça alors ! Moi qui pensais que ma mère pleurait parce que quelqu'un était mort ! Je me demandais comment le travail pouvait être si sinistre. L'école, c'était déjà quelque chose. Je me disais donc que le travail ne pouvait pas être pire, mais à l'évidence, je me trompais. Ma mère parlait de son chef en sanglotant, expliquait qu'elle souhaitait opter pour un départ volontaire, mais qu'il fallait assumer les frais de scolarité et l'emprunt immobilier. Petit à petit, mes parents ont échafaudé un moyen de s'en sortir en dressant la liste des sacrifices à consentir jusqu'à ce que ma mère trouve un autre emploi.

C'était la toute première fois que je constatais à quel point le travail pouvait broyer un esprit pourtant solide. J'ai grandi avec cette vision, dans l'espoir d'éviter de vivre la même chose, jusqu'à ce que je me retrouve moi-même à ressasser ma situation devant mon bol de céréales, à traîner les pieds et à m'épancher auprès de mes amies en soirée. Je rasais les murs quand j'arrivais au travail et me surprenais à rêver de la meilleure solution pour mettre fin à cette situation lorsque j'étais à mon bureau, mais aussi au cours des réunions.

Quel est votre état d'esprit lorsque vous êtes au travail ? En avez-vous assez des conflits ? Êtes-vous fatigué, las, épuisé ? Rassurez-vous, vous n'êtes pas seul dans cette situation. En 2017/2018, rien qu'au Royaume-Uni, on a enregistré la perte de 15,4 millions de journées de travail (57 %) à cause du stress, de la dépression ou de l'anxiété imputable à la vie professionnelle. Ces trois causes représentent 44 % des problèmes de santé dus au travail.[4]

Malheureusement, l'histoire de ma mère reflète parfaitement l'anxiété due au travail que ressentent et évoquent mes clients aujourd'hui.

- *« J'ai le sentiment d'en faire trop et d'être sous-payé. »* À l'image du hamster qui fait tourner sa roue, la charge de travail augmente constamment, les attentes sont irréalistes et les perspectives d'évolution inexistantes. À cela s'ajoute le fait que vous avez du mal à joindre les deux bouts.
- *« J'ai le sentiment que, dès que j'ouvre l'œil, je suis sur mon téléphone ou coincée devant mon ordinateur. Je suis censée être sur la brèche en permanence. »* Parce que la frontière est devenue floue entre le travail et le jeu à cause

4. Health and Safety Statistics: Key figures for Great Britain (2018/19). www.hse.gov.uk/statistics/ (document consulté le 16 novembre 2020).

de la technologie, il est désormais plus difficile d'arrêter de penser au travail lorsque vous n'y êtes pas.

- *« Dans mon département, nous sommes sous pression. Je dois assurer trois fonctions et je suis épuisée. »*
  En période d'instabilité et d'incertitude économiques, les entreprises resserrent leur budget et les employés peuvent se retrouver sous pression. Vous devez alors en faire plus que prévu, ce qui peut avoir pour effet d'augmenter le stress.
- *« Ma cheffe me rend folle. Je me sens surveillée et ça m'agace »* et/ou *« Mon chef ne remarque jamais lorsque je fais du bon travail. »* Ne pas vous sentir apprécié à votre juste valeur par votre chef ou votre équipe peut avoir une énorme influence sur votre quotidien professionnel et faire baisser votre niveau de satisfaction.

Si le stress peut avoir des conséquences positives, en nous poussant à l'excellence, il nous stoppe parfois également dans notre élan, et nous fatigue au point de parfois provoquer un burn-out.

Que se passe-t-il lorsque nous sommes stressés au travail ?[5]

Le stress se manifeste de plusieurs manières. Parmi les symptômes suivants, lesquels vous parlent ?

SYMPTÔMES COGNITIFS

- Problèmes de mémoire.
- Difficultés à mettre de l'ordre dans ses idées.
- Anxiété, pensées fugaces.
- Penser au pire en permanence.

5. NHS UK https://www.nhs.uk/conditions/stress-anxiety-depression/understanding-stress/ (document consulté le 16 novembre 2020).

SYMPTÔMES ÉMOTIONNELS

- Nervosité.
- Tendance à se sentir submergé.
- Solitude.
- Dépression.

SYMPTÔMES PHYSIQUES

- Tensions et contractions musculaires.
- Souvent enrhumé et malade.
- Maux de tête, douleurs dans les épaules et le dos.
- Libido en berne.

SYMPTÔMES COMPORTEMENTAUX

- Consommation accrue d'alcool/de médicaments/ de cigarettes afin de diminuer le stress.
- Manies de nervosité, comme se ronger les ongles, grincer des dents ou faire les cent pas.
- Manger à l'excès ou insuffisamment.
- Excès en termes d'exercice physique, de dépenses.

Comment combattre ce stress ? Les quatre méthodes suivantes peuvent vous y aider.

1. 50 % du travail consiste à avoir conscience de votre stress. Il faut beaucoup de confiance pour prendre du recul et avoir l'honnêteté de vous dire que vous êtes dans une situation critique et avez besoin d'aide. Il est essentiel d'avoir conscience de ce problème pour aller de l'avant et obtenir le changement et le succès que vous recherchez.

2. Exploiter le livre que vous avez entre les mains. Car, si vous l'avez acheté, c'est pour une bonne raison – vous en avez assez de votre environnement et vous souhaitez trouver des solutions. Cette étape est positive car elle vous mène vers la libération de la tension et du stress professionnels.

3. Parler à quelqu'un qui ne fait pas partie de votre cercle social pour vous aider à gérer et traiter votre état mental et/ou physique est d'une valeur inestimable. Il peut s'agir d'un thérapeute ou d'un psychologue – j'apprécie tout particulièrement mes séances hebdomadaires avec mon thérapeute afin de décharger mes angoisses, disséquer et réorganiser mes perspectives. Si vous ne disposez pas du budget nécessaire pour vous offrir des séances chez un thérapeute, il existe sur la Toile des services financièrement plus abordables. Vous pouvez également créer votre propre groupe de soutien et de responsabilisation afin de gérer votre évolution vers le bonheur professionnel.

4. Prendre soin de vous-même. Quand cela se complique sur le plan professionnel, il est très facile de ne plus prendre le temps de s'occuper de soi. L'exercice suivant consiste à vous évaluer dans les quatre domaines mentionnés plus haut. Il n'est pas exhaustif et vous offre simplement des pistes. Vous pouvez également ajouter des sujets s'appliquant à votre situation. Évaluez la fréquence et la qualité des mesures prises pour prendre soin de vous. Une fois l'exercice terminé, voyez si des schémas se dessinent.

- Avez-vous tendance à être plus actif dans certains domaines et à en ignorer d'autres ? Certains éléments de votre liste vous font-ils penser : « *Je ne ferai jamais ça* » ?
- Écoutez :

  – vos réponses intérieures ;

  – votre dialogue intérieur ;

  – la priorité que vous accordez à votre personne et à votre bonheur lorsque vous êtes en pleine frénésie au bureau.

Pour commencer à mieux prendre soin de vous-même, jetez un œil au *Journal de l'épanouissement* à suivre.

EXERCICE

Journal de l'épanouissement

Balayez la liste ci-dessous et tenez votre *Journal de l'épanouissement* pendant deux semaines. Choisissez pour chaque rubrique au moins deux activités que vous essaierez de mener afin d'affronter les hauts et les bas caractéristiques de votre travail stressant, et d'apaiser ainsi la souffrance ressentie.

Moi

- Prenez régulièrement des repas équilibrés et nutritifs. Repérez et éliminez les aliments qui sapent votre énergie.
- Faites de l'exercice physique pendant au moins trente minutes par jour. Il peut s'agir d'une marche rapide, d'un cours de yoga ou d'une séance à la salle de sport.
- Remarquez ce qui se passe à l'intérieur de vous. Faites votre bulletin météo personnel. S'agit-il d'une journée chaude et ensoleillée ou sombre et orageuse ? Quels sont vos pensées, croyances, attitudes et sentiments ?
- Offrez-vous un massage une fois par mois ou par trimestre, afin de faire circuler l'énergie et le sang dans votre corps.
- Prenez le temps d'être sensuel – avec vous-même, avec votre partenaire.
- Refusez de prendre des responsabilités supplémentaires qui ne vous semblent pas réalistes.
- Investissez-vous dans un nouveau domaine – allez voir une exposition, un événement sportif ou une pièce de théâtre…

Relations

- Prévoyez des sorties ou des rendez-vous réguliers avec votre partenaire ou conjoint.
- Si vous avez des enfants, faites régulièrement des activités ensemble (lisez-leur une histoire au coucher, emmenez-les au musée ou voir un match de basket…).
- Passez du temps avec les personnes dont vous appréciez la compagnie.
- Appelez, prenez des nouvelles ou voyez vos proches.
- Consacrez du temps à vos animaux de compagnie.
- Restez en contact avec des amis qui vivent loin de chez vous.
- N'ayez pas peur de demander de l'aide si vous en avez besoin. Savoir ce qui vous manque et comment solliciter les autres est une force.
- Élargissez votre cercle social.
- Demandez de l'aide en cas de besoin.
- Partagez une peur, un espoir ou un secret avec une personne en qui vous avez toute confiance.

Maison

- Créez un espace inspirant rempli de vos livres préférés, de souvenirs ramenés de vos voyages, de citations et d'objets qui vous font rire ou vous motivent.
- Identifiez chez vous les endroits confortables qui vous aident à vous détendre.
- Faites-en sorte que votre chambre soit propice à de bonnes nuits de sommeil, à des moments distrayants.
- Changez d'attitude concernant votre téléphone : mettez-le en pause et offrez-vous une cure détox lorsque le besoin s'en fait sentir.
- Changez vos ampoules pour disposer d'éclairages plus doux et économiques.

Travail

- Faites une pause pendant la journée (pour le déjeuner, par exemple).
- Prenez le temps de bavarder avec vos collègues.
- Réservez-vous des créneaux au calme pour exécuter certaines tâches.
- Identifiez des projets ou des tâches passionnants et gratifiants.
- Fixez des limites avec vos clients et collègues.
- Équilibrez votre charge de travail de façon à ne pas être submergé dans la journée.
- Bénéficiez une fois par semaine ou par mois du soutien de vos pairs ou d'un groupe de mentors afin d'obtenir régulièrement conseils et avis sur votre progression.

Cette liste n'est pas exhaustive. N'hésitez donc pas à la modifier et à l'enrichir.

JE SUIS PRÊT(E) À NE PLUS RESSENTIR DE SOUFFRANCE !

Quelle est la nature de votre souffrance ?

« Ce sont les gens, ça me paraît évident ! »

« Je suis prête à changer de secteur d'activité. C'est le bon moment ! »

« En réalité, je souffre dans tous les domaines ! »

Certains d'entre vous ont peut-être déjà eu un déclic et savent désormais ce qu'ils doivent faire. Les autres s'interrogent encore, paralysés par un déluge de pensées ou de prises de conscience. Ne vous inquiétez pas.

Tous les exercices que vous venez de faire vont devenir les pièces d'un grand puzzle que je vais reconstituer pour vous. Tout le tableau se révélera à vous lentement mais sûrement et vous pourrez commencer à faire certains choix.

Nous allons maintenant évaluer vos forces, compétences, passions et motivations. Le moment est venu de démêler tous ces atouts afin que vous sachiez tout ce que renferme votre « trousse à outils transposables ». Cette trousse sera l'arme secrète qui vous aidera à franchir le pas : changer de secteur d'activité, de département au sein de votre entreprise ou vous mettre à votre compte. Quelle que soit votre résolution, cette trousse à outils adaptée vous permettra de la concrétiser sans devoir déployer des efforts surhumains.

SECTION 3

GARDER À L'ESPRIT QUE VOUS ÊTES GÉNIAL(E)

CHAPITRE 5

Évaluer votre trousse à outils

Souvent, la plupart des gens avec qui je travaille n'ont aucune idée de leurs compétences, passions professionnelles ou forces, et ignorent qu'ils sous-exploitent peut-être certains de leurs atouts. Lorsque je leur demande de m'indiquer leurs points forts, ils me répondent généralement en marmonnant, le regard vide. Et cela vaut pour nous tous. Mais demandez-nous de dresser la liste de nos faiblesses et nous nous empressons alors de répondre !

« Oh, alors je déteste... »

« Je pense ne pas être très bon en... »

« Je suis incapable/je ne sais pas faire... »

Pourquoi avons-nous tant de mal à indiquer précisément ce que nous aimons et les domaines dans lesquels nous excellons ? Ce chapitre va vous aider à y parvenir. Une jolie surprise vous attend.

Nous allons voir ensemble comment le fait de cerner vos forces et compétences peut vous permettre de dévoiler les raisons pour lesquelles vous n'êtes pas heureux au travail. Le bilan sur le déroulement de votre carrière jusqu'à ce jour va vous aider à disséquer les compétences les plus utiles, surtout si vous souhaitez changer de secteur d'activité, d'emploi ou de fonctions, ou si vous voulez vous vendre pour des postes ou des projets dont certains n'existent peut-être pas encore. Dans le même ordre d'idée, identifier vos passions et vos valeurs vous aidera à pointer les éléments désagréables de votre travail actuel et ce que vous souhaitez trouver ailleurs.

QUE CONTIENT VOTRE TROUSSE À OUTILS ?

Forces, compétences, passions et valeurs. Quelle différence y a-t-il entre ces notions ?

Forces – Ce sont les domaines dans lesquels vous êtes naturellement doué, sans jamais avoir appris la moindre chose. Me viennent immédiatement à l'esprit les miennes : résoudre des problèmes, écouter, éprouver de l'empathie et rester calme. Et vous ? Êtes-vous naturellement curieux, patient ou méthodique ? La connaissance de vos points forts vous aidera à prouver que vous êtes « la personne idéale » pour un job ou une tâche.

Compétences – Il s'agit des choses que vous pouvez apprendre et acquérir grâce à la répétition, soit sur le terrain, soit en suivant une formation. Par exemple, une langue étrangère, la programmation informatique, la conception et l'animation de séances d'art-thérapie ou, dans mon cas, coacher des personnes afin qu'elles trouvent un travail qu'elles apprécieront. Ces éléments peuvent s'adapter à ceux recherchés par un futur employeur dans un secteur d'activité qui vous attire. Vous pouvez représenter un atout pour une entreprise ou organisation en adaptant vos compétences à des fonctions ou à une tâche.

Passions – Aider les gens à s'épanouir et trouver un travail qui leur plaît est une activité qui me passionne. C'est ce qui me pousse à sortir du lit le matin, même lorsque je ne suis pas dans mon assiette. Quelle est votre passion ? Qu'est-ce qui vous enthousiasme le plus ?

Valeurs - Appelons cela un code personnel ou un jugement de ce qui est important dans l'existence. Ces valeurs sont des normes que vous respectez et souhaitez voir perçues chez vous par les autres.

Abordons maintenant chacun de ces éléments en vous fournissant des mesures à prendre, ainsi que des exercices à effectuer.

Forces

Lorsque nous exploitons nos forces :

- la journée passe à toute vitesse ;
- nous sommes plus confiants et moins stressés ;
- nous sommes plus investis, plus créatifs, et notre travail nous donne entière satisfaction.

Voici les 20 forces essentielles que j'ai pu identifier en travaillant avec tout un éventail de clients.

1. Esprit universel Vous adorez apprendre ! Vous devenez lyrique lorsque vous abordez de nouveaux sujets. La découverte et l'acquisition de nouveaux éléments de connaissance vous font jubiler.	**2. Conteur** Vous êtes toujours prêt à transformer un fait banal en une histoire épique afin de surprendre et de ravir n'importe quel public.
3. Dynamiseur Vous avez le pouvoir de provoquer des déclics de créativité ou de trouver des solutions novatrices dans des situations ou des réflexions au point mort.	**4. Diplomate** Vous aimez aider les autres à trouver un compromis dans l'intérêt de tous. Vous souhaitez la paix et aspirez à l'instaurer lorsque règnent la tension et la discorde.
5. Tacticien Vous êtes logique et stratégique. Vous aimez trancher afin d'aboutir à une décision et offrir une feuille de route aux autres.	**6. Cogiteur** Toujours en train de réfléchir, vous aimez « phosphorer » sur de grandes idées et solutions avant de prendre des décisions.

7. Sociable Vous n'aimez rien de plus qu'apprécier et comprendre l'état d'esprit des autres, et faire votre possible pour qu'ils soient toujours dans un état d'esprit positif.	**8. Agile** Quelle que soit la situation, vous êtes capable de trouver un équilibre, de vous métamorphoser afin de vous y adapter. Vous détestez vous sentir prisonnier.
9. Meneur Vous êtes toujours le premier à lever la main, prêt à mettre en avant la meilleure solution. Vous êtes capable de rassembler les autres en vue d'atteindre un objectif commun.	**10. Évaluateur** Les faits, données et chiffres vous donnent la confiance nécessaire pour prendre des décisions limpides et efficaces. Vous avez un esprit analytique.
11. Conquérant Vous avez l'esprit de compétition et êtes déterminé à briller. Pour vous, le succès ne se limite pas à terminer premier, mais également à exploiter au mieux vos compétences.	**12. Débrouillard** Résoudre des problèmes vous excite. Vous ne répugnez pas à gérer une situation compliquée.
13. Mentor Le potentiel est un joyau enfoui que vous adorez dénicher chez les autres. Grâce à vos questions et à votre curiosité, vous allez les amener à révéler leurs talents cachés en les amadouant, afin de les aider à briller.	**14. Vertueux** Vous êtes quelqu'un de droit avec de grandes valeurs morales que vous n'abandonnerez pour rien au monde. Vous freinez des quatre fers face à des scénarios contraires à vos valeurs.
15. Créateur Vous débordez toujours de suggestions radicales, de nouveaux objectifs et recommandations.	**16. Guerrier solitaire** « *Je n'ai pas besoin d'aide !* » C'est souvent votre première et dernière pensée. Vous préférez satisfaire vos besoins sans intervention extérieure.
17. Optimiste Vous voyez toujours le bon côté des choses.	**18. Investi** Vous adorez tenir vos promesses ! À vos yeux, ce sont les actions qui importent le plus et vous détestez décevoir les autres. Si vous vous engagez à faire quelque chose, ce ne sont pas des paroles en l'air.
19. Méthodique Quelqu'un a parlé de feuilles de calcul, de listes de tâches et de plans de projet ? Ces péchés mignons vous aident à atteindre vos objectifs.	**20. Posé** Un pas à la fois. Inutile de vous précipiter. Vous aimez prendre votre temps, méditer sur un seul et unique problème. Vos plans sont mûrement réfléchis.

Vous vous dites peut-être : « *C'est bien beau tout ça, mais comment savoir quelles sont MES forces ?* » On peut dire que vous êtes chanceux ! Vous trouverez un test page 294. Jetez-y un œil, mais revenez très vite voir ce que cela donne pour vous.

EXERCICE

Montrez-moi mes superpouvoirs

Si nos forces nous donnent parfois le sentiment d'être surhumains, foncer en utilisant un seul point fort peut très vite ressembler à la charge d'un éléphant dans un magasin de porcelaine.

Dans la vie, il s'agit toujours de trouver le juste milieu. Et c'est là que vous devez réfléchir à l'efficacité de vos forces en fonction de la situation rencontrée. Si vous prenez le temps de vous pencher sur les performances passées qui ont mis en exergue certains problèmes, vous constatez probablement que vous avez abusé de vos forces.

Prenez l'exemple de ma cliente, Serena. Elle est arrivée à la conclusion que ses cinq forces principales étaient les suivantes :

- Vertueuse – Elle ressent toujours le besoin d'aligner ses actes sur ses principes et méthodes.
- Tacticienne – Elle perçoit plus vite que les autres la vision d'ensemble et connaît d'emblée le meilleur moyen d'atteindre un objectif.
- Conquérante – Son seul mot d'ordre, c'est : « *Après tout, à quoi bon participer si ce n'est pas pour gagner ?* »
- Méthodique – Elle adore travailler sur un plan à un rythme soutenu et déteste l'ambiguïté.
- Débrouillarde – Elle aime étudier minutieusement un problème afin de trouver une solution. Elle fait souvent preuve de persévérance quand les autres ont abdiqué depuis longtemps.

Toutefois, Serena a aussi constaté à plusieurs reprises qu'elle avait du mal à bien travailler dans certaines situations et qu'elle se frustrait lorsque ses idées n'étaient pas retenues, alors que son seul objectif était de régler le problème.

La fragilité apparaît principalement à cause de deux éléments essentiels :

Les points faibles, lorsque nous nous refrénons à cause d'une force que nous ne possédons pas ou ne maîtrisons pas bien. Serena avait parfaitement conscience de son incapacité à servir de mentor et de coach à ses subordonnés directs. Elle préférait donc demander à sa collègue d'être à ses côtés lors des séances d'analyse des performances afin de lui donner son avis sur les éléments à améliorer.

L'utilisation excessive de ses principales forces. La tendance de Serena à jouer les madame Je-sais-tout agaçait constamment ses collègues. Ses opinions très arrêtées la poussaient à dévaloriser les interventions des autres et à refuser d'explorer d'autres points de vue. Si nous nous appuyons en permanence sur une force, les autres peuvent se sentir inutiles et anxieux. Lorsque Serena se détendait un peu et se demandait : « *Qu'est-ce que ça donnerait si on inversait les rôles ?* », invitant ses collègues à proposer d'autres modes de pensée et de création, elle était alors capable d'afficher une plus grande patience et compréhension. Et finalement, elle s'y est bien mise !

Ne soyez pas désespéré en réfléchissant à vos faiblesses ou en vous focalisant sur ce qui n'a pas fonctionné par le passé. Notre cerveau est programmé pour se pencher sur les aspects négatifs afin d'assurer notre survie. Cela ne signifie pas que vous deviez ignorer vos faiblesses. Mais jetez aussi un regard réaliste sur les efforts et l'engagement nécessaires pour acquérir de nouvelles forces. Une bonne solution pour atténuer vos faiblesses : pratiquer des séances d'introspection constructive (par exemple, consignez par écrit en fin de journée les points positifs et négatifs) et collaborer avec quelqu'un capable de vous aider à combler vos lacunes grâce à l'acquisition de forces complémentaires.

Compétences

Qu'est-ce que les employeurs recherchent essentiellement ? La preuve que vous disposez de compétences qui vous feront sortir du lot, sinon ce sera une perte de temps pour vous deux. Et personne n'a envie de gaspiller son temps. Quelles sont les compétences nécessaires pour la plupart des jobs ? Dans quels domaines excellez-vous ? Et dans lesquels êtes-vous un peu « rouillé » ?

Voici une liste des compétences clés que j'ai repérées au cours de ma collaboration avec de nombreuses entreprises. En ce qui concerne les logiciels, ils varient évidemment selon le type de secteur d'activité et les fonctions. Les exemples ci-dessous sont simplement conçus pour vous inviter à réfléchir à ce qui pourrait être nécessaire dans votre secteur d'activité.

Relations humaines : intelligence sociale et émotionnelle.

- Coaching
- Préconisations
- Savoir-être
- Force de persuasion
- Écoute active

Conception et conceptualisation : trouver des idées, créer de nouveaux produits ou identifier des moyens de surmonter une difficulté particulière.

- Anticiper les problèmes
- Proposer de nouvelles idées
- Identifier les difficultés
- Définir les problèmes

Communication : échanger, faire germer et transmettre des idées.

- Raconter des histoires
- Rédiger des contenus
- Faire des présentations
- Favoriser les échanges
- Négocier

Organisation et management : encadrer, orienter, diriger les personnes/les équipes pour mettre en œuvre des projets.

- Jouer le rôle de médiateur
- Superviser
- Définir les tâches et fixer les priorités
- Enseigner
- Motiver

Recherche et planification : rechercher les savoirs, les données et les indices pour mettre en œuvre les produits ou services.

- Analyser les données
- Émettre des hypothèses
- Faire preuve d'esprit critique
- Examiner
- Faire la distinction entre les informations de qualité et celles qui sont inutiles

Connaissance des logiciels/programmes informatiques : de l'utilisation de logiciels de bureautique élémentaires à la programmation informatique.

- Réaliser des créations en 3D
- Créer des sites Web
- Modifier des documents dans des logiciels tournant sur des serveurs distants
- Gérer des feuilles de calcul

Comment évaluez-vous vos compétences ?

En parcourant cette liste, vous avez peut-être repéré une compétence qui vous a fait sourire et penser : « *Oh, mais j'adore faire ça !* » Quelques-unes vous ont peut-être au contraire fait dire : « *Je déteste ça !* » Mieux vaut alors prendre du recul et analyser votre travail actuel et peut-être deux autres postes potentiels afin de déceler les compétences communes et celles que vous pourriez acquérir.

EXERCICE

Combler des lacunes en matière de compétences

Jetons un œil à l'exemple ci-dessous d'un ancien client prénommé Sebastian, qui travaillait comme infirmier dans une unité de soins intensifs, mais était disposé à rejoindre le secteur de l'événementiel. Depuis qu'il avait organisé son mariage, il était tombé littéralement amoureux de ce secteur d'activité et savait qu'il souhaitait organiser toutes sortes d'événements.

Ensemble, nous avons étudié les domaines dans lesquels il devait étoffer ses compétences et identifié ses lacunes. Dans le tableau ci-dessous figurent ses compétences les plus pertinentes que nous avons ensuite passées en revue.

COMPÉTENCES	FONCTIONS	
	Infirmier en chef	**Organisateur d'événements**
Relations humaines Coaching Préconisations Savoir-être Force de persuasion Écoute active	COACHING Très utile pour faire du mentorat et orienter les jeunes infirmières. PRÉCONISATIONS Toujours préconiser le meilleur pour ses patients et son équipe. SAVOIR-ÊTRE/ ÉCOUTE ACTIVE Attitude incroyable auprès des patients, très à l'écoute et capable d'établir un rapport avec des personnes différentes.	COACHING Peu probable qu'il ait besoin de coacher ses clients et il travaillera seul au début. SAVOIR-ÊTRE/ ÉCOUTE ACTIVE Il lui faudra se montrer très attentif, afin de gérer les demandes des clients et communiquer avec les différents fournisseurs. FORCE DE PERSUASION Il pourrait avoir besoin de développer sa capacité à persuader ses clients d'adhérer à ses idées.

COMPÉTENCES	FONCTIONS	
	Infirmier en chef	**Organisateur d'événements**
Conception et conceptualisation Anticiper les problèmes Proposer de nouvelles idées Identifier les difficultés Définir les problèmes	ANTICIPER et DÉFINIR LES PROBLÈMES Une unité de soins intensifs est un creuset de problèmes et d'urgences nécessitant de réfléchir vite et de trouver rapidement des solutions. Sebastian a énormément exploité cette habileté. NOUVELLES IDÉES Pas beaucoup d'occasions d'en proposer, car les nouvelles idées en faveur du personnel ou de l'environnement de travail ne sont pas entendues ni retenues. Il en a assez de faire des suggestions qui ne se concrétisent jamais.	ANTICIPER et DÉFINIR LES PROBLÈMES Le métier d'organisateur d'événements demandera à Sebastian d'anticiper les problèmes et difficultés, ainsi que de les régler rapidement, surtout le jour de l'événement. NOUVELLES IDÉES Sebastian devra puiser profondément dans sa capacité à trouver des idées. Les occasions de faire preuve de créativité sont limitées dans son métier actuel. Il a donc arrêté de rêver. Les solutions finissaient toujours par être très ordinaires ou prévisibles.
Communication Raconter des histoires Rédiger des contenus Faire des présentations Favoriser les échanges Négocier	FAVORISER LES ÉCHANGES La communication fait partie des attributions de Sebastian et consiste à favoriser les échanges entre l'encadrement et son équipe. FAIRE DES PRÉSENTATIONS Il n'est pas fait pour les grandes présentations ou raconter des histoires. Il déteste prendre la parole en public. Ses communications ont toujours consisté à relayer les faits, les bilans, les protocoles de traitement et les tableaux de service.	RACONTER DES HISTOIRES Ce changement de métier demandera à Sebastian d'apprendre à embarquer ses clients dans un périple qui leur permettra de visualiser l'événement parfait. FAIRE DES PRÉSENTATIONS Les éléments clés pour Sebastian seront les présentations, les tableaux d'ambiance et la faculté de communiquer avec des supports visuels et non des mots.

COMPÉTENCES	FONCTIONS	
	Infirmier en chef	**Organisateur d'événements**
Organisation et management Jouer le rôle de médiateur Superviser Définir les tâches et fixer les priorités Enseigner Motiver	FIXER LES PRIORITÉS C'est son point fort dans ses fonctions actuelles. Il adore organiser et diriger un petit pôle d'infirmières. JOUER LE RÔLE DE MÉDIATEUR Lorsque les esprits s'échauffent dans son équipe, le sang-froid de Sebastian lui permet de conserver et entretenir un climat paisible.	FIXER LES PRIORITÉS C'est dans ce domaine que le sens de l'organisation, son grand point fort, sera le plus utile. Il adorait fixer des priorités, puis prendre des mesures concrètes ; il sait que cette habileté lui sera utile lors d'événements d'envergure. JOUER LE RÔLE DE MÉDIATEUR Pour ses clients, Sebastian devra se servir de ses qualités de médiateur afin que leurs besoins soient satisfaits, ainsi que dans la gestion des demandes de ses fournisseurs.
Recherche et planification Analyser les données Émettre des hypothèses Faire preuve d'esprit critique Examiner Faire la distinction entre les informations de qualité et celles qui sont inutiles	ANALYSER LES DONNÉES Sebastian savait très bien analyser les données des patients afin de prendre des décisions rapides ou d'aider son équipe à trouver de meilleures réponses pour les cas critiques.	ANALYSER LES DONNÉES Il lui faudra chercher de nouveaux fournisseurs et analyser les appels d'offres, ainsi que concevoir les meilleures feuilles de route et options pour ses clients en fonction de leur budget.

COMPÉTENCES	FONCTIONS	
	Infirmier en chef	**Organisateur d'événements**
Connaissance des logiciels/ programmes informatiques Réaliser des créations en 3D Créer des sites Web Modifier des documents dans des logiciels tournant sur des serveurs distants Gérer des feuilles de calcul	COMPÉTENCES INFORMATIQUES DE BASE Sebastian connaît les logiciels de bureautique.	UTILISATION DE PROGRAMMES INFORMATIQUES NON SPÉCIALISÉS Il était enthousiaste à l'idée d'apprendre à utiliser les logiciels en vigueur dans son secteur d'activité et a décidé de rechercher des formations.

Peut-être commencez-vous maintenant à avoir quelques changements d'emploi en tête. Si ce n'est pas le cas, revenez au chapitre 4 et jetez un œil à ce qui ressort de l'exercice de la Passerelle. Soyez sincère sur le degré de malléabilité de certaines de vos aptitudes et pour l'identification de celles qu'il vous reste à acquérir. L'expression de ces deux dimensions vous sera utile lorsque nous arriverons au stade du changement d'emploi et des entretiens, abordés au chapitre 9.

PASSIONS

Ne vous inquiétez pas, je ne vais pas vous dire : « *Oubliez tout ça et vivez vos passions.* » Toutefois, si les compétences et forces sont nécessaires pour avoir le sentiment de « bien » faire votre travail et d'en être satisfait, l'ingrédient magique reste l'association de la raison d'être, de la passion et du sens.

À ce stade, peut-être vous demandez-vous : « *Comment trouver mes passions ?* » Plongez donc dans votre mémoire. Repensez aux activités que vous aimiez étant enfant.

Quand j'étais petite, j'adorais concocter à mon père une petite douceur constituée du reste de la pâte que ma mère utilisait pour faire les boulettes de sa soupe de poulet, qui était sa spécialité. Il rentrait fatigué du travail et avait besoin d'un remontant. Je fabriquais un petit panier avec la pâte, que je garnissais de morceaux de chocolat ou d'un fruit, avant de le passer au four. Je n'avais pas le talent d'une cheffe, mais j'adorais l'idée de lui préparer quelque chose, que je servais ensuite sur une belle assiette. Il faisait semblant d'adorer mon plat pendant qu'il me racontait les hauts et les bas de sa journée. Inutile de dire que cela reflète ma vie actuelle : essayer des recettes (j'ai beaucoup progressé) et nourrir mes amis, écoutez activement les autres, m'intéresser à eux et remarquer les signaux non verbaux que les gens envoient.

Si vous avez transformé une vieille passion en métier et avez le sentiment d'avoir fait le tour de la question, ne vous inquiétez pas. Dans la plupart des cas, l'étape suivante consiste à explorer les domaines autour de cette passion qui sont susceptibles de vous faire vibrer – sauf si cette passion vous suffit en tant que passe-temps.

EXERCICE

Les passions au révélateur

Étape 1

Pensez à trois activités que vous aimiez lorsque vous étiez plus jeune. Par exemple :

- Peindre la nature
- Faire et vendre des gâteaux
- Regarder des films de science-fiction et lire des bandes dessinées
- Jouer avec un kit de médecin pour enfant
- Construire des tentes dans le salon avec de vieux draps…

ÉTAPE 2

Maintenant, pensez aux ingrédients de cette activité qui vous manquent aujourd'hui dans votre travail et votre vie. En quoi rendraient-ils votre vie professionnelle plus heureuse si vous les y injectiez de nouveau ? Voici quelques commentaires de clients à partir des exemples ci-dessus.

- Jouer avec un kit de médecin pour enfant : « *J'ai abandonné l'idée de me lancer dans une carrière de médecin. Ah, si je n'avais pas tiré un trait dessus ! Les thérapies alternatives me passionnent vraiment. Pourquoi est-ce que je ne travaille pas dans ce domaine aujourd'hui ?* »
- Construire des tentes dans le salon avec de vieux draps : « *Je suis actuellement maître de conférences en économie, mais je souhaite écrire et raconter des histoires. J'adore créer des univers fantastiques et ludiques et pouvoir transporter les autres dans différentes dimensions. Je me demande comment injecter cette dimension narrative dans mes cours au lieu de m'en tenir à ce format rebattu. Mes étudiants prendraient également plus de plaisir à approfondir ce sujet ardu !* »
- Faire et vendre des gâteaux : « *Mes parents ne rigolaient pas avec l'argent de poche. Je devais me montrer créative pour pouvoir m'acheter des bandes dessinées. Comme je me débrouillais en pâtisserie, j'ai commencé à me lancer dans des combinaisons de saveurs recherchées et originales. Comment diable me suis-je retrouvée à ce poste de salariée ? Je dois me mettre à mon compte. Je suis douée pour décrypter le marché et proposer des produits et des offres uniques. Ce défi, cette liberté de créer pour m'amuser et gagner plus d'argent me manquent.* »

ÉTAPE 3

Voyez-vous un lien avec vos passions dans les réponses de l'exercice « La carrière de vos rêves » (voir page 48) ?

- *Si tous les emplois vous permettaient de gagner le salaire dont vous rêvez, qu'aimeriez-vous faire ? (Quelles idées ne se sont pas concrétisées à cause de soucis financiers ?)*
- *Si vous pouviez vous adresser à votre moi de 16 ans et lui prodiguer des conseils en matière de bonheur professionnel, que lui diriez-vous ?*

Quelle passion essaie de ressurgir chez vous mais continue à être réprimée, et pourquoi ?

La plupart du temps, cet exercice nous aiguille vers nos passions, motivations et désirs les plus profonds. Il peut également révéler les passions abandonnées à l'âge adulte, car nous nous sommes laissé emporter par la frénésie de l'existence. Peut-être souhaiteriez-vous renouer avec l'une d'elles dans votre vie personnelle et votre métier ?

J'aimerais vous présenter Emmanuel, un de mes clients, et vous raconter comment il a ranimé la flamme d'une passion qui s'était transformée en désastre professionnel.

Emmanuel adorait dessiner et créer des modèles graphiques et autres histoires visuelles. Après avoir étudié l'art et le design à l'université, il a trouvé sa voie en devenant directeur artistique. Mais le travail frénétique sur le terrain était particulièrement usant. La dimension commerciale ne le passionnait plus, et il souhaitait mettre davantage la main à la pâte et explorer l'univers de la photographie. Plus Emmanuel grimpait les échelons dans son domaine, plus il prenait conscience qu'il encadrait simplement les autres au lieu de créer véritablement. Le fait de suivre des cours de dessin et de photographie d'après nature a commencé à raviver ses passions pour la conception et la construction de choses à partir d'une feuille blanche. Très vite, il s'est mis à suivre d'autres cours et a été invité à participer à la préparation d'une exposition. Puis il a commencé à conseiller des artistes en herbe un jour par semaine après avoir négocié avec son employeur de ne pas travailler le vendredi. Jouer le rôle de mentor pour des personnes aux parcours et aux tranches d'âge différents lui a redonné une vision et l'envie d'évoluer dans le secteur de la création et de la photographie. Emmanuel a retrouvé la flamme en transposant cette vision et en aidant les autres à concrétiser le fruit de leur imagination. Il a pris plaisir à leur faire rencontrer des gens, saisir des occasions et découvrir l'étrange projet rémunéré lancé par son entreprise. Il a alors donné un tout nouveau sens à son travail.

VALEURS

Quelles sont les choses sur lesquelles vous ne transigerez jamais : l'honnêteté ? La loyauté ? L'originalité ? Les valeurs sont des principes personnels avec lesquels vous vivez en accord et qui vous sont chers. Vous êtes inquiet lorsque des situations ou des personnes les remettent en cause.

EXERCICE

Le quiz des valeurs

Lorsque vous travaillez dans une entreprise ou avec des personnes dont les valeurs sont différentes des vôtres, il peut être difficile de mettre précisément le doigt sur ce qui nuit à votre bonheur professionnel. Ce petit exercice va vous aider à déceler vos valeurs essentielles, à les afficher et à rechercher un emploi en accord avec elles. Évaluez les énoncés listés ci-dessous en appliquant la grille de points suivante.

Ah non... ce n'est pas du tout moi = 1 point
Il y a du vrai = 2 points
Ça se rapproche de la vérité = 3 points
C'est tout à fait ça ! = 4 points

D'instinct, qu'est-ce qui vous semble bien pour vous, correspond à vos aspirations professionnelles et est compatible avec votre vie personnelle ? Si vous hésitez parce qu'une valeur vous tient à cœur, ne la classez pas pour autant obligatoirement parmi celles pouvant contribuer à votre bonheur professionnel. L'exercice qui suit est destiné à vous aider à trouver des environnements professionnels et le type de collègues que vous aimeriez côtoyer.

C'EST PARTI :

1. Je souhaite cerner les difficultés de ceux avec qui je travaille et qui me sont proches.
2. J'adore réinventer les choses et chercher des moyens de procéder différemment.
3. J'aime que les gens sachent qu'ils peuvent se tourner vers moi s'ils ont besoin d'un soutien solide.
4. J'aime prendre des risques. La vie est trop courte.
5. Je pense que mes propositions marquent les gens.
6. J'adore faire part à mon entourage de mes véritables désirs et pensées, être sincère.
7. Je suis un meneur naturel.
8. Souvent, les gens admirent et louent ma façon d'être.
9. Je pense avoir beaucoup de caractère.
10. Dans ma vie, j'ai besoin d'un travail, d'éléments matériels et de personnes solides… Tout n'est pas qu'une question d'apparence.
11. J'essaie de vivre mon existence sans subir de contraintes.
12. J'aime m'assurer de disposer de tous les éléments avant de prendre une décision.
13. Je déteste avoir le sentiment de stagner, j'adore le changement.
14. Je déteste les actes et les paroles ambigus ou sans grande cohérence.

15. Je réfléchis à ce que je peux apporter aux autres. Je souhaite être sûr que ce que je fais leur profitera.
16. Je fais des choix variés qui sortent de la norme.
17. Il y a toujours moyen de progresser ou de bâtir du neuf sur des idées existantes.
18. Je préfère avoir seulement quelques amis/collègues qui me sont chers plutôt qu'un grand nombre de connaissances.
19. J'adore l'histoire. J'aime me pencher sur le passé, voir comment les choses sont faites et quels enseignements nous pouvons en tirer pour aller de l'avant.
20. Je dis les choses sans détour… Je suis comme je suis…
21. Je suis fier de montrer ma maîtrise.

Les résultats sont connus !

Voici sept valeurs « Votre job : aimez-le ou quittez-le » (cette liste n'est pas exhaustive, vous pouvez l'enrichir).

Je souhaite que vous additionniez les scores pour chaque énoncé. Les totaux les plus élevés montrent vos valeurs prédominantes, et les moins élevés indiquent celles qui sont moins importantes à vos yeux. Si vous parvenez au même chiffre pour plusieurs valeurs, retenez simplement les QUATRE PREMIÈRES du groupe.

Additionnez les points des énoncés 1, 10 et 18.
Votre score en termes de **relationnel** est de…

Additionnez les points des énoncés 2, 13 et 17.
Votre score en termes d'**innovation** est de…

Additionnez les points des énoncés 4, 11 et 16.
Votre score en termes d'**entrain** est de…

Additionnez les points des énoncés 5, 15 et 19.
Votre score en termes d'**intemporalité** est de…

Additionnez les points des énoncés 6, 14 et 20.
Votre score en termes de **vérité** est de…

Additionnez les points des énoncés 8, 12 et 21.
Votre score en termes de **compétence** est de…

Additionnez les points des énoncés 3, 7 et 9.
Votre score en termes de **force** est de…

Quelles sont vos quatre premières valeurs « Votre job : aimez-le ou quittez-le » ?

Que signifie pour vous un score élevé en termes de relationnel ?
Votre priorité est de connaître les gens. Vous adorez soutenir et comprendre ce que ressentent vos collègues et clients, leur montrer qu'ils sont importants à vos yeux et que vous les appréciez vraiment. Vous contribuez à ce que les autres se sentent vivants et entendus. Votre patte personnelle consiste à apporter votre appui dans la mesure du possible et à être quelqu'un sur qui l'on peut compter.
Voici d'autres termes pour la notion de relationnel : contribution, amour, altruisme.

Comment trouver un travail en phase avec cette valeur.
Il est essentiel de rechercher un travail vous donnant l'occasion d'apporter votre pierre à l'édifice et de vraiment collaborer avec les autres, une équipe ou une personne en particulier. Cela peut s'avérer difficile si vous vous mettez à votre compte et n'avez pas bâti une communauté pour soutenir votre travail d'indépendant. Cette dimension doit donc devenir une priorité s'il s'agit d'une valeur essentielle pour vous. Votre travail doit vous permettre de changer la donne pour les autres ou une cause.

Que montre un score élevé en termes d'innovation ?
Vous êtes prompt à révolutionner, moderniser et bouleverser les choses. Vous adorez inciter les autres à transformer,

changer et avancer malgré les obstacles. Vous voulez être l'instrument qui aidera les gens à rêver, changer et repousser les limites de l'imagination. Votre signature personnelle est axée sur le changement, la créativité, le développement et la progression.
Voici d'autres termes pour la notion d'innovation : nouveauté, talent artistique, expression.

Comment trouver un travail en phase avec cette valeur. Vous êtes le porte-drapeau du changement et vous aimez donc évoluer dans des environnements professionnels vous offrant la possibilité de multiplier les rencontres, de travailler sur plusieurs projets en même temps ou de vous déplacer. Être à votre compte vous permettrait-il de diversifier les tâches à exécuter, ou bien un changement de département vous offrirait-il l'environnement nécessaire pour partager plus souvent vos idées novatrices tout en ayant la possibilité de donner le ton ? Vos fonctions actuelles favorisent-elles votre épanouissement ?

Vous aimez que votre vie respire l'énergie et le dynamisme ? Si l'entrain est une valeur importante pour vous, elle se manifeste de la façon suivante :
Vous êtes sûr de vous, énergique et dynamique. Votre *joie de vivre*[6] motive les autres. Vous êtes audacieux et vivez à cent à l'heure.
Voici d'autres termes pour la notion d'entrain : enjoué, enthousiaste.

Comment trouver un travail en phase avec cette valeur. Vous détestez que l'on vous dise quoi faire et ne pas pouvoir vous exprimer. Vous devez donc réfléchir au type d'environnement de bureau qui vous met de bonne humeur et à celui qui au contraire vous fait broyer du noir. Travailler

6. En français dans le texte. (NdT)

dans un bureau n'est peut-être pas votre tasse de thé et vous préféreriez évoluer en extérieur, dans la nature ou en compagnie d'enfants. Mais vous aspirez aussi peut-être à un espace de travail partagé empreint de la belle énergie d'une start-up et d'un esprit d'entreprise.

Vous aimez l'héritage et la tradition ? Est-ce que l'intemporalité fait partie de vos valeurs ?
Vous appréciez de pouvoir laisser une trace et souhaitez aider les autres à se faire également une place dans l'Histoire. Vous nouez des relations durables et accordez de l'importance à la longévité. Vous êtes prévenant, compatissant et regardant sur la façon de consacrer votre temps et votre argent.
Voici d'autres termes pour la notion d'intemporalité : profondeur, héritage, tradition.

Comment trouver un travail en phase avec cette valeur.
Vous aimez les entreprises qui ont une raison d'être et une vision réfléchie. Vous souhaiterez peut-être aider des marques à nouer des relations sur le long terme avec leurs clients ou travailler dans une petite entreprise spécialisée ayant une clientèle réduite mais fidèle, préférant la qualité à la quantité, et non dans une société monolithique ayant énormément de marques et de produits.

Vous êtes toujours désireux d'aller au cœur du sujet ? C'est que la vérité fait partie de vos principales valeurs.
La franchise et l'honnêteté sont importantes pour vous. Les gens savent à quoi s'attendre avec vous. Vous adorez aider les autres à trouver leur voie malgré les obstacles, car ils peuvent avoir confiance en votre faculté de joindre le geste à la parole.
Voici d'autres termes pour la notion de vérité : clarté, simplicité, pureté.

Comment trouver un travail en phase avec cette valeur.
Vous recherchez la cohérence dans votre travail et votre environnement. L'ambiguïté et l'indifférence vous rendent fou et vous voyez tout de suite si quelque chose ne va pas. Vous tenez à travailler sur des projets importants et vous avez un objectif clair et précis.

Vous aimez la précision et l'exactitude ? Dans ce cas, la compétence est une valeur importante pour vous.
Vous avez des critères et des attentes élevés et tout est bien encadré lorsque vous êtes là. Vous aimez savoir comment s'imbriquent tous les éléments et créer la solution optimale grâce à votre analyse d'expert. Les gens se prennent de sympathie pour vous, car vous êtes posé et prêtez attention aux détails.
Voici d'autres termes pour la notion de compétence : précision, savoir-vivre, excellence.

Comment trouver un travail en phase avec cette valeur.
Lorsque les gens se tournent vers vous, ils ont pris la décision de ne viser que l'excellence et c'est ce que vous attendez aussi de votre environnement professionnel. Vous aimez les décisions précises et les forts enjeux qui demandent de la réflexion et du jugement.

Êtes-vous audacieux, confiant et résiliant ? La force est votre valeur !
Quelle personne déterminée vous faites ! Vous êtes animé d'une pensée pleine de résolution, avec une idée en tête : mettre en œuvre le changement et prendre les choses en main. On vous perçoit naturellement comme un être fort avec lequel il faut compter, et cela vous convient. Une partie de votre magie consiste à déteindre sur vos collègues quand ils aspirent à ce que vous leur indiquiez la voie à suivre.
Voici d'autres termes pour la notion de force : résolu, audacieux, influent.

Comment trouver un travail en phase avec cette valeur. Vous souhaitez jouir du pouvoir de prendre des décisions difficiles, de mener la barque et de dessiner les contours de futurs activités et programmes. Vous êtes capable d'affronter n'importe quelle épreuve et appréciez de travailler dans des conditions vous demandant de prendre des risques, d'opérer des changements au sein d'une entreprise qui vient de fusionner ou de diriger des équipes imposantes géographiquement distantes.

Assembler le tout

Comment est-ce que tout ceci s'assemble ? Après avoir passé de nombreuses soirées à étudier des choix de carrière, j'ai pu déterminer quelles voies je souhaitais emprunter et lesquelles je devais laisser de côté.

Le moment est également venu pour vous de rassembler ces ingrédients pour en faire un tout cohérent. Concernant vos trois dernières fonctions, fournissez les renseignements demandés ci-dessous.

- Fonctions – Quel était votre titre ou ce sur quoi vous travailliez ?
- Tâches et responsabilités – En quoi consistaient vos activités quotidiennes ?
- Points forts utilisés – Quelles sont les forces essentielles dont vous vous êtes servi ou que vous avez eu l'occasion d'exploiter ?
- Points faibles – Quels sont les domaines dans lesquels vous aviez des difficultés ou besoin d'aide ?
- Compétences – Quelles aptitudes de la liste ci-dessus avez-vous utilisées ?
- Passions – En quoi ce travail correspondait-il à une ou plusieurs de vos passions ?

- Valeurs – Est-ce que ce travail correspondait à vos valeurs ou était-il en contradiction avec elles ?

En comparant trois de vos fonctions passées, vous trouverez quel type ne correspond pas à vos forces, compétences, passions ou valeurs. Avoir un travail qui ne vous satisfait pas peut s'avérer terriblement frustrant. Les journées sont interminables, vous finissez par douter de vos capacités et voyez votre confiance s'envoler. Pour les deux prochains exercices, soyez extrêmement précis et assemblez le puzzle afin de disposer d'affirmations percutantes que vous utiliserez lors des prochaines étapes.

EXERCICE

Assembler le tout – Partie 1

Voici un exemple tiré de ma propre vie.

FONCTIONS ou TITRE	Gestionnaire de comptes pour une agence de publicité
TÂCHES	Gestion et relation avec la clientèle. Recherche et développement de produits. Aider à mettre en œuvre des projets en communiquant avec des équipes de créatifs et de production.
FORCES UTILISÉES (Voir les forces énumérées dans ce chapitre)	• Tacticienne – grande visionnaire, capable de percevoir l'objectif majeur. • Débrouillarde – capable de disséquer un problème et de trouver le meilleur moyen de gérer une situation difficile.
COMPÉTENCES (Voir les compétences énumérées dans ce chapitre)	Grande importance des compétences telles que : • organisation et management – s'assurer que les équipes de créatifs et de production respectent les délais et livrent les campagnes de mes clients à temps • communication – faire des présentations et fournir des argumentaires • recherche et planification – trouver des données sur le comportement des jeunes femmes et des enfants • conception et conceptualisation – trouver des moyens ingénieux de commercialisation de nouvelles céréales

SECTEUR	Publicité et valorisation de marques
PASSIONS (Voir les passions énumérées dans ce chapitre)	N'ai pas vraiment pu exploiter ma passion d'aider les autres et de voir leur évolution. Les produits et services sur lesquels je travaillais concernaient un large public « anonyme », sans aucune tâche impliquant de côtoyer les clients.
VALEURS (Voir les valeurs énumérées dans ce chapitre)	Mes deux valeurs essentielles sont le relationnel et l'entrain. Je dois me sentir connectée à un but global et profond. Malheureusement, les produits sur lesquels je travaillais ne m'intéressaient pas particulièrement.

Au fil des expériences vécues et de la progression de ma carrière, des schémas se sont dessinés.

- Je souhaitais me servir de ma créativité en matière de résolution de problèmes et de mes forces pour me concentrer sur les activités impliquant un échange avec les autres et non sur les produits et services.
- J'avais envie de coacher et de servir de mentor au lieu de me contenter de rester derrière un écran à recueillir des données sur les impressions laissées par des sites Web et sur les ventes.
- J'avais besoin d'avoir le sentiment que je contribuais à instaurer un changement.

Assembler le tout – Partie 2

Faites l'exercice suivant en vous servant de l'histoire de Sebastian. Inscrivez vos réponses à la place des éléments en italique entre crochets.

- Je souhaite un métier reposant sur mes forces personnelles ET des compétences tournant autour de…
  [*organiser et servir*]

  ....

  ....

- Au fond de moi, je suis quelqu'un qui se passionne pour… [*Les gens et les moyens de leur apporter du bien-être et de les rendre heureux. Je ne pense pas que le métier d'infirmier soit celui qui me permette d'y parvenir le mieux.*]

  ……………………………………………………………………

  ……………………………………………………………………

- Je souhaite progresser d'une nouvelle manière… [*Raconter des histoires verbalement et visuellement en me servant de mon aptitude à communiquer, apprendre à influer sur des décisions et à trouver des idées de meilleure qualité et moins rigides, logiques et convenues.*]

  ……………………………………………………………………

  ……………………………………………………………………

- Voici les secteurs ou sujets qui me font vibrer… [*la mode, les intérieurs, l'organisation d'événements et le stylisme*]

  ……………………………………………………………………

  ……………………………………………………………………

VOUS AVEZ VOTRE TROUSSE À OUTILS !

Cerner ses forces, compétences et passions ne se fait pas en un clin d'œil. Mais vous y êtes parvenu ! Bravo !

S'analyser peut mettre mal à l'aise, mais vous savez désormais à quel point vous êtes génial. Faites-vous un petit plaisir. Vous le méritez !

Est-ce que certaines réflexions parmi les suivantes vous ont traversé l'esprit ?

- Je connais mes passions, mais pourquoi est-ce que je ne suis jamais mon instinct ?
- Je n'arrête pas de jouer petit bras et je ne m'investis jamais dans ce qui m'enthousiasme vraiment.

- La majeure partie de mes forces et compétences actuelles *sont transposables ailleurs*. Il ne me reste plus qu'à me pousser à les exploiter différemment. Mais qu'est-ce qui peut bien m'en empêcher ?
- Est-ce que je suis prêt à effectuer ces changements, après tout ? J'en parle depuis des années.

Évoquer ses compétences et les moyens d'assouvir ses passions est une chose, mais se lancer dans l'étape suivante en est une autre.

Ne vous inquiétez pas, je ne vais pas vous lâcher comme ça ! Dans le chapitre suivant, nous allons éliminer les doutes qui se dessinent, soutenir votre capacité à vous fixer des objectifs, vous permettre de jongler avec les risques et mettre au banc d'essai vos nouvelles idées avant que vous ne vous engagiez. Alors, qu'est-ce que vous attendez ?

CHAPITRE 6

Apprivoiser le changement

Vous avez peut-être choisi ce livre avec un objectif en tête... puis fait demi-tour. Ces volte-face font partie du processus. Vous vous souvenez de la route sinueuse dont je vous ai parlé ?

Dans ce chapitre, je vais vous aider à surmonter la fatigue décisionnelle et à identifier des moyens pour tracer la route à emprunter. Si vous ne visualisez pas d'objectifs et de processus réalistes pour gérer le changement, la paralysie d'analyse vous guette. En améliorant votre aptitude à prendre des décisions, vous ferez des choix en toute quiétude et pourrez aller de l'avant, libéré de vos fardeaux.

VOUS PRÉPARER AU CHANGEMENT

Un changement ne se produit pas du jour au lendemain. C'est un processus composé de nombreuses forces invisibles qui peuvent en accélérer ou en ralentir le rythme.

Pensez au temps qu'il vous faut pour évoluer dans votre vie. Êtes-vous du genre avant-gardiste, à suivre les tendances et à ne jamais louper une occasion d'innover ? Est-ce que vous vous lancez tant bien que mal dans les changements, pris par l'inquiétude ou la peur, ou vous débattez-vous dans tous les sens quand on vous pousse à réaliser ceux qui sont nécessaires ?

Ayant collaboré avec des personnes de tous âges, j'ai pu remarquer une tendance en matière d'émotions, d'anxiété, de prise de conscience et d'efforts en réaction aux tensions et inquiétudes qu'induisent les changements professionnels. Voici le résultat de mes observations.

Phase	Signification	Manifestation
1. Inconscience	Vous ignorez qu'un changement s'impose, ainsi que la nature de votre souffrance, bien que les autres fassent de nombreuses allusions à la nécessité de changer certaines choses.	• Vous n'êtes pas disposé à vous faire aider. • Vous refoulez la souffrance ou recourez à des excuses. • Vous manquez de lucidité concernant les autres facteurs révélateurs, comme le stress, la maladie, un moindre bien-être mental ou physique. • Vous déclarez : « *Je vais bien* », « *Ce n'est rien* », « *Tout va bien.* »
2. Le déclic	• Soudain, ça fait tilt : « *J'ai un problème !* » Mais vous faites un pas en avant et un pas en arrière concernant les changements qui s'imposent.	• Vous vous justifiez après coup. • Vous vous demandez quels sont les obstacles. • Vous trouvez à redire : « *Je suis trop vieux pour changer d'emploi* », « *Je ne peux pas me permette de démissionner* », « *Mon chef n'aimera pas ma proposition* », « *J'ai essayé de nouveaux passe-temps par le passé, et ça n'a rien donné.* »
3. Acceptation	« *Je serais vraiment idiote de ne pas agir maintenant !* »	• Vous prenez conscience des dégâts sur votre santé mentale et physique, ainsi que dans votre entourage, qu'engendre le fait de rester dans un travail source d'ambivalence. • Vous vous autorisez à prononcer la phrase : « *J'ai besoin d'aide.* » • Vous achetez ce livre. • Vous évaluez les solutions qui s'offrent à vous.

4. Mouvement	Moins de paroles et plus d'actes	• Vous échafaudez un plan. • Vous établissez les grandes lignes de quelques objectifs et stratégies. • Vous réclamez du soutien. • Vous cherchez de l'aide auprès de spécialistes. • Vous avez conscience des excuses que vous vous trouvez et du moment où vous risquez de faire machine arrière.
5. Accélération du mouvement	Vous veillez à ce que votre niveau de satisfaction soit optimal.	• Vous mettez en place des processus et stratégies pour vous empêcher de changer d'avis ou de faire volte-face. • Vous prenez soin de votre état d'esprit afin de demeurer sur la voie du succès.
6. Machine arrière	Vous retombez dans vos mauvaises habitudes.	• Vous êtes dans une impasse et déviez de votre cap. • Victime de la paralysie d'analyse, vous revenez à ce que vous connaissez pour vous rassurer au lieu de prendre une décision. • Vous êtes mécontent de l'évolution des choses et jetez trop vite l'éponge. • Vous vous retrouvez au point de départ.

Vous reconnaissez-vous dans l'une de ces phases ? Avez-vous franchi quelques paliers, en êtes-vous au tout début ou avez-vous régressé ?

La stagnation fait partie du processus. Si c'était facile, tout le monde changerait de fonctions et de métier d'un claquement de doigts. Mais le sujet restera éternellement délicat tant que vous ne prendrez pas le taureau par les cornes. La naissance et la destruction sont provoquées par la souffrance, l'angoisse et l'intensité. Le meilleur moyen de dépasser cela est d'avoir clairement à l'esprit vos espoirs, vos objectifs et votre capacité de choisir la voie qui vous convient le mieux.

VOUS ÉLEVER VERS LA MEILLEURE ISSUE POUR VOUS !

Imaginez-vous dans l'ascenseur d'un building de 15 étages qui vous emmènera vers vos rêves professionnels les plus fous, qui se trouvent sur la terrasse du dernier étage. Mais pour les atteindre, vous devez prendre quelques instants pour passer en revue, à chaque étage, ce que vous avez réussi, souhaitez approfondir et voulez créer.

Penchez-vous sur la façon de visualiser différentes situations, au lieu de ressasser ce qui ne fonctionne pas.

Étage 1 – Il célèbre toutes les grandes réussites de votre carrière, lorsque vous étiez le plus en phase avec votre travail, étiez inspiré et au sommet de votre art.

Étage 5 – Il vous permet de vous pencher sur les rêves et désirs associés à votre futur bonheur professionnel. Il s'agit des aspirations qui vous sont chères et que vous souhaiteriez concrétiser.

Étage 10 – Il vous éclaire sur les outils à employer, les personnes à côtoyer, les compétences dont vous pourriez avoir besoin et les possibilités s'offrant à vous pour transformer votre rêve en réalité. Vous y trouverez tout ce qu'il vous faut pour réussir.

Étage 15 – c'est ici que vous pourrez imaginer grimper sur le premier barreau de l'échelle (voir la section suivante sur les objectifs). Quel est ce premier échelon ? Pouvez-vous l'atteindre cette semaine, ce mois-ci ?

Terrasse – c'est précisément là que vous atteindrez votre rêve suprême en matière de bonheur professionnel. Que faites-vous ? Qui vous entoure ?

Voici le périple entrepris par l'une de mes clientes, Tanya.

Étage 1

Tanya était à un tournant, hésitant entre conserver ou quitter son emploi de responsable Environnement dans une petite association caritative. Arrivée au premier étage, Tanya a pris conscience qu'elle avait mené à bien de magnifiques projets, épaulée par une équipe exceptionnelle. En effectuant certains exercices du chapitre 4, elle a mis au jour tous les aspects positifs de son travail, ce qui l'a aidée à prendre conscience qu'elle avait les armes et la possibilité de transformer sa mission en quelque chose d'encore plus beau. Ces prises de conscience ont surpassé l'éventualité de quitter son poste et d'étendre son activité en tant que consultante indépendante.

Étage 5

Tanya rêvait d'acquérir d'autres compétences en matière de gestion du temps, ce qui lui offrirait, durant sa semaine de travail, des possibilités supplémentaires de s'occuper de son développement professionnel et lui permettrait de mieux organiser son jour de congé (le lundi), pendant lequel il lui arrivait néanmoins de travailler. En tant que cadre, elle avait du mal à cerner ses besoins de formation et à rester au fait des changements dans son secteur d'activité. Elle souhaitait se rendre plus utile à son équipe, mais avait le sentiment de ne pas bien suivre les innovations et sources d'inspiration.

Étage 10

La visualisation de Tanya a suivi quatre axes.

1. Mettre le doigt sur les qualités de leader qu'elle admirait chez ses collègues et leur proposer un partage de connaissances de façon à pouvoir bénéficier d'un mentorat ou de conseils informels, tout en renvoyant l'ascenseur.
2. Mieux planifier et déléguer afin que son équipe ne soit pas toujours à courir après les délais et qu'elle-même ne soit pas obligée de consacrer ses lundis à rattraper le retard ou à gérer la surcharge de travail.
3. Sélectionner les conférences professionnelles importantes auxquelles elle souhaitait assister, contribuer, voire intervenir.

4. Aborder avec son chef l'organisation d'une séance consacrée à l'amélioration de la communication sur la charge de travail et de la gestion du temps lors du prochain séminaire sur la stratégie de leadership des cadres supérieurs.

Étage 15
Tanya a imaginé que sa première mesure concrète serait de redéfinir les limites avec son équipe afin que tout le monde se retrouve sur un pied d'égalité en termes de bilan hebdomadaire et de charge de travail. Cette mesure l'aiderait à les responsabiliser et à leur faire prendre de meilleures décisions.

Terrasse
Tanya est parvenue à instaurer une semaine de travail plus harmonieuse, avec des lundis libérés pour explorer des centres d'intérêt personnels et professionnels, un meilleur contrôle de soi pour mieux planifier ses semaines et favoriser une communication plus libre et franche avec son équipe.

La façon dont nous parlons de nous-mêmes et de notre avenir est un moyen efficace de créer de nouvelles réalités. Ces nouvelles images et visualisations favorisent l'émergence de nouveaux comportements et actions. Les sujets que vous privilégiez deviennent votre réalité, et ce processus vous permet de tirer le meilleur parti du passé afin de forger un avenir dans lequel vous aurez confiance.

EXERCICE

L'ascenseur vers votre rêve

Fermez les yeux et imaginez-vous en train de pénétrer dans un ascenseur. Appuyez sur le bouton du premier étage. Vous montez, puis le « ping » retentit. La porte s'ouvre – que voyez-vous ?

Étage 1 :

....

....

Étage 5 :

....

....

Étage 10 :

....

....

Étage 15 :

....

....

Terrasse :

....

....

Vous êtes très SMART !

Maintenant que nous avons créé la vision, le moment est venu de fixer les objectifs. Comment faites-vous actuellement ? Vous vous contentez peut-être d'avancer au gré du vent ? Vous avez probablement déjà entendu parler des objectifs SMART (Spécifique, Mesurable, Atteignable, Réaliste et Temporellement défini), mais votre manière de procéder conditionnera la satisfaction tirée de votre travail.

Que vos objectifs concernent le projet le plus courageux de toute votre vie professionnelle ou consistent à faire sauter le plafond de verre dans votre secteur d'activité, fixez-les en suivant les exemples ci-dessous.

Spécifique
Évitez l'ambiguïté et le manque de clarté : *Je souhaite actualiser mon CV.*
Soyez précis et concret : *Je vais créer plusieurs versions de mon CV que j'enverrai lundi matin.*

Mesurable
Évitez l'ambiguïté et le manque de clarté : *Je vais contacter mes sources de référence.*
Soyez précis et concret : *Je vais identifier une référence pour chacune de mes expériences professionnelles passées, lui envoyer mon CV actualisé et lui demander de l'aide d'ici un mois.*

Atteignable
Évitez l'ambiguïté et le manque de clarté : *Je vais apprendre à me servir d'un nouveau logiciel de modélisation en 3D d'ici à la semaine prochaine.*
Soyez précis et concret : *Je vais créer 30 dessins pour mon portefeuille.*

Réaliste (et pertinent)
Évitez l'ambiguïté et le manque de clarté : *Je veux faire du bénévolat.*
Soyez précis et concret : *J'aimerais mettre en place un programme de mentorat, car je tiens à aider les jeunes employés à progresser vers des postes d'encadrement qui leur conviennent.*

Temporellement défini
Évitez l'ambiguïté et le manque de clarté : *Je veux apprendre l'espagnol en dehors du travail.*
Soyez précis et concret : *Je souhaite pouvoir me débrouiller à Valence pendant les vacances de Pâques.*

La métaphore de l'échelle va vous aider à prendre conscience de vos objectifs SMART et à les mettre en œuvre. Voyez-les comme les barreaux d'une échelle qui vous élèveront à chaque palier franchi. Essayez maintenant l'exercice suivant.

EXERCICE

L'échelle

Pensez à un objectif majeur que vous souhaiteriez remplir dans les 6 à 12 mois, puis dessinez une échelle comportant 6 à 12 barreaux.

Sommet de l'échelle – Placez-y le principal objectif auquel vous aspirez actuellement.
- Tomber amoureux de votre travail et gagner plus d'argent.
- Quitter votre emploi et créer votre entreprise.

Échelons jusqu'au sommet = objectifs à long terme – Les sous-objectifs mensuels sur 6-12 mois sont les 6-12 échelons de votre échelle et les jalons nécessaires pour parvenir jusqu'au dernier, à savoir votre objectif. Que devez-vous faire

chaque mois pour décrocher la récompense finale ?
- Prendre des mesures mensuelles afin de décrocher une augmentation de salaire d'ici à 6 à 9 mois.
- Étudier plusieurs pistes avant de choisir une voie.

Objectifs récurrents générateurs d'habitudes – Il s'agit des espaces entre les différents échelons et des actions à court terme nécessaires pour atteindre vos objectifs à long terme. C'est ce que vous devez faire chaque jour/semaine/mois, quoi qu'il advienne.
- Préparer votre recherche, être au fait de votre situation, rechercher des occasions d'apprendre des choses. Surveiller vos performances et votre progression.
- Trouver des collaborateurs ou partenaires potentiels pour votre projet de nouvelle activité. Lire des magazines et des livres sur le sujet, passer en revue les tendances, assister à des événements de réseautage en rapport avec l'activité que vous souhaitez développer.

On peut s'imaginer que la progression sur l'échelle vous mène tout droit à la réussite. Mais il est important de garder à l'esprit les distractions et objectifs contradictoires. Par exemple : vous visez une promotion qui est en contradiction avec votre désir de rentrer chaque soir de bonne heure chez vous. Prenez le temps d'identifier les lacunes, les délais entre les jalons et les domaines dans lesquels une assistance s'impose.

Prenez un carnet et réfléchissez aux quatre questions suivantes.

Quels points positifs/difficultés rencontrez-vous lorsque vous vous fixez des objectifs ?

Voici des facteurs nuisant à la fixation d'objectifs :
- Manque de confiance

- Impatience
- Désir de plaire
- Surexcitation
- Surabondance de choix

Dans quels domaines ne vous fixez-vous pas d'objectifs assez ambitieux ? Quelles sont les peurs à l'origine de cette retenue ?

- Je vais me ridiculiser
- Je vais décevoir X
- Ça ne me permettra pas de gagner ma vie
- Je n'ai pas les compétences nécessaires

Lorsque vous vous retrouvez « coincé », qu'est-ce qui peut vous remettre en selle ?

- Mes soutiens
- Le respect des délais fixés

Quelle image avez-vous du succès ?

Ne vous fixez pas d'objectifs à l'aveugle. Avec quelles valeurs vos objectifs sont-ils en phase et quelle force vous guide pour les atteindre ? Pourquoi souhaitez-vous mettre en place/atteindre ces objectifs en particulier ? Inscrivez vos réponses ci-dessous :

Au fil des pages, gardez à l'esprit votre conception du succès et les objectifs que vous aimeriez atteindre, quelle que soit la voie choisie.

TROUVER LES DIAMANTS BRUTS (LES IDÉES)

À ce stade, vous devriez disposer d'objectifs, n'est-ce pas ?

Je sens comme une légère hésitation chez vous. Je m'y attendais.

D'un côté, certains sont peut-être très impatients de se lancer dans leur nouveau projet ou parés pour avoir une conversation avec leur collègue sur l'amélioration de leurs relations de travail.

Mais d'autres pensent peut-être : « Il m'est impossible de fixer le moindre objectif tant que je ne sais pas quelle voie emprunter ou ce que je veux vraiment. » Quelle est alors votre brillante idée ?

Les joyaux passés au crible

Il vous faut aborder vos idées, lubies, désirs et rêves comme s'il s'agissait d'expériences scientifiques, tamiser la terre afin de dénicher des pépites. Cela implique de scruter vos mécanismes de pensée, battre en brèche vos suppositions et plonger au cœur de ce rêve pas encore concrétisé. Vous trouverez ci-dessous une méthode pour y parvenir. Lorsque vous étudiez chaque étape, gardez à l'esprit les rêves latents à explorer.

1. Observer

Je ne suis pas heureux au travail. Le cafard du dimanche soir signifie que je ne veux pas y retourner le lendemain.

2. Poser une question

Je souhaite un travail qui me fasse vibrer. J'ai trois passions : la photographie, la cuisine et la technologie. Mais laquelle pourrait me rendre heureux ?

3. Émettre une hypothèse

Une *hypothèse* est une réponse potentielle à la question, qui peut être testée et expérimentée de façon à vous apporter quelques réponses.

- Mon bonheur professionnel se matérialiserait par la création d'un cabaret.
- J'adore les expositions de photos. Je rêve d'en organiser.
- La création d'un prototype de mon idée de logiciel novateur serait un excellent moyen de renforcer mes compétences.

C'est un bon moyen de mettre à l'épreuve certains rêves et idées générales qui paraissent pour l'heure informes et intangibles.

4. Faire des prévisions

Une prévision est une issue que nous aimerions voir aboutir si l'hypothèse émise est correcte.

- Ouvrir un cabaret que je dirigerais seul serait un projet d'envergure. Je dois en visiter et voir comment ils procèdent. Je peux peut-être faire autre chose autour de la cuisine, des gens et de la tenue d'un blog.
- Organiser des expositions me plairait vraiment, mais je ne sais pas quels styles de photographies attireraient des visiteurs. Je pense que je ne connais pas toutes les étapes du processus. Sinon, qu'est-ce qui pourrait me convenir dans les domaines de la photographie et des expositions ?
- Si je fais une étude de marché, je pourrais découvrir que mon idée de logiciel a déjà été exploitée et il existe peut-être un moyen plus facile de modifier légèrement mon offre. Je pourrais aussi envisager une collaboration au lieu d'investir seul.

5. Tester les prévisions

C'est l'heure des expérimentations. Définir un calendrier peut s'avérer nécessaire pour explorer ses idées. Si vous avez trois idées, pourquoi ne pas consacrer deux mois à chacune d'elles. Ainsi, au bout de six mois, vous aurez identifié vos prochaines étapes et vos principaux objectifs.

Testons le projet de cabaret. Dressez une liste des établissements de ce genre à visiter au cours des deux prochains mois, avec une trame bien précise des sujets à aborder.

- Quelle inspiration est-ce que je recherche lorsque je me rends dans un cabaret ?
- Est-ce que j'aime créer des menus ?
- Est-ce que je pourrais demander à quelqu'un si je peux le suivre pour savoir comment animer un cabaret ?
- Quel type de cuisine est-ce que je souhaite privilégier ?
- Est-ce que je suis emballé à l'idée de nouer des relations avec des inconnus par le biais de la cuisine ?
- Est-ce que j'ai les qualités, le temps et l'espace nécessaires pour créer un cabaret ?
- Est-ce que j'aime cuisiner pour de grands groupes ? Avec qui pourrais-je m'associer ?
- Est-ce que je gagnerais ma vie ?
- Lire les critiques de restaurants m'intéresse. Mais en sera-t-il de même avec les cabarets ?

Issues probables :

- L'hypothèse se tient. Les cabarets vous passionnent et vous aimez créer des événements pour des petits ou grands groupes. Vous souhaitez réfléchir à la façon dont la cuisine et les expériences culinaires pourraient aider les entreprises à avoir une meilleure culture interne.
- L'hypothèse ne se tient pas. Vous aimez simplement manger dans des cabarets et c'est la découverte de nouvelles idées et les rencontres que vous adorez.

En réalité, l'expérience montre que vous souhaitez avant tout créer des podcasts à propos de cabarets et non monter et diriger votre propre établissement.

6. Clarifier

La dernière étape consiste à réfléchir sur vos résultats et à orienter la suite à partir du fruit de votre réflexion. Au bout des six mois, quelle idée aimeriez-vous approfondir ? N'oubliez pas que la clé du bonheur professionnel est de mettre à l'épreuve vos idées et d'être disposé à affiner à chaque fois vos pensées. Votre voie est sinueuse. Comme le recommande Ralph Waldo Emerson : « *Ne soyez pas trop timide, ni délicat en termes d'actions. La vie est en soi une expérience.* » Gardez ceci à l'esprit lorsque vous lirez les chapitres 7 à 10. Au chapitre 8, vous pourrez tester certains de vos rêves et idées.

Faire confiance à vos trois cerveaux

Trois ? Je pensais n'en avoir qu'un seul !

Les travaux de recherche du médecin et neuroscientifique de l'université de Yale Paul MacLean ont été les premiers à signaler que nous avions trois cerveaux, chacun étant doté de « sa propre intelligence spécifique, sa subjectivité, son sens temporel et spatial et sa mémoire ».[7]

Ces trois cerveaux sont : le néocortex (ou cerveau néomammalien), le système limbique (ou cerveau paléomammalien) et le cerveau reptilien. Chacun d'eux fonctionne séparément mais est connecté aux deux autres par des nerfs.

Nous avons tous entendu dire : « *Fais confiance à ton instinct » et « Écoute ton cœur.* » Il existe en fait trois façons de prendre une décision, qu'il s'agisse d'acheter cette paire de chaussures incroyable, de faire défiler une photo vers la gauche ou la droite sur une application de rencontres ou d'accepter ce nouveau job. *Nous suivons notre tête, notre cœur ou notre instinct.*

---

7. Andreas, K., *The Concept of the 'Triune Brain'*. https://www.interaction-design.org/literature/article/the-concept-of-the-triune-brain

Bien que la tête, le cœur et l'instinct œuvrent de concert, ils ont des fonctions très différentes et jouent sur le plan cognitif et émotionnel.

La tête (néocortex) :

- Analyse les informations et applique la logique.
- Identifie les schémas.
- Génère le raisonnement pour créer du sens.

Prenez par exemple nos listes interminables d'avantages et d'inconvénients.

Le cœur (système limbique) :

- Perçoit le monde par le biais des émotions et des sentiments, tels que la colère et la joie.
- Traite nos valeurs, aspirations et liens avec notre entourage.

Les décisions prises avec le cœur reposent surtout sur « Je veux » et non « J'ai vraiment besoin de… » Elles font souvent du bien sûr le coup, mais peuvent aussi parfois s'accompagner d'un sentiment angoissant – comme ces achats compulsifs qui font naître des remords peu de temps après.

L'instinct (cerveau reptilien) :

- Sert à cerner notre identité unique et à savoir qui nous sommes dans cet univers.
- Nous apprend à nous préserver, en termes de limite et de sécurité – cet instinct déclenche parfois une réponse de lutte ou de fuite.

Prenez le sentiment qui vous anime lorsque vous réalisez que travailler avec tel client pourrait être une erreur. Cela ne correspond pas à vos valeurs, et bien que la perspective de gagner de l'argent vous tente, vous savez que cela risque de tourner à la catastrophe et de générer des regrets.

Comment savoir que c'est le moment de changer ? Faut-il se fier à sa tête, à son cœur ou à son instinct ? A priori, vous devez consulter vos trois cerveaux.

La tête, le cœur et l'instinct ont différentes façons de traiter les informations, les gens et le monde. Vous devez donc apprendre à maîtriser chacun d'eux afin de vous interroger avant de prendre une décision. Réfléchir rationnellement ne suffit plus. Vous devez solliciter vos émotions et laisser votre instinct intervenir.

Si vous n'utilisez pas votre tête, les décisions ne sont plus analysées ou étudiées minutieusement. Sans le cœur, vous ne fonctionnez plus en vous reposant sur vos valeurs ni en pensant à vous. Lorsque vous ignorez votre instinct, vous ne disposez pas de la volonté d'agir, ce qui entraîne une réaction passive. Vous laissez alors vous arriver des choses qui ne servent pas votre intérêt.

Voici maintenant un exercice pour vous aider à vous familiariser avec le fonctionnement de vos trois cerveaux.

EXERCICE

Le bilan des trois cerveaux

Décortiquez certaines idées ou décisions potentielles et penchez-vous sur la représentation qu'en font la tête, le cœur et l'instinct. Cela vous aidera à mettre vos choix à plat.

	Tête	Cœur	Instinct
Passer d'un travail universitaire à un travail en entreprise	Je vois bien comment ma formation de psychologue pourrait servir en entreprise : surveillance du bien-être mental, conception organisationnelle ou développement du personnel et de la culture.	J'ai le sentiment de pouvoir changer la donne dans les entreprises qui ont besoin de mettre en place des activités sensibilisant le personnel à la santé mentale afin qu'il puisse gérer son stress et éviter un burn-out. Je souhaite exploiter mes compétences pour aider plus de personnes au lieu d'écrire des articles de recherche.	Je ne me sens plus appartenir au monde universitaire, trop guindé à mes yeux. Et j'en ai assez de travailler sur des théories. Je souhaite voir comment ça marche dans la vraie vie. Il est temps de gagner plus d'argent parce que je prends de l'âge et j'ai des responsabilités plus importantes. En outre, je souhaite m'acheter une maison, ce que me permet difficilement mon salaire de chercheur.

UNE RÉSISTANCE À TOUTE ÉPREUVE – LES TRAITS DE PERSONNALITÉ TYPES DE L'ENTREPRENEUR

Jusqu'à présent, je vous ai donné des conseils pour vous préparer au changement. Je souhaite maintenant conclure mon propos sur la façon de négocier les transitions vers le bonheur professionnel en affichant une mentalité d'entrepreneur et tout en continuant de solliciter les muscles du changement.

Vous vous dites peut-être : « *Mais je ne sais pas si j'ai envie de devenir patron !* »

Aucun souci. Il s'agit plus de l'attitude à avoir au cours de ce périple pour aller jusqu'au bout, quelle que soit la voie empruntée. Dans un univers professionnel qui évolue, vous devez faire preuve de courage, de dextérité et d'endurance. Voici une liste de traits de caractère que j'estime être en corrélation directe avec le succès, en me fondant sur le travail avec mes clients et en étudiant des chefs d'entreprise que j'admire.

1. Visionnaire : capable d'avoir une vision du futur et de vos désirs en termes de carrière.
2. Passionné : plein d'enthousiasme avec l'ambition d'atteindre vos objectifs pour connaître le bonheur professionnel.
3. Ne ménageant pas sa peine : désireux de faire ce qu'il faut pour réussir, comme travailler tôt le matin ou tard le soir.
4. Sachant effectuer un bilan : identifier les chaînons manquants, combler les lacunes en matière de compétences et établir des liens entre vos points forts et les pistes identifiées.
5. Confiant : croyance profonde et légère arrogance (mais pas trop) pour éviter de devenir indécis lorsque les dissensions se font plus nombreuses.
6. Sens de l'adaptation : réactif aux circonstances, capable de faire quelques pas en arrière si c'est pour avancer dans d'autres domaines.

7. Capable de se vendre : excelle dans l'art de persuader les autres de parier sur soi.
8. Sagesse financière : parle facilement d'argent et sait gérer ses finances pour éviter l'anxiété.
9. N'a pas peur de demander et d'accepter de l'aide : sait que personne ne peut progresser en solitaire.
10. Capable de rebondir face à l'adversité : quand les choses tournent mal, allez-vous faire l'autruche ou dire : « *Je m'en occupe* » ?

Quelles qualités énumérées ci-dessus pensez-vous avoir ? Que vous faut-il pour les perfectionner ?

Lorsqu'elles sont parfaitement utilisées, toutes ces qualités vous offrent des bases précieuses pour rendre votre aventure un peu plus harmonieuse. La navigation ne sera pas toujours tranquille, même armé de la plupart de ces qualités, car la vie est imprévisible, mais celles-ci seront assurément d'une grande aide, quelle que soit la voie envisagée.

Passer d'un point à un autre

Après avoir effectué tous ces exercices, vous pouvez dire que vous vous connaissez plutôt bien. Il vous incombe maintenant de franchir un cap, à savoir *agir et devenir*. En adoptant ce type de comportement inconnu et en explorant toutes les possibilités, vous pouvez avoir le sentiment d'entrer dans un tout nouvel univers. Comme Narnia ou Alice au pays des Merveilles, vous vous demanderez peut-être si vous devez ouvrir cette porte, vous lancer et en profiter. « *Est-ce que je me positionne pour ce poste ? Dois-je parler à mon responsable ?* » Vous devez être prêt à tester de nouvelles choses, à expérimenter une idée ou à relever un défi. Il s'agit de passer du stade de la connaissance à celui de l'action, d'un comportement principal au comportement secondaire. Voici quelques exemples.

COMPORTEMENT PRINCIPAL « JE DÉTESTE MON RESPONSABLE ET SOUHAITE CHERCHER UN NOUVEAU JOB. »	**COMPORTEMENT SECONDAIRE** TRAVAILLER DANS UN ENDROIT QUE VOUS AIMEZ AVEC UN SUPÉRIEUR ET DES COLLÈGUES EXTRAORDINAIRES.
COMPORTEMENT PRINCIPAL « JE SUIS TIMIDE. JE NE SUIS PAS CERTAINE D'OSER DEMANDER UNE AUGMENTATION À MON PATRON. »	**COMPORTEMENT SECONDAIRE** EMPLOYÉ QUI RÉUSSIT À PARLER À SON PATRON ET À DÉCROCHER 10 000 EUROS SUPPLÉMENTAIRES.
COMPORTEMENT PRINCIPAL « JE VIENS DE ME METTRE À MON COMPTE, JE N'AI JAMAIS EU À ME VENDRE PAR LE PASSÉ. »	**COMPORTEMENT SECONDAIRE** UN INDÉPENDANT PLEIN DE BON SENS POSSÉDANT L'ARGUMENTAIRE ÉCLAIR IDÉAL POUR LES ÉVÉNEMENTS DE RÉSEAUTAGE.
COMPORTEMENT PRINCIPAL « J'AI FAIT LA MAJEURE PARTIE DE MA CARRIÈRE DANS UN SEUL SECTEUR D'ACTIVITÉ. JE NE SAIS PAS COMMENT CHANGER DE DOMAINE SANS AVOIR AUCUN CONTACT NI AUCUNE IDÉE. »	**COMPORTEMENT SECONDAIRE** UNE PERSONNE POSSÉDANT UN CARNET D'ADRESSES REMPLI DE CONTACTS ET DE MENTORS DISPOSÉS À L'AIDER À DÉCROCHER SON PROCHAIN EMPLOI.

Lorsque vous étudiez ces situations, demandez-vous :

- À quand remonte la dernière fois où je me suis poussé à tenter quelque chose de nouveau ?
- À quand remonte la dernière fois où j'ai fait preuve d'audace et suis sorti de ma zone de confort ?

Une démarche audacieuse pourrait consister à avoir une conversation difficile au travail, à acquérir une nouvelle compétence, à maîtriser vos finances ou à assister à un événement de réseautage. Ce n'est qu'en appréciant l'art délicat d'être *à l'aise avec le malaise* que vous pourrez récolter de beaux fruits et bénéficier de cet état secondaire. Cela pourrait aller de décrocher ce poste dont vous rêvez depuis très longtemps à renforcer votre confiance et bonifier vos relations, en passant par vous créer un réseau dans un nouveau secteur d'activité. Ce n'est pas facile, vous pouvez me croire. S'il m'est arrivé de faire machine arrière, j'ai aussi pleuré de joie, connu la réussite et décroché des victoires inattendues. Le plus important est que vous fassiez des *tentatives*, au rythme qui vous convient.

Quel type d'aventurier serez-vous ?

Après avoir traité longuement le changement de domaine et l'évolution dans de nouvelles dimensions du bonheur professionnel, quel type d'aventurier êtes-vous, après tout ? Comment se fera votre transition vers ce nouveau comportement ?

Voici trois profils. Voyez celui qui vous décrit le mieux.

1. Pas question de tout révolutionner, loin de là !

Vous abordez timidement le changement. Pour vous, la question qui se pose est de connaître l'action la plus modeste à mener sans trop déranger. Vous aimez le statu quo tout en ayant envie d'effectuer de légers progrès.

Pourrait-il s'agir d'avoir une conversation avec votre conjoint à propos de vos désirs et espoirs avant de prendre la moindre mesure ?

2. Vous y allez progressivement

Votre approche tient plus de la tortue que du lièvre. Vous aimez agir méthodiquement, un changement à la fois. Vous n'allez pas vous précipiter et ne passerez à l'action que si cela colle à votre état d'esprit et en respectant la logique établie.

Pourrait-il s'agir de revenir à l'exercice de l'échelle du chapitre 6, d'établir les grandes lignes de vos objectifs ou échelons et de prendre la première mesure sur l'échelon n° 1 ?

3. Vous abordez le changement avec enthousiasme
Vous êtes prêt à sauter le pas avec grand plaisir et à vous montrer audacieux, courageux et disposé à suivre la voie qui s'ouvre à vous, quelle qu'elle soit.

Vous avez peut-être donné votre démission, mis en place trois expériences très différentes sur la base de l'exercice du Labo d'idées du chapitre 8. Et il se peut que vous voyiez se dessiner clairement votre future situation.

Il n'y a pas de bonne ou de mauvaise attitude. Mon objectif est que vous vous y mettiez AUJOURD'HUI.

Restez curieux et ouvert d'esprit

Le fait que vous lisiez ce livre signifie que vous êtes au moins un peu curieux de connaître les itinéraires *bis* pouvant vous mener à votre bonheur professionnel. Et que vous êtes ouvert à la manière dont la magie pourrait opérer. Ce feu qui brûle en vous vous servira au moment d'aborder l'une des sections cruciales de cet ouvrage, lorsque vous entreprendrez d'aimer ce que vous faites !

Je suis impatiente de voir comment vous allez exploiter ce que vous avez appris jusqu'à présent afin de prendre en toute connaissance de cause des décisions pour votre bonheur professionnel. Bonne chance ! Je suis de tout cœur avec vous !

Allez sur www.loveitleaveit.co pour disposer d'autres ressources, outils, modèles et conseils de lecture concernant cette section.

SECTION 4

LA VOIE À SUIVRE POUR AIMER CE QUE VOUS FAITES

CHAPITRE 7

Est-ce que je peux vraiment tomber amoureux de mon job ?

Ça fait quoi d'être amoureux ? La plupart des gens vous répondront que le flou règne un peu au début et que vous êtes submergé par les visions heureuses de votre future vie de couple. Au bout d'un certain temps, la nouveauté s'estompe, vous commencez à vous disputer et finissez par vous demander si cette personne ou relation en vaut vraiment la peine. Puis vient le moment de décider si vous souhaitez traverser cette période difficile ou s'il est préférable de partir pour préserver votre santé mentale. Comme dans n'importe quelle relation, vous allez vous aussi connaître des hauts et des bas dans votre carrière.

J'imagine que la plupart d'entre vous ne souhaitent pas simplement *s'habituer*. L'objectif de ce chapitre est d'aider ceux qui désirent venir à bout de la crise qu'ils vivent actuellement car ils se savent sur la bonne voie dans leur entreprise ou leurs fonctions. Lorsque vous commencez à cerner comment mieux réagir face à certaines personnes, difficultés et situations, il existe des moyens de tomber amoureux de votre job avant de tout lâcher.

Entamons donc ce périple de l'amour !

J'AIME MON JOB, MAIS…

Si c'est votre cas, il y a des chances pour que votre travail vous plaise, mais que quelque chose vous dérange malgré tout. C'est comme une tenue que vous adoriez, mais qui ne vous va plus parfaitement. Une petite retouche, un bon nettoyage, et tout rentrera dans l'ordre.

Je vais énumérer quelques scénarios « J'aime mon job, mais… » et, au cours du présent chapitre et du suivant, vous fournir quelques remèdes pour chacun d'eux.

J'aime mon job, mais…

- j'aimerais nouer des relations de meilleure qualité ou en réparer certaines qui ont souffert ;
- j'ai le sentiment d'être à l'étroit dans mon travail. Et maintenant ?
- j'estime que je pourrais gagner plus d'argent ou être plus reconnu pour ce que je fais ;
- je dois changer d'attitude afin de percevoir mon travail avec un état d'esprit plus positif ;
- quelque chose cloche. J'apprécie le rythme de mon travail, mais vers quels autres horizons pourrais-je me tourner ?
- ce que je fais actuellement n'est pas une vocation – je ne me vois pas faire cela toute ma vie.

Encore une fois, aimer votre travail implique de vous pencher sur la question à la fois intérieurement et extérieurement. Les trois premiers facteurs de la liste sont des domaines externes demandant que vous travailliez avec les autres afin de générer un état positif. Les trois derniers nécessitent une introspection afin de déterminer ce que vous pourriez apporter d'autre à la relation. Nous allons explorer chacun de ces points de vue et vous donner les outils qui vous permettront de réaliser des avancées importantes.

J'AIME MON JOB, MAIS… J'AIMERAIS NOUER DES RELATIONS DE MEILLEURE QUALITÉ OU EN RÉPARER CERTAINES QUI ONT SOUFFERT

Redoutez-vous de travailler avec certains membres de votre équipe ? Y a-t-il quelqu'un que vous ne parvenez pas à motiver et dont la tendance à traîner les pieds vous exaspère ? Aimeriez-vous trouver votre style et vous faire entendre de votre chef ou de votre équipe ?

Nous avons abordé plus haut l'importance des relations de travail. Pour afficher un lien et une unité d'excellente qualité et avoir une vie professionnelle ayant un sens, vous devez cultiver de très bonnes relations au travail qui permettent :

- d'obtenir de l'aide pour surmonter les difficultés et trouver des pistes ;
- de bénéficier de précieux encouragements et de critiques sincères ;
- de mettre en lumière des comportements que vous pourriez avoir besoin de développer, de changer ou de traiter, et qui vous feraient sortir de votre zone de confort ou vous montreraient comment mieux exprimer vos besoins.

J'adore la citation suivante d'Abraham Lincoln : « *Je n'aime pas cet homme. Je dois apprendre à mieux le connaître.* » La solution de facilité lorsque l'on ne s'entend pas ou que l'on n'est pas d'accord avec une personne est de lui coller une étiquette négative. Il est bien plus difficile, mais beaucoup plus gratifiant, d'apprendre à connaître quelqu'un et de découvrir les expériences qui ont façonné son approche du travail et de la vie.

Vous êtes la constante de toutes vos relations. Si vous souhaitez qu'elles changent, un bon moyen est de commencer par travailler sur vous-même. Personnellement, je respecte quelques mantras qui m'ont permis de rester zen dans mes rapports avec les autres, mes clients et les membres de mon équipe.

- **Soyez des plus positifs.** Ayez conscience de vos zones aveugles, de vos particularités et de leur influence sur vos relations. Voici par exemple une zone aveugle : traiter vos engagements avec désinvolture. Vous êtes peut-être un peu excentrique (vous êtes rarement dans les temps pour remettre un dossier, constamment en retard et faites des promesses en l'air que vous n'avez pas l'intention de tenir). Lorsque les gens se méfient de votre parole, leur relation avec vous n'est pas prioritaire et vous êtes alors immédiatement discrédité.
- **Percevez vos interlocuteurs dans leur globalité.** Apprenez à exceller dans l'art de percevoir les signaux émotionnels et non verbaux. Les relations se nouent ou se brisent en raison de ce que nous déchiffrons de ce qu'une personne dit et ne dit pas et de ce que nous choisissons de rejeter ou d'ignorer. Les signaux non verbaux sont traités au chapitre 9.
- **Choisissez l'aventure et non la suffisance.** Soyez curieux et prenez le temps de vous intéresser à l'autre. Les relations sont synonymes d'aventure. Appréciez donc le cheminement, les hauts, les bas et les tournants. Attachez-vous à vous intéresser et non à vous concentrer sur votre intérêt personnel. Posez des questions sur les objectifs et les visions de l'autre, liez-vous en vous appuyant sur vos points communs et abandonnez l'idée d'« obtenir » quelque chose des autres.
- **Partager, c'est se soucier des autres.** Ouvrez-vous, soyez sincère et honnête également vis-à-vis de vous-même. Plus vous dévoilez ce que vous aimez, vos particularités et inquiétudes, plus cela incite les gens à se confier à

vous. Brené Brown, enseignante-chercheuse à l'université de Houston, a ainsi dit avec pertinence : « *La vulnérabilité est le berceau de l'innovation, de la créativité et du changement.* »

- **Gérez vos émotions.** Nous ne sommes pas des clones et il est possible que l'on vous prenne à rebrousse-poil à cause des différences entre vous et une autre personne. Il vous incombe d'apprendre à réagir lorsque quelqu'un se comporte d'une certaine manière ou dit une chose qui vous atteint émotionnellement. Par exemple, vous êtes prompt à réagir violemment, mais votre contrariété se dissipe assez rapidement ou vous laissez les choses couver sans vraiment aborder le motif de votre colère. Votre façon de gérer vos émotions et les actes qui en découlent peut construire ou détruire vos relations.

Vous pensez peut-être : « *Tout cela paraît génial en théorie, mais ce matin, j'ai envie d'étrangler mon collègue !* » Ne vous inquiétez pas. Voyons les deux manières dont notre entourage professionnel peut nous provoquer.

1. Travailler de concert avec un collègue ou une grosse équipe sur un projet ou une tâche.
2. La culture et les intrigues propres à tout environnement de bureau.

Reportez-vous au chapitre 4, qui nous a permis de jeter un œil aux différents types de caractère présents au sein de votre bureau ou équipe :

- Le commandant
- Le navigateur
- Le pacificateur
- Le prudent

Au lieu de laisser les personnes gravitant dans votre vie professionnelle devenir des points de friction, armez-vous du savoir nécessaire pour réaliser de véritables changements. Voici un descriptif de ce qui se passe en fonction de l'association des personnalités. Gardez à l'esprit que certaines personnes, y compris vous-même, peuvent être un mélange de plusieurs types.

Deux commandants

Alors comme ça, vous souhaitez tous les deux le pouvoir et la gloire ? Cela revient à faire la guerre à son jumeau. La température et la tension peuvent grimper, car vous rivalisez tous deux pour connaître le succès. Cette situation peut engendrer disputes et conflits. Au travail, côtoyez-vous quelqu'un de ce genre qui vous pousse sans cesse à bout ? Est-ce qu'il cherche toujours à faire mieux que vous ? Pour accomplir votre mission, vous devez tous deux connaître vos limites, objectifs et rôles à endosser afin de franchir la ligne d'arrivée. Une définition limpide de ces paramètres vous évitera de marcher sur les plates-bandes de l'autre. Cela pourrait passer par une conversation initiale à propos des attributions de chacun et des raisons de les mettre en place : « *J'aimerais me charger de X et je suis persuadée que vous seriez excellent en matière de Y. On procède comment ?* » L'obtention, dès le départ, de cet accord de fond permettra d'apaiser les tensions initiales inutiles.

Un commandant et un navigateur

Vous avez chacun votre vision du succès et donnez parfois l'impression que vous lisez des chapitres différents du même livre. Pour le navigateur, la récompense se trouve dans les relations sociales et la gloire. Pour le commandant, il s'agit d'atteindre ce but et de remplir cet objectif professionnel haut la main. Il se moque des gens à partir du moment où il impose sa volonté de mener à bien la mission. Chacun est exigeant envers l'autre d'une manière difficilement réalisable mais, comme dans le scénario ci-dessus, s'ils ont des prérogatives et des résultats clairement définis, ils peuvent arrondir les angles afin de garantir la réussite.

Un commandant et un pacificateur

Comme nous l'avons vu précédemment, le commandant est fiable et on peut s'attendre à ce qu'il obtienne toujours des résultats. Il marchera sur les pieds du pacificateur, car il n'aime pas devoir s'occuper des états d'âme et besoins de tout le monde. Le fonctionnement de ce duo pourrait s'avérer délicat, mais cela demande simplement un peu de patience de la part des deux camps, car ils ont beaucoup à apprendre l'un de l'autre.

Le commandant peut amener le pacificateur à sortir de sa réserve afin de s'exprimer avec franchise et de prendre les choses en main en toute confiance. C'est une chose que le commandant sait très bien faire, et même trop souvent. Il peut se servir de ses interactions avec le pacificateur pour afficher une plus grande patience et développer un respect bénéfique pour des solutions alternatives variées. Le pacificateur aura besoin de trouver son style dans cette situation, et de se montrer concis et ouvert avec le commandant. Ce dernier comprend le langage du succès et le pacificateur doit clairement montrer les résultats qu'il est possible d'obtenir en faisant front de manière unie. Pour le commandant, il vaut parfois la peine de remarquer que le succès de ce partenariat passe par un peu plus de diplomatie ou au moins une certaine politesse à l'heure de faire passer son message.

Un commandant et un prudent

Vous voulez atteindre vos objectifs haut la main ? Ce binôme est le duo parfait. Mais ne vous attendez pas à ce qu'ils deviennent de vrais amis en dehors du bureau. L'association de la ténacité contrôlée et de l'analyse minutieuse donne des résultats, mais tous deux ont besoin de comprendre ce qui motive l'autre. Si vous êtes un prudent et que vous vous retrouvez à collaborer avec un commandant, faites savoir clairement que pour passer à l'action, vous avez besoin d'avoir une idée des détails et des faits logiques. Votre truc, c'est l'ordre, sans lequel vous êtes perdu. Le commandant doit avoir à l'esprit sa tendance à malmener les autres et comprendre que certains ont besoin de disposer d'éléments conceptuels pour foncer dans une direction. S'il ne parvient pas à l'admettre, le prudent se repliera et deviendra plus réservé et accablé par le doute, ce qui allongera le délai nécessaire pour obtenir le résultat souhaité par le commandant.

Deux navigateurs

Que la fête commence ! Vous êtes tous deux inspirés et animés par le besoin de créer d'excellentes relations et de passer de bons moments. Bien que vous vous chargiez de mettre les autres en relation, de provoquer l'adhésion à des idées, d'organiser des événements ou de donner des conseils et jouer le rôle de coach pour ceux qui en ont besoin, vous aurez tous deux du mal à rester concentrés longtemps. Dans un environnement où les délais sont serrés, ce duo pourrait connaître des difficultés, à moins que les *raisons* de leur action ne soient liées à une stratégie axée sur le facteur humain. Sinon, ils risquent de tourner en rond pendant des journées entières.

Un navigateur et un pacificateur

Si une personne est capable de faire en sorte que le navigateur reste concentré, c'est bien le pacificateur. Dans cette situation, le navigateur apporte son sens du relationnel et veille à ce que la relation se bonifie au fur et à mesure de l'exécution des tâches. Mais, au bout d'un moment, le pacificateur pourrait devenir un peu « crampon », car il est attiré, comme les abeilles par le miel, par le caractère extraverti et la fougue du navigateur.

Un navigateur et un prudent

Les contraires ne s'attirent pas toujours, mais dans ce cas précis, pour mener à bien votre mission, ils fonctionnent bien. L'un (le navigateur) s'occupe de tout ce qui a trait à l'esprit et au cœur, et l'autre (le prudent) est logique et pragmatique. Si cela débouche souvent sur des résultats fabuleux en termes de projets, argumentaires et séances de remue-méninges, la patience s'avère toutefois nécessaire pour que naisse une relation en dehors du travail. L'un est extraverti et l'autre est renfermé, il ne se confie pas et impossible de l'obliger à agir tant que ce n'est pas le bon moment.

Deux pacificateurs

Ne seriez-vous pas tous les deux le rêve incarné ? En quelque sorte... Vous êtes loyaux, pragmatiques, calmes et intuitifs. Vous aimez tous les deux avoir du temps et de l'espace pour proposer des solutions, des idées et des stratégies brillantes. Mais c'est justement là que le bât blesse. Ensemble, vous seriez capables de planifier des choses indéfiniment, mais sans aucune mesure concertée. À moins que vous soyez encadrés pour atteindre une finalité, il pourrait s'écouler énormément de temps avant d'entrevoir une issue.

Un pacificateur et un prudent

Il est tout à fait possible que vous travailliez parfaitement avec une personne prudente. Cependant, si vous êtes le pacificateur de ce binôme, le désir de vous lier personnellement pourrait vous contrarier. Mais cela n'arrivera pas. Vous devez donc en faire votre deuil. Les émotions et les relations interpersonnelles grandissantes empêchent le prudent de travailler efficacement. Lui souhaite simplement rester concentré. Et ce même s'il est fort appréciable d'alléger votre charge de travail et de permettre au pacificateur d'apprendre à vous connaître. Un vieux proverbe africain dit que pour aller vite, il faut partir seul, et que pour aller loin, il faut partir ensemble.

Après tout, les pacificateurs tiennent à ce que tous ceux qui les entourent s'épanouissent. Laissez-les donc vous aider, même modestement.

Deux prudents
Quand l'occasion de montrer votre expertise à votre responsable ou de travailler sur un projet avec votre équipe se présente, une concurrence s'installe entre vous deux. Chacun essaie de se montrer plus malin que l'autre pour sortir du lot et être considéré comme le meilleur. Mais si vous parvenez tous les deux à prendre conscience que deux cerveaux valent mieux qu'un, la solution est gagnant-gagnant pour tout le monde.

Revenons au cas de Tanya (voir chapitre 6), qui peine à gérer l'afflux constant de travail. Au sein de son équipe, elle s'est aperçue qu'elle était coincée entre un pacificateur et un commandant. Son assistant pacificateur détestait devoir travailler selon un calendrier précis et passait donc plus de temps que nécessaire à peaufiner, tandis que son autre assistant, de type commandant, exécutait les tâches à toute vitesse avec confiance et optimisme. Tanya rêvait d'acquérir cette qualité, surtout lorsque sa liste de choses à faire paraissait interminable. Conscients de cette situation, les trois se sont mis autour d'une table pour envisager l'adoption de meilleures méthodes de travail, responsabiliser chacun d'eux et permettre à Tanya de faire en sorte que tout le monde soit sur la même longueur d'onde et garde le cap.

Parfois, nous sommes prompts à qualifier les autres de perturbateurs, de laxistes ou d'indécis. Nous nous plaignons sans réfléchir au rôle que nous jouons également et aux solutions à mettre en œuvre pour opérer le changement souhaité. Il y a quelque temps, un coach m'a dit que nous avons la capacité à pousser les autres à nous traiter comme nous souhaitons l'être. Cela signifie bien que nous devons d'abord nous sensibiliser à nos particularités et connaître nos réactions instinctives lorsque nous sommes le dos au mur. En tant que cadre, vous pouvez savoir pourquoi certains membres de votre équipe pataugent péniblement et comment influer sur le comportement des autres en modifiant légèrement votre communication.

D'une manière ou d'une autre, j'espère que vous pourrez petit à petit décrypter certains comportements dans les relations avec vos collègues de travail. Nous pouvons être hérissés en entendant une plainte ou un mécontentement. Certains d'entre nous se ferment. D'autres se plaignent en retour, tandis que d'autres encore essaient de garder le sourire ou de résoudre le problème diplomatiquement. Le fait est que derrière chaque action, dispute ou plainte se cache un besoin ou une intention qui reste à satisfaire. Il faut prendre du recul et fouiller un peu pour découvrir le point de vue de l'autre et la raison de son comportement. Nous devons nous interroger : « *Qu'est-ce qui se passe pour toi ?* », puis prendre le temps d'écouter et d'identifier le besoin que nos interlocuteurs essaient d'exprimer.

ÉVITER LES INTRIGUES DE BUREAU

Et si ce n'était pas simplement une personne, mais l'ambiance générale qui vous irritait ? Quelle que soit la structure de votre bureau, que vous travailliez dans un somptueux environnement en ville ou derrière le comptoir d'un grand magasin, là où il y a de l'humain, il y a des intrigues.

Étudiez le paysage. Prenez un moment pour observer la structure et l'atmosphère au sein de votre environnement professionnel.

- Qui dispose de l'autorité mais n'a pas tendance à l'exercer ?
- Qui sont les personnes ayant vraiment de l'influence ?

- Qui est respecté par tout le monde ?
- Qui défend ou oriente les autres ?
- Qui sont les véritables cerveaux derrière les innovations et la stratégie ?

Les intrigues de bureau dépassent souvent la structure hiérarchique traditionnelle. En vous posant les questions précédentes, vous aurez une idée concrète de l'endroit où réside le pouvoir.

Disséquez les liens. Maintenant que vous avez repéré certains acteurs influents, le moment est venu de décrypter comment et pourquoi certains réseaux et relations se forment. Comment naissent et se cultivent certaines relations ? Quels cadres sont maintenus en dehors des décisions importantes ? Quels liens reposent sur l'amitié, le respect, l'amour ou autre chose ? Vous comprendrez ainsi pourquoi certains projets sont confiés en priorité à des membres clés de votre équipe ou quels sont les jeux d'influence entre les différents départements ou équipes – et ce que vous pouvez faire pour gagner la confiance des autres.

Entrez dans la dimension personnelle. Maintenant que vous avez mis au jour votre environnement, le moment est venu de tisser tout un réseau de relations à votre profit. S'il est judicieux de commencer par votre propre équipe, je souhaite que vous voyiez plus grand. Pensez à des cadres supérieurs dans d'autres domaines. Le réseautage ne consiste pas à prendre, prendre et prendre. Il s'agit d'une croissance réciproque. Apprenez à connaître ces personnes, leurs particularités, à savoir quoi faire pour les aider à évoluer et faites votre possible pour ne jamais casser leur confiance. Lorsque vous construisez votre réseau, veillez à créer un assortiment qui comprendra :

- des influenceurs – ceux qui ont le pouvoir d'accomplir des choses, de contourner la hiérarchie traditionnelle et d'obtenir des résultats ;

- des gens qui ont un bon carnet d'adresses – pensez à vos objectifs les plus importants en matière de carrière et de leadership ;
- et des partisans – ceux qui parleront en bons termes de vous lorsque vous êtes absent.

Le chapitre 11 vous en dira plus sur la façon de vous créer un réseau de mentors, de personnes ayant un bon carnet d'adresses et de partisans.

Alimentez votre réseau. Après avoir passé du temps à monter et soigner votre équipe, vous devez commencer à leur montrer dans quels domaines vous brillez. Lorsque vous faites part de vos réussites à vos contacts, cela provoque des répercussions en chaîne, en ce sens que des occasions de réussir et de prendre de nouvelles responsabilités peuvent se présenter à vous et à votre entourage, y compris votre équipe et votre patron. Cela peut également créer des passerelles entre vous et d'autres personnes influentes.

Par exemple, Bozama Saint John, directrice marketing au sein de l'agence William Morris Endeavor (qui s'occupe de la gestion de la carrière d'artistes et de sportifs), indique dans un podcast que l'un des points de l'ordre du jour de sa réunion hebdomadaire avec son patron est intitulé « Personnel ». Lors de celui-ci, elle lui raconte ce qu'elle a accompli d'exceptionnel cette semaine-là, énumère ses échanges avec des personnes qui lui ont fait des compliments et lui fait part des objectifs qu'elle souhaite atteindre et de ses besoins pour y parvenir. Selon elle, si vous ne le faites pas vous-même, qui le fera ? Cela lui permet de tenir son patron et les autres au courant du travail phénoménal qu'elle fournit – un bon argument que les gens auront en tête au moment de faire des recommandations, de distribuer des primes, de mettre en rapport des gens et de lancer de nouveaux projets.

Maîtrisez-vous. Soyez courageux, mais restez attentif. On laisse facilement les intrigues de bureau nous accabler et nous plonger dans le négativisme.

Évitez tout d'abord de colporter des ragots sans étudier attentivement la source, la crédibilité et l'impact potentiel. Rien n'est totalement confidentiel et partez du principe que ce que vous direz sera répété. Choisissez donc minutieusement votre camp ou les « secrets » que vous révélez. Si vous exprimez une inquiétude personnelle, soyez posé et positif, et non agressif.

Mais lorsque vous avez votre propre plan d'action, tous ces bavardages vous passent au-dessus. Si vous avez envie de hurler, pensez à vos émotions, à ce qui les déclenche et à la façon dont vous les gérez. Si vous êtes capable d'apprendre à vous maîtriser, vous réfléchirez avant d'agir et éviterez de dire des choses que vous pourriez regretter par la suite.

Être le changement que vous aimeriez voir naître. Vous avez le pouvoir de changer la culture d'entreprise de l'intérieur. Comme n'importe quelle autre, la culture d'entreprise est en constante évolution. Au lieu d'être passif et de réagir, vous devez avoir conscience de votre pouvoir de rendre les gens plus heureux et d'influer également sur ceux qui vous entourent. Comme le dit avec beaucoup de justesse Michelle Obama : « *Quand ils s'enfoncent, nous nous élevons.* »

Au lieu de vous cantonner à rabaisser les autres, réfléchissez à d'excellents moyens de les louer au contraire, de bâtir de meilleures relations au sein de votre équipe et de faire preuve d'empathie avec vos collègues. L'Annexe III vous explique comment répandre le bonheur au travail.

J'AIME MON JOB, MAIS... J'AI LE SENTIMENT D'ÊTRE À L'ÉTROIT. ET MAINTENANT ?

Travail, carrière, vocation. Sur lequel de ces éléments travaillez-vous ?

Travail

Vous avez peut-être besoin de rester à votre poste pendant une durée bien déterminée, le temps que votre conjoint se stabilise dans sa nouvelle activité d'indépendant ou que vous expérimentiez une nouvelle idée, remboursiez un emprunt ou mettiez un peu d'argent de côté. À moins que vous ne soyez à ce poste parce que vous en avez fui un autre. Prendre un job alimentaire afin de respirer un peu, de réfléchir à votre avenir et de gagner sa vie est une bonne option !

Carrière

Vous êtes en mission, car vous avez programmé votre ascension dans l'entreprise depuis un moment. Vous en voulez plus (salaire, titre, bureau d'angle, reconnaissance, statut ou respect). Quelle que soit votre motivation, vous vous attachez à parvenir à vos fins, mais ressentez actuellement un peu d'incertitude quant à la façon de franchir le prochain palier. Il vous faut peut-être changer de service, recentrer vos fonctions ou expérimenter certains projets au sein de votre département actuel. Êtes-vous prêt et disposé à le faire ?

Vocation

L'exemple type dans ce domaine est mon client Anthony, qui rêve d'écrire et de réaliser des films racontant l'histoire de communautés marginalisées et privées de leurs droits électoraux aux quatre coins du monde. Il mange, respire et dort avec cette vision en tête. Qu'il s'agisse de courts-métrages pour des festivals et compétitions de cinéma ou de partager de petites vidéos d'activistes sur sa page Instagram, il espère que ses films ouvriront les yeux du public et permettront de véhiculer un savoir, des idées et une prise de conscience. Votre vision est peut-être de concrétiser votre vocation au sein de votre entreprise actuelle et vous aimeriez y parvenir dans un environnement que vous connaissez déjà, plutôt que de mener votre barque seul.

Le sens, la raison d'être et la vision sont des mots à la mode associés à la génération Z (ceux nés avant 1995) et aux millenials (ceux nés entre 1980 et 2000), qui façonnent les paramètres et critères du futur monde du travail. La génération X (ceux nés entre 1960 et 1980) et les plus âgés qui ont travaillé au même endroit pendant longtemps se rendent compte qu'ils peuvent réorganiser certaines choses afin de renforcer leur satisfaction professionnelle. Nous vivons plus vieux et, comme Lynda Gratton et Andrew Scott l'affirment dans leur ouvrage intitulé *100 ans : du bonheur d'être centenaire*, une attitude différente s'impose quant au rôle joué dans les troisième et quatrième chapitres de notre vie.

Les entreprises prennent conscience de la nécessité de laisser les employés modifier leurs fonctions et responsabilités de manière proactive afin qu'ils s'investissent plus, y mettent plus de sens et restent productifs. À vous d'exprimer ce dont vous avez besoin pour être plus performant et redynamiser des fonctions en proie à un certain essoufflement.

Passons en revue les raisons pour lesquelles vous souhaitez faire évoluer votre job.

Motivation

Quelles sont vos motivations ? S'agit-il de nouer plus de relations et d'amitiés, de prendre plaisir, d'évoluer en tant qu'individu ou de décrocher un titre ? Souhaitez-vous étoffer votre réseau et dresser une liste de personnes influentes capables de parler de vous en bons termes quand vient l'heure des promotions ?

Passions

Souhaitez-vous assouvir certaines passions ? Étant petit, vous aimiez découvrir comment les choses étaient construites et passiez votre temps à démonter des appareils et des jouets afin de les remonter. Cette passion est renforcée par le désir d'entrer dans le domaine de l'ingénierie ou de la robotique.

Forces

Souhaitez-vous exploiter des points forts sous-employés ? Servez-vous de votre capacité naturelle à résoudre les problèmes, à effectuer des recherches et à établir des stratégies. Vous désirez peut-être participer plus souvent aux réunions portant sur le développement de nouveaux produits afin de cultiver votre créativité.

Prenez quelques instants pour consigner par écrit vos pensées. Pourquoi est-ce important pour vous ?

....

....

....

....

....

....

Si vous ne le faites pas maintenant, tous vos efforts seront vains. Si vous ignorez ce qui vous pousse à opérer ce changement, ce sera également une perte de temps colossale pour tous ceux qui travaillent avec vous.

Penchons-nous sur plusieurs techniques qui serviront à façonner votre travail.

Les composantes de votre travail quotidien

Quelles sont les tâches que vous réalisez chaque jour au bureau et qui constituent l'essence de votre job ? Pensez au temps que vous consacrez à chacune des tâches ou responsabilités et à leur place dans vos fonctions. Quelles sont les compétences et forces que vous employez pour chaque tâche ?

EXERCICE

Comment file le temps ?

Votre premier exercice consistera à répertorier les tâches essentielles de votre journée de travail. Quelles sont celles que vous devez exécuter quotidiennement ? Quels points forts exploitez-vous ? Combien de temps consacrez-vous à chaque tâche au cours de la semaine ? Ces informations vous aideront à savoir si vous consacrez le plus clair de votre temps à des choses que vous aimez. Vous connaîtrez ainsi la marge de manœuvre dont vous souhaiteriez disposer pour ajouter de nouvelles compétences, tout en restant indispensable, et découvrirez les tâches que vous pourriez commencer à déléguer.

Voici deux exemples distincts : Charlène, qui travaille dans le marketing, et Pascal, qui travaille dans un café.

Tâches	Temps consacré	Forces/compétences exploitées
Rédaction d'un rapport concernant une campagne de réseaux sociaux pour un client	1 h 30 tous les vendredis	Analyse, esprit critique, communication
Refaire le plein de boissons dans les réfrigérateurs et contrôler les dates de péremption des produits	30 min chaque jour	Sens de l'organisation

Vous pouvez commencer à transformer les tâches afférentes à vos fonctions de la manière suivante.

- Si vous avez repéré un créneau de libre dans la semaine pour acquérir une nouvelle compétence, vous pouvez réorganiser vos fonctions en ajoutant une tâche. Vous avez peut-être envie d'apprendre la modélisation en 3D ? D'enrichir vos fonctions commerciales afin de montrer de manière plus vivante à vos clients potentiels les appartements à vendre ? Cette faculté aidera vos clients tout en vous permettant d'associer votre passion pour la technologie, la conception et la vente.
- Créez un prototype. Un autre domaine de l'entreprise vous intrigue ? Vous pourriez proposer un projet qui vous associerait à un employé de ce département. Ce serait une excellente occasion pour vous deux de profiter des compétences de l'autre et l'entreprise en récolterait les fruits. Ou vous pourriez approfondir leur réflexion sur un problème rencontré avec un client. Parmi vos connaissances, qui serait à même de collaborer ou de cocréer un prototype de ce genre ?
- Mettez l'accent sur certaines tâches. Prenez-en une que vous aimez beaucoup et placez-la au centre de votre activité – par exemple, améliorer les relations avec la clientèle et réaliser moins d'analyses de marché pour faire naître de nouvelles idées de produits.
- Déléguez. Passez-vous trop de temps à rédiger de très longs rapports et pas assez à faire le point avec votre équipe ? Si vous avez le sentiment d'être limité par certaines tâches, comment déléguer plus souvent afin d'exploiter au mieux le potentiel de votre équipe ?

Commencez aujourd'hui même ! Voyez comment aménager vos fonctions en consacrant du temps à des tâches différentes, en en ajoutant, éliminant ou modifiant certaines.

NOUER DE NOUVELLES RELATIONS

En tant que consultante en bonheur, j'ai entrepris de mener une révolution autour du thème du bonheur au travail. J'aide les dirigeants et DRH d'entreprise à concevoir des environnements de travail plus positifs et des cultures soutenant leurs employés. Afin d'atteindre cet objectif, j'ai créé quatre piliers pour aider chaque entité à savoir où elle se situe sur l'échelle du bonheur.

1. La tête et le cœur. Ce sont les traits tournant autour de la résilience, de la confiance et de la ténacité, ainsi que de l'aptitude à résoudre les problèmes. Quelles armes l'entreprise offre-t-elle à ses employés pour faire face à l'adversité et disposer de l'autonomie dont ils ont besoin ?

2. Le travail et la vie personnelle. Que peut faire l'entreprise pour redéfinir les processus et structures nuisant peut-être à la collaboration ? La flexibilité dans le travail et l'agencement des bureaux font partie de ce pilier. Autre composant, l'harmonie entre vie professionnelle et vie personnelle – comment les employés peuvent-ils apprendre à réfléchir aux compromis leur permettant de rester heureux si toutes les dimensions de l'équilibre vie professionnelle/vie personnelle ne sont pas abordées ?

3. Communiquer et créer des liens. Comment les employés peuvent-ils entretenir de meilleures relations avec les autres ? D'où proviennent ces failles de communication rendant la vie au bureau difficile et même désagréable ? Ce pilier est souvent associé à de nombreux problèmes. La plupart des employés sont frustrés par une communication rompue et souhaitent plus de moyens d'établir des contacts. Se donner l'occasion d'établir plus de rapports, d'élargir son cercle social et d'en apprendre plus sur la mission des autres donne plus de sens au travail de chacun.

4. Technologie et lien social. En quoi la technologie influe-t-elle sur le bonheur et le bien-être au travail ? Comment l'entreprise peut-elle aider les employés à trouver l'équilibre entre les exercices de pleine conscience et la nature, et la stimulation et les distractions technologiques permanentes ?

Nous pouvons libérer de nouveaux canaux de communication en créant et recadrant nos relations. Adrian, l'un de mes clients, développeur Web, en avait assez qu'on le prenne pour un « programmeur introverti » comme toute son équipe. Rester assis la journée entière avec ses écouteurs sur les oreilles à produire du code à la chaîne ne lui procurait aucune joie. Bien qu'aimant son travail, il était curieux de connaître les projets des autres départements et souhaitait rencontrer ses collègues. Il connaissait à peine la moitié des nouveaux arrivés et, malgré leur dimension sympathique, les événements sociaux étaient souvent désorganisés et filaient à toute vitesse. Il souhaitait trouver des moyens d'être un membre à part entière de l'entreprise et d'afficher sa personnalité. Par conséquent, avec l'aide de son responsable, nous lui avons dégagé du temps pour qu'il découvre les autres équipes et fonctions. L'objectif était d'œuvrer avec la RH pour qu'il fasse partie du comité d'accueil de l'entreprise. Il est ainsi devenu l'un des premiers interlocuteurs des nouveaux arrivants. Il leur faisait visiter l'entreprise, les mettait au courant de la mission de chaque département et les aidait à s'installer. Il a contribué à la planification d'événements permettant aux équipes de tisser des liens et de bâtir des relations de meilleure qualité.

Dans cet exemple, la construction de liens plus profonds avec des employés de tous les départements a accru son sentiment d'appartenance, bien au-delà de ses tâches quotidiennes. Il a pu rebâtir ses relations afin que les gens soient plus que de simples connaissances et deviennent des personnes aux vies variées, dotées de compétences remarquables et de centres d'intérêt qui le nourrissaient intellectuellement. Il s'est enfin montré capable de partager tous ces ingrédients avec de nouveaux employés clés, jouant le rôle de mentor et de coach quand il le pouvait. Et tout en créant toujours de sacrées lignes de code.

Quelles relations aimeriez-vous tisser, au-delà de vos fonctions ? Quelles interactions aimeriez-vous entretenir ? Comment rendre service à quelqu'un ou l'aider à résoudre des problèmes dans un département totalement différent du vôtre ? Peut-être avez-vous envie de prendre sous votre aile cet employé arrivé depuis peu dans votre service et qui fléchit sous le poids des attentes ?

J'AIME MON JOB, MAIS… J'ESTIME QUE JE POURRAIS GAGNER PLUS D'ARGENT OU ÊTRE PLUS RECONNU POUR CE QUE JE FAIS.

> *« Le sens et la raison d'être alimentent l'esprit,*
> *mais c'est l'argent qui vous fait manger. »*
>
> **Jenny Garrett, coach et formatrice**

Je demande toujours à mes clients ce que 5 000, 10 000 ou même 15 000 euros supplémentaires représenteraient dans l'ordre des choses.

- Vous sentiriez-vous adoubé et reconnu ?
- Savoir que vous pouvez régler vos factures et commencer à mettre de l'argent de côté vous rendrait-il confiant ?
- Seriez-vous capable de soulager et d'épauler votre conjoint, afin que les charges financières soient à parts égales ?

On me dit souvent :

- *« Je pensais simplement que, le moment venu, j'obtiendrais une augmentation. »*
- *« L'économie n'est pas florissante/mon secteur a été durement touché/nous sommes une start-up sans trop de budget/j'ai la chance d'avoir un emploi. »*
- *« J'ai autant d'ancienneté que les autres. Est-ce que j'y ai droit ? »*
- *« Je ne sais pas négocier. Ce n'est pas mon truc. »*
- *« Si je travaille plus dur, mon patron le remarquera. Inutile de réclamer. »*

N'en jetez plus ! Lorsque vos responsables vous apprécient et que vous vous montrez performant, apportez de la valeur ajoutée aux autres, innovez, obtenez des résultats et représentez un atout pour votre équipe, l'entreprise peut se permettre de vous octroyer 5 000 à 10 000 euros supplémentaires. Si vous vous répétez certains énoncés énumérés ci-dessus, c'est que votre petite voix vous empêche de demander que votre valeur soit récompensée.

Pour prendre en main votre carrière, arrêtez d'attendre que les autres vous remarquent. Soyez proactif ! Si vous savez que vous excellez dans vos fonctions, pourquoi n'obtenez-vous pas ce que vous méritez ? Même dans une conjoncture économique difficile, les entreprises savent reconnaître et retenir leurs meilleurs employés.

Négocier n'a rien de risqué. Mais si vous choisissez de vous contenter de ce que l'on vous donne, vous vous retrouvez dans une situation où vous acceptez les miettes du gâteau. Pourquoi votre chef ferait-il cela pour vous si vous ne le souhaitez même pas ?

Votre employeur a déjà dépensé beaucoup pour que vous soyez dans le coup : séances d'accueil, formations, etc. Pourquoi réduirait-il tout ça à néant et prendrait-il le risque de tout recommencer avec un nouvel arrivant ? Si vous êtes prêt à négocier votre salaire, respectez la procédure qui suit.

Sachez ce que vous valez et traduisez votre activité en chiffres

La plupart des gens s'attendent à aller trouver leur chef et à obtenir sur-le-champ une augmentation. Si vous espérez, exigez ou essayez de convaincre quelqu'un en un clin d'œil de vous augmenter, vous vous heurterez à un mur et essuierez un refus immédiat. Le moyen le plus efficace de décrocher une hausse de salaire est d'établir un planning.

Une planification correcte vous épargne une petite performance... L'augmentation convoitée peut demander entre un et six mois avant qu'elle se matérialise, en fonction de la taille et du type d'entreprise, du nombre de niveaux hiérarchiques à convaincre ou à contacter, et éventuellement du travail préparatoire à fournir. Mais, dès que l'idée germe dans votre esprit jusqu'au passage à l'action et à l'obtention de l'accord, soyez prêt à vivre les phases suivantes.

Phase 1 : avant votre première conversation (0-4 semaines)

1. Comptez jusqu'à quatre semaines pour monter votre dossier et effectuer des recherches. Servez-vous de sites tels que : apec.fr, waage.fr, juritravail.com pour vérifier les salaires correspondant à votre poste.
2. Évaluez votre salaire potentiel en comparant vos compétences à la moyenne, selon l'ancienneté, vos diplômes, les formations supplémentaires, en fonction de votre situation géographique, du secteur d'activité, etc. Qu'en est-il pour vous ?
3. Étudiez la santé financière de votre entreprise. Êtes-vous dans une start-up ne disposant pas d'investisseurs ? Est-ce que votre entreprise vient de fusionner ou d'être rachetée ?

A-t-elle perdu de nombreux clients ? Vous ne pouvez pas toujours vous faire une idée de son état en vous basant sur ce que vous voyez. Faites donc des recherches pour savoir quels sont précisément sa situation et son avenir. Même si elle n'est pas au mieux financièrement, il est toujours bénéfique de mettre l'accent sur ce que vous lui apportez, surtout si elle envisage de procéder à des licenciements économiques. Si, dans ce cas précis, vous n'êtes pas certain d'obtenir le chiffre souhaité, les entreprises tiennent toujours à conserver leurs meilleurs éléments, même dans ces périodes difficiles.
4. Quelles sont les procédures et la stratégie de revalorisation salariale dans votre entreprise ? Existe-t-il une marge de manœuvre ? Le secteur de la technologie réinvente en permanence les axes de progression pour les créatifs, développeurs, stratèges et autres cadres.[8] Certaines start-up sont très innovantes, notamment dans le secteur des services bancaires en ligne.
5. Votre patron a probablement en tête certaines questions pour une conversation sur le thème financier.

- Est-ce que je redoute le départ de ce salarié ? *Franchement, on pourrait réduire l'équipe. Ces neuf derniers mois, sa contribution a été plutôt mince.*
- Est-ce que cette personne mérite le salaire qu'elle demande ? *C'est un atout de poids pour le moral de l'équipe et elle a de très bonnes idées. Elle est toujours à la hauteur de ce qu'on lui demande et nous ne pouvons pas nous passer d'elle.*
- Est-ce que j'ai les moyens financiers d'accéder à sa demande ? *Les temps sont durs, les augmentations ne*

8. https://monzo.com/blog/2019/01/07/progression (document consulté le 16 novembre 2020).

sont pas vraiment d'actualité, mais nous pouvons offrir des formations, du développement personnel, etc.
- Quelles conséquences cela aurait-il sur les autres salariés ? *Est-ce que tous les membres de l'équipe viendront me trouver pour réclamer une hausse de salaire ?*
- Que peut-t-il se passer si je refuse ? *Est-ce que cette personne est sur le point de quitter le navire ? Je pensais qu'elle était heureuse chez nous !*

Gardez certaines de ces questions à l'esprit et préparez-vous au mieux.

Phase 2 : la première conversation
Après la préparation initiale et la phase de recherche, le moment est venu de parler à votre patron.

1. Prévoyez un entretien avec votre responsable pour aborder la façon de franchir un palier dans votre travail. NE PARLEZ PAS TOUT DE SUITE D'ARGENT. Dites ce que vous aimez dans votre travail, évoquez votre statut et vos capacités et faites-lui part de votre envie d'évoluer.[9]

- *« J'apprécie vraiment de travailler sur tel projet. »*
- *« Depuis que j'ai pris mes fonctions, j'ai participé/créé/mis en œuvre/vendu…* » (Montrez vos compétences, capacités et réussites.)
- *« J'ai accumulé de l'expérience à ce poste et je remplis régulièrement les objectifs en matière de A,B et C. »*

2. Vous constatez que l'entreprise pourrait tirer parti de X,Y ou Z (lacunes identifiées, domaines dans lesquels l'entreprise pourrait se différencier de ses concurrentes) et vous souhaitez faire votre possible pour y parvenir.

---

9. Berg, J. M., Dutton, J. E. et Wrzesniewski, A., *What is Job Crafting and Why Does It Matter?* https://positiveorgs.bus.umich.edu/wp-content/uploads/What-is-Job-Crafting-and-Why-Does-it-Matter1.pdf (document consulté le 16 novembre 2020).

3. Avec toutes les données collectées et les recherches effectuées, vous êtes désormais prêt à passer à la phase suivante de cette conversation initiale : aborder la question de votre salaire. Dites par exemple : « *J'ai fait des recherches et vu mes fonctions, mon expérience…, je pense être sous-payé. Je devrais être à X euros. J'aime vraiment travailler ici, mais je souhaiterais une revalorisation salariale qui nous conviendrait à tous les deux.* » N'en faites pas une affaire personnelle et n'allez pas à la confrontation. Montrez que vous avez étudié la question.

4. Expliquez les raisons pour lesquelles vous méritez cette augmentation. Ainsi : « *Sur la base de Y, je devrais toucher X % ou X euros en plus.* » Puis ne dites plus rien. Laissez votre responsable intervenir. La conversation se poursuivra sur l'un des deux axes suivants :

- « *Parfait, approfondissons la question.* »
- « *Nous sommes acculés. Nous manquons de fonds. La situation économique est délicate.* »

5. La plupart des gens seront désarçonnés par le second argument et accepteront le statu quo. Mettez alors l'accent sur le fait que vous ne percevez pas le salaire moyen ou ne touchez pas autant que votre collègue, ce qui vous situe au-dessous de la moyenne. Encore une fois, attendez que votre responsable dise quelque chose. Ce n'est pas à vous d'invoquer l'excuse de l'économie. Il incombe à votre employeur de vous rémunérer à votre juste valeur si vous êtes à la hauteur. Ne lâchez pas l'affaire.

6. Si votre chef dit oui, débattez sur :

- une augmentation immédiate aux alentours du salaire moyen ;
- des moyens de parvenir à ce niveau d'augmentation et d'atteindre le palier juste au-dessus de la moyenne.

7. Si c'est le second point qui prédomine à la fin du premier entretien, mettez-vous d'accord sur trois ou quatre objectifs quantifiables. Ces objectifs demandent du concret. Par exemple, combler les lacunes identifiées, accroître les ventes de 15 %, conclure/réaliser une vente poussée avec trois clients ou augmenter le taux d'audience d'un podcast de 10 %. Quelles que soient vos fonctions ou votre mission, trouvez trois ou quatre objectifs essentiels sur lesquels vous pourriez travailler pendant trois à six mois afin de franchir un cap. Faites-en sorte que votre supérieur en conclue que si vous atteignez ces objectifs vous serez éligible à une hausse de salaire.

Phase 3 : franchissement du cap et réunions suivantes (1 à 3 mois)

Voici l'étape qui suit votre entretien avec votre responsable. Si vous vous êtes fixé des objectifs, vous êtes désormais à même d'œuvrer à la réalisation des étapes suivantes.

1. Au cours des trois prochains mois, ayez comme objectif de dépasser les attentes et de faire régulièrement le point. Prenez l'habitude d'informer votre supérieur tous les quinze jours de vos victoires/progrès/nouveaux clients, etc. Vos objectifs doivent rester une priorité, débarrassez-vous de tout ce qui diminue votre productivité, dont les courriels (concernant les intentions des autres) et les conversations avec les collègues. Focalisez-vous sur vos objectifs.

2. Si vous avez des difficultés à atteindre l'un de vos objectifs, dites-le à votre responsable. « *J'ai trouvé cette formation en ligne qui m'aiderait à faire plus de X. Est-ce que je pourrais la suivre pour atteindre mes objectifs ?* » Tenez-le au courant de votre progression et des domaines dans lesquels vous dépassez les attentes.

Phase 4 : conclure l'accord (après les 3 mois)

Vous avez fait le gros du travail et le moment est venu de décrocher la victoire. Une fois vos objectifs atteints, demandez un autre entretien formel. Montrez comment vous êtes passé de A à B, puis à C. Votre supérieur devrait déjà avoir conscience de votre progression si vous avez fait régulièrement le point ensemble. Il est maintenant temps de formuler les améliorations ou progrès effectués, le chiffre d'affaires réalisé ou le nombre de nouveaux clients décrochés. Votre responsable devrait donc avoir ainsi conscience qu'une augmentation s'impose au vu des attentes et des objectifs réalisés.

JE SUIS UN PAQUET DE NERFS... AU SECOURS !

Il est tout à fait naturel de vous sentir nerveux à l'idée de parler à votre chef, mais l'essentiel est d'entreprendre cette démarche. Tout le travail que nous avons effectué sur l'évaluation des comportements vous sera utile. On ne vous demande pas de contrôler l'esprit de votre interlocuteur, mais connaître ses caractéristiques comportementales va vous aider. Que lui faut-il pour prendre des décisions ? Comment gère-t-il les conversations en face à face ? Il est important que vous gardiez votre calme, ayez clairement en tête la valeur que vous apportez à l'entreprise et gommiez la dimension émotionnelle.

Évitez de ne parler que de vous et de vos besoins lorsque la nervosité est de mise. Des déclarations telles que : « *Je cherche à acheter une maison, j'ai donc besoin de X euros* », « *J'ai du mal à joindre les deux bouts avec...* » peut passer avec certains, mais pas avec d'autres. Restez positif, axé sur l'avenir et centré sur l'entreprise. Donnez vos éclairages sur le secteur d'activité, le positionnement de l'entreprise et votre rôle pour la faire passer de A à B.

UN NON N'EST PAS TOUJOURS DÉFINITIF

Ne vous laissez pas dévier de votre but par des forces extérieures qui sont du ressort de l'entreprise et non du vôtre. Bénéficier d'une rémunération juste est un droit. Demandez à votre responsable si la situation va évoluer dans les prochains mois et faites-vous notifier par écrit que vous serez éligible, par exemple dans six mois. Que seriez-vous disposé à accepter en dehors de l'argent dans l'intervalle ? Une formation, d'autres avantages ou un congé prolongé ? Ne sortez pas de l'entretien sans rien.

Cependant, restez réaliste. Le travail effectué mérite-t-il une augmentation ? Avez-vous planifié les choses ? Si c'est le cas, mais que vous avez fait chou blanc, voyez si vos qualités ne seraient pas mieux reconnues ailleurs.

Raviver la flamme

Vous avez étudié de près vos collègues, l'argent que vous gagnez et le job proprement dit. Il est aisé de se contenter des signes extérieurs de l'amour et de prendre une décision en fonction d'eux ; mais il faut être deux pour entretenir une relation. Dans le chapitre suivant, nous nous pencherons sur votre rôle dans cette dynamique amoureuse.

CHAPITRE 8

Ce n'est pas toi, c'est moi

Nous avons abordé certains aspects externes à privilégier pour doper votre bonheur professionnel. Le moment est venu de nous pencher sur la dimension cérébrale et d'injecter la notion de jeu et d'expérimentation pour contribuer à entretenir le sentiment amoureux.

J'AIME MON JOB, MAIS… JE DOIS CHANGER D'ATTITUDE AFIN DE LE PERCEVOIR AVEC UN ÉTAT D'ESPRIT PLUS POSITIF

Votre conjoint est parfois (outre votre amoureux) votre coloc, meilleur ami et coparent. Vous connaissez ses schémas, il sait quels sont vos film et plat préférés. C'est exactement pareil pour votre job. Vous pouvez sourire et plaisanter avec vos collègues pendant le déjeuner et atteindre haut la main les objectifs de votre équipe mais, comme dans n'importe quelle relation, avoir toujours le sentiment que la magie n'opère pas. Si le fait de vous ennuyer dans votre couple vous empêche de vous épanouir pleinement, vous pouvez aussi afficher un état d'esprit négatif au bureau.

Que signifie un état d'esprit de développement positif ? Carol S. Dweck, psychologue de l'université de Stanford, a créé la « théorie de l'état d'esprit », un moyen d'interpréter les effets des croyances entretenues par les gens sur leur intelligence et leur capacité à enseigner et apprendre des choses.[10] Qu'est-ce que cela signifie pour nous ? Dans son ouvrage intitulé *Osez réussir ! Changez d'état d'esprit*, elle indique que :

- Si vous avez un *état d'esprit figé*, vous estimez que votre intelligence, votre personnalité et vos compétences sont immuables. Vous êtes né comme ça et rien en vous ne peut être amélioré, exercé ou développé plus avant.
- À l'inverse, avec un *état d'esprit de développement*, vous pensez que fournir des efforts ou vous entraîner peut vous aider à franchir des montagnes. Pas au sens premier du terme, mais pour ce qui est d'améliorer vos compétences et votre intelligence, vous n'avez pas de limites.

Les personnes dotées d'un état d'esprit figé ont tendance à ne s'intéresser qu'aux avis portant sur le succès qu'elles connaissent dans leurs activités, car ils leur servent à évaluer leurs capacités sous-jacentes. À leurs yeux, la réussite dépend exclusivement de leurs facultés innées. L'échec fait vraiment l'effet d'une bombe, car il met en exergue la limite supérieure de leurs capacités et de leurs forces.

L'individu doté d'un état d'esprit de développement accueille l'échec à bras ouverts, car, pour lui, c'est le signe qu'il doit faire attention, redoubler d'efforts, prendre le temps de s'exercer et de maîtriser toute nouvelle possibilité d'apprentissage. À l'image de la plante que vous arrosez et soignez, plus vous vous occupez d'un état d'esprit de développement, plus il grandit. Plus vous faites l'effort d'acquérir de nouvelles

---

10. Dweck, Carol S., *Osez réussir ! : changez d'état d'esprit*, traduit par Jean-Baptiste Dayez, Mardaga, Bruxelles, 2017.

compétences et connaissances, plus vous améliorez vos performances, vous renforcez votre attitude et vous augmentez vos chances de succès.

Il est temps de changer votre fusil d'épaule

Avez-vous remarqué que votre attitude et votre état d'esprit illustrent quelque peu votre intransigeance ? Ne culpabilisez pas. Nous vivons tous ces moments où nous restons bloqués sur notre manière de procéder. Mais vous avez toqué à la bonne porte pour changer cela. Changer votre fusil d'épaule en termes d'état d'esprit au travail signifie commencer à :

- identifier les conséquences sur vous et vos collègues des changements mentaux à opérer – cherchez qui pourrait vous aider à conserver un état d'esprit de développement ;
- découvrir comment établir une relation de confiance avec les autres, afin qu'ils sachent que vous n'allez pas fuir vos responsabilités si l'apprentissage de nouvelles choses vous perturbe ; prendre l'initiative de créer le changement souhaité – définissez progressivement les changements à mettre en œuvre au lieu d'attendre qu'ils vous tombent dessus ;
- réaliser des avancées modestes mais fréquentes vers votre objectif, continuer d'évaluer ce qui fonctionne et ce qui ne fonctionne pas, et procéder aux ajustements nécessaires ;
- vous demander quelle est la raison d'être de votre job – essayez de concocter une vision plus générale de votre travail qui vous aidera à modifier votre attitude et votre point de vue. En quoi cela pourrait-il modifier la façon dont vous abordez les différentes tâches au programme de votre journée ? Votre job de programmeur pour une académie en ligne a-t-il pour mission de « réinventer le

MBA du XXIe siècle » ? Certains peuvent penser que je propose ici simplement des ateliers sur le changement professionnel. Tel n'est pas le cas. Ma volonté consiste à responsabiliser toute une génération de personnes et d'entreprises afin qu'elles fassent du bonheur au travail une priorité et provoquent des répercussions en chaîne sur la culture dans son ensemble, les communautés et la vie des gens.

Voici 22 manières de favoriser un état d'esprit de développement positif et de vibrer au travail.

Aider les autres

1. Vous souhaitez peut-être monter un club de course à pied ou un groupe d'échecs qui se retrouverait à la pause déjeuner. Le but est de réunir les gens et d'échanger sur autre chose que le travail.
2. Emmenez une collègue déjeuner simplement parce que vous estimez qu'il s'agit d'un moyen sympathique de quitter le bureau, de prendre l'air et de tisser des liens plus profonds. Cela peut vraiment s'avérer utile, surtout si cette collègue traverse une période difficile. Un peu de compassion, ça aide.
3. Organisez un petit jeu mensuel pour votre équipe. Mettez le prénom de tous les participants dans un premier chapeau et des sujets de conversation dans un second chapeau. Chaque membre devra tirer un prénom et un sujet. Une conversation s'engagera alors entre les deux personnes en prenant le café. C'est un excellent moyen d'apprendre à connaître les personnes que vous côtoyez rarement ou de réfléchir à un problème professionnel bien précis. Voici le genre de questions qui peuvent être abordées :

- Quelle est la chose la plus folle et extravagante que tu souhaites accomplir ?

- Qui a le plus influé sur la personne que tu es devenue ?
- Si tu avais 2 000 euros pour mettre de la vie dans notre département, que ferais-tu ?
- Si tu pouvais connaître la réponse à une question concernant ton avenir, quelle serait cette question ?
- Quel est l'endroit le plus inspirant où tu te sois rendu ?
- Que fais-tu pour chasser le stress ?

4. Organisez un « déjeuner découverte » pour favoriser un échange de compétences entre départements.
5. Créez un mur des louanges. Il s'agit d'un simple panneau d'affichage sur lequel on inscrit les petites réussites ou les louanges concernant les uns et les autres. Ce mur est accessible à tous les employés.
6. Créez un club de lecture ou d'échange de recettes afin de partager idées et passions.
7. Transformez les réunions ennuyeuses en instaurant un bref moment de méditation au début et à la fin. Le but est que les participants soient attentifs durant la réunion et la quittent dans un état de pleine conscience. Préparez-les en suggérant de laisser leur téléphone dans un coin de la salle, de ne prendre aucune note, excepté la personne chargée de rédiger le compte rendu (qui n'est jamais la même) – à moins que vous optiez pour l'enregistrement des discussions. Vous serez ainsi tous focalisés sur la résolution des problèmes ou les idées abordées, sans être distraits.

Vous rendre service

8. Dressez la liste de vos succès, retours positifs de la part de clients, victoires professionnelles ou jalons atteints. Lorsque vous n'avez pas le moral, remémorez-vous l'impact de votre présence sur l'entreprise et dites-vous que vos compétences et aptitudes forment un tout de qualité.
9. Intégrez les bienfaits des pauses dans votre journée de travail en profitant du calme et en vous connectant à votre

respiration. Quand je me sens le dos au mur ou en proie à une baisse de forme soudaine, je prends quelques instants pour procéder à un balayage corporel et me concentrer sur ma respiration. J'ai essayé cette méthode lorsque je préparais ma certification d'animatrice sur le thème du bonheur. J'y apprenais les philosophies et exercices favorisant le bonheur et le bien-être. Pourquoi ne pas essayer l'exercice du balayage corporel à suivre ?

EXERCICE

Le balayage corporel

- Trouvez une position confortable sur une chaise, fermez les yeux et centrez-vous sur votre posture.
- Essayez de garder le dos bien droit et de conserver votre énergie, tout en relâchant les muscles situés autour de votre colonne vertébrale.
- À l'inspiration, absorbez l'énergie et dirigez-la vers votre colonne vertébrale, en la tirant légèrement vers le haut.
- À l'expiration, sentez la tension, le stress et l'inquiétude disparaître.
- Soyez attentif à l'activité de votre esprit, mais chassez les jugements ou pensées critiques qui apparaissent.
- Continuez à envoyer de l'énergie à chaque partie de votre corps, des pieds jusqu'à la tête, et à prendre conscience de chaque zone tout en libérant le stress et la tension.

10. Surveillez votre humeur, votre santé, et veillez à satisfaire vos besoins d'accroître votre productivité et votre concentration, ainsi qu'à faire disparaître le stress.[11] Au cours de la prochaine décennie, les applications et innovations technologiques destinées à vous doter d'une certaine résilience tout au long de la journée de travail se multiplieront. Ces outils consignent les différents moments de votre journée en termes d'exercice physique, d'alimentation, de poids et de sommeil, pour vous aider à rester en forme et motivé. Vous verrez ainsi que de petites mesures peuvent avoir une grande influence. Il existe des applications de méditation, comme Headspace et Petit Bambou, qui surveillent votre état physique, mental et émotionnel afin d'identifier ce qui vous aide et ce qui vous empêche d'être au sommet de votre forme au travail.
11. Trouvez un mentor – si vous avez envie de développer certaines idées ou de recueillir des conseils, il serait utile de trouver quelqu'un travaillant dans un autre département que vous admirez ou une personne évoluant en dehors de votre environnement professionnel avec qui vous pourriez échanger des idées. (Nous approfondirons la question au chapitre 11.)
12. Enseignez aux autres. Le partage de connaissances est une belle chose et vous avez peut-être acquis par tâtonnements des compétences qui pourraient accélérer l'apprentissage d'autrui. Un stagiaire pourrait apprendre en vous suivant dans l'exercice de vos fonctions. Si diffuser le savoir ou enseigner aux autres au bureau est un plaisir pour vous, faites exploser vos endorphines.
13. Lancez-vous le défi de passer toute une journée sans vous plaindre et de trouver des aspects positifs dans ce que vous faites. Le pessimisme est contagieux et lorsque nous nous

11. Fredrickson, B., *Vivre heureux grâce à la pensée positive,* Larousse, Paris, 2015 ; Goleman, D., *l'Intelligence émotionnelle : analyser ses sentiments et ses émotions, et ceux des autres* (intégrale), traduit par Thierry Piélat et Daniel Roche, J'ai lu, Paris, 2014.

plaignons en permanence, d'autres se joignent à nous et nous voilà pris dans une spirale négative.[12] À chaque fois que vous mourez d'envie de vous plaindre, pensez à un événement agréable qui s'est produit au bureau. Si vous vous plaignez malgré tout, mettez chaque fois 1 euro dans un récipient et voyez en fin de journée combien d'argent vous avez récolté. Si la somme est coquette, dépensez-la pour une personne chère à votre cœur.

14. Si vous êtes tombé dans le piège consistant à réduire votre job à une question de salaire, pourquoi ne pas vous pencher sur les autres avantages offerts par votre entreprise ? Avez-vous une bonne mutuelle ? Est-ce que vous bénéficiez d'intéressements ? Est-ce que votre entreprise anime des ateliers sur la planification financière ou l'alimentation, par exemple ? Avez-vous la possibilité de faire du télétravail ou de prendre un congé sabbatique ? Vous serait-il possible de suivre toutes sortes de formations ? Si vous avez la possibilité de prendre un congé sabbatique, vous pourriez explorer des domaines qui vous passionnent, vous ouvrir à de nouvelles cultures et élargir votre horizon. Pourriez-vous prendre un mois pour travailler depuis une plage du Nicaragua ou les rizières de Bali ? Ou vous serait-il possible de prendre des congés pour aller explorer les rues animées de Tokyo ou effectuer un trek dans l'Himalaya, de façon à refaire le plein d'énergie avant de poursuivre votre carrière ? Si ces projets ne vous paraissent pas financièrement accessibles pour l'heure, pourquoi ne pas rester là où vous êtes et consacrer votre temps libre à faire du bénévolat, suivre une formation en ligne ou apprendre une nouvelle langue ?

---

12. Jordan, A. H., Monin, B., Dweck, C. S., Lovett, B. J., John, O. P. et Gross, J. J., "Misery Has More Company Than People Think: Underestimating the Prevalence of Others' Negative Emotions", *Personality and Social Psychology Bulletin*, 22 décembre 2010, https://www.ncbi.nlm.nih.gov/pmc/articles/PMC4138214/ (document consulté le 16 novembre 2020).

Informer les autres de vos besoins

15. Au travail, vous devez être capable d'exprimer vos besoins et de gérer votre bien-être mental, votre bonheur et vos performances. Cela pourrait consister à :

- confier préalablement à vos collègues ou clients votre mode de communication préféré et clarifier les conséquences ou changements pertinents en termes de méthode de travail ;
- procéder à des changements dans votre espace de travail, par exemple si vous avez le sentiment d'être souvent distrait en évoluant dans un bureau paysager ;
- trouver de l'aide ou demander une médiation en cas de conflit avec un collègue ;
- apprendre à dire non avec efficacité si votre réserve d'énergie est à sec. Il est important de faire preuve d'assurance si vous avez le sentiment que des demandes supplémentaires nuiront à la qualité de votre travail.

Modifier vos rituels

16. Adoptez des plantes. Vous ne pouvez pas savoir comme l'accueil d'amies végétales dans mon bureau m'a redonné du tonus. Elles sont également bénéfiques pour la patience et la rigueur, puisque je dois penser à les arroser, à les tailler et à prendre soin d'elles.

17. Procurez-vous un mini-diffuseur que vous remplirez d'un mélange d'huiles essentielles comme la lavande, le vétiver, la rose ou le santal, qui ont un effet apaisant. D'autres huiles telles que le citron, le basilic, le gingembre et le néroli peuvent vous aider à rester concentré, dynamique et plus heureux tout au long de la journée.

18. Conservez un cahier de coloriages sur votre bureau pour mieux vous détendre ou briser la monotonie de la saisie au clavier. J'ai constaté que cela reposait mes yeux de la lumière bleue et sollicitait différemment mes mains. Une

petite pause coloriages renforce ma créativité et m'aide à me sentir pleine d'énergie.

19. Instaurez des habitudes créatives. Réfléchissez à un moyen de briser votre routine quotidienne au moins deux ou trois fois par semaine. Il peut s'agir d'emprunter un itinéraire différent pour vous rendre au travail, de disposer différemment les objets qui figurent sur votre bureau ou de faire du partage de bureau.

20. Mihaly Csikszentmihalyi, psychologue hongrois émigré aux États-Unis, a découvert que les gens ressentent une véritable satisfaction dans un état de conscience baptisé « expérience optimale » (*flow*, en anglais).[13] Dans cet état, ils sont complètement absorbés par une activité, surtout lorsque celle-ci sollicite leur créativité. Chez moi, la musique favorise l'apparition de cet état et accroît mon bonheur professionnel. Pourquoi ne pas créer des playlists bonnes pour la concentration ou cette expérience optimale ? J'ai une playlist Spotify qui s'appelle « Flow au travail » (très original, je sais). Cela évite à mon esprit de vagabonder. Comme vous l'avez appris précédemment, j'ai une âme d'influenceuse. La moindre distraction est donc un écueil à éviter. D'excellentes applications, comme Focus at Will ou Brain.fm, créent et organisent des morceaux en fonction de vos caractéristiques comportementales et des données neuroscientifiques. Vous obtenez ainsi un niveau de concentration, de productivité, d'efficacité et de bonheur optimal. Vous n'aurez plus aucune excuse pour ne pas boucler ce rapport ou pour venir facilement à bout de votre liste de choses à faire.

21. Êtes-vous assis bien confortablement ? Vérifiez votre fauteuil et l'éclairage afin d'être dans de bonnes conditions pour bien travailler sans ressentir de douleurs ni avoir mal

---

13. Csikszentmihalyi, M., *Vivre : la psychologie du bonheur*, traduit par Léandre Bouffard, Robert Laffont, Paris, 2004.

aux yeux. Vous serait-il possible d'avoir un pupitre pour des pauses entre deux sessions de travail assis ? Il existe de nombreux travaux de recherche sur l'importance d'un éclairage de qualité, qui favorise à la fois l'efficacité et la satisfaction.
22. Créez un mini-panneau de visualisation de vos objectifs professionnels et personnels, qui pourra accueillir des mots, des réflexions et des photos. Imprimez-le au format A5. Mon tableau de visualisation trône sur le mur situé en face de mon bureau. Il me rappelle opportunément mes valeurs, la façon dont je tiens à être utile à mes clients dans mon activité et l'adéquation entre mon travail et les objectifs et désirs que j'affiche dans la vie.

Cette liste n'est que la partie immergée de l'iceberg représentant l'amour de votre job – je pourrais passer des jours à parler du sujet ! Cependant, si vous allez sur www.loveit-leaveit.co, vous pourrez télécharger un *Love It Action Plan* (plan d'action pour aimer votre job) complet et des modèles qui vous rendront service au travail et informeront votre supérieur hiérarchique et vos collègues de vos besoins pour rester heureux et mentalement en forme au bureau.

J'AIME MON JOB, MAIS… QUELQUE CHOSE CLOCHE. J'APPRÉCIE LE RYTHME DE MON TRAVAIL, MAIS VERS QUELS AUTRES HORIZONS POURRAIS-JE ME TOURNER ?

Vous estimez peut-être que votre job correspond à ce que vous souhaitez en ce moment, mais que vous stagnez en termes d'apprentissage. Votre travail vous maintient raisonnablement actif et productif, mais vous avez envie d'être plus heureux en ayant des passe-temps qui n'ont rien à voir avec votre job routinier.

Retrouvez une dose de mystère

Se la couler douce dans un job qui vous plaît est une arme à double tranchant. Il est important de ne pas être trop à l'aise pour diverses raisons. Personne ne veut d'un poids mort au sein de son équipe. Vous devez donc rester vigilant et vous engager à apporter votre pierre à l'édifice. Tout comme vous ne pouvez attendre que votre partenaire soit votre être suprême, votre job ne peut pas être la seule source de bonheur. Il vous faut peut-être des passions en dehors de votre vie professionnelle afin de faire renaître l'amour et le désir d'aimer. Une vie en dehors du travail vous permettra de revenir chaque jour revigoré et enthousiaste au bureau.

Offrez-vous des petits plaisirs en dehors du bureau

Les passe-temps sont des facteurs de stimulation auxquels nous ne pensons pas d'emblée. En quoi vos leçons de saxophone pourraient-elles vous aider à vous attaquer à la stratégie de relations publiques d'un client ? Quel intérêt d'améliorer votre espagnol en dehors de vos fonctions de comptable ?

Il nous arrive de perdre énormément de temps à travailler un argument. Le sujet mouline dans notre esprit et nous maintient éveillés la nuit. La meilleure solution consiste à nous écarter de ce qui nous bloque et de nous consacrer à autre chose. Cette technique est connue sous le nom de *jeu combinatoire*, terme inventé par Einstein.[14] Le fait de nous adonner à des passe-temps, à des tâches anodines ou à des passions sans lien avec le travail favorise l'ouverture d'un canal mental qui nous permet de créer un espace source de nouvelles idées, de

---

14. Juma A., *Why Einstein Used Combinatory Play & How You Can Too*, www.alyjuma.com/combinatory-play/ (document consulté le 16 novembre 2020).

la résolution de problèmes et de changements d'attitude. Le déclic se produit lorsque nous nous y attendons le moins, à savoir quand nous choisissons de jouer et de détourner notre attention. Bien évidemment, je ne vous demande pas de vous lever de votre fauteuil en plein après-midi pour attraper une guitare, mais si vous êtes à votre compte ou travaillez dans un environnement doté de toutes sortes de distractions, allez-y. Je ne vous conseille pas non plus de faire une lessive alors que vous devriez rédiger un article – ça, c'est simplement de la procrastination.

Je pense à ces passe-temps capables de détourner votre attention, qui peuvent être difficiles, amusants, physiques, agréables, complexes ou simplement fantaisistes et praticables le soir ou le week-end. Leurs formes sont multiples, mais toujours avec le but de vous permettre de mieux aimer votre travail.

John Ratey, professeur de psychiatrie à la Harvard Medical School, a passé une grande partie de son temps à étudier le cerveau, organe malléable capable d'évoluer et de changer, et à donner des conseils pour améliorer notre vie. Il souligne que nous sommes nés avec des voies neuronales nous permettant de fonctionner – respirer, marcher. D'autres voient le jour grâce à l'apprentissage. Lorsque vous découvrez un nouveau passe-temps, les voies neuronales se modifient afin d'améliorer votre productivité et vos performances. Le professeur Ratey déclare que lorsque nous choisissons de sortir des sentiers battus, de prendre le taureau par les cornes pour résoudre des problèmes et d'essayer de nouvelles compétences ou techniques, nous sommes capables de créer de nouvelles voies de circulation pour nos neurones. Opter pour des activités en dehors de votre domaine d'expertise vous permet de conserver une agilité cérébrale et d'être plus heureux.[15]

15. Ratey, J., *A User's Guide to the Brain: Perception, Attention, and the Four Theaters of the Brain*, Vintage, 2002.

Les passe-temps vous aident également à sortir de votre zone de confort, à rencontrer du monde et à ajuster votre point de vue. Essayez une activité qui s'attaque à vos inhibitions. Même si vous détestez rencontrer des inconnus, il existe des moyens d'éviter les menus propos tout en agrandissant votre zone de confort. Prenez ça comme un jeu. Qu'est-ce que je peux apprendre de cette inconnue ?

La découverte d'une nouvelle activité fait parcourir les quatre cycles de l'apprentissage découverts par Noel Burch, employé de Gordon Training International :[16]

1. L'incompétence inconsciente. Nous ignorons ce que nous ne savons pas. Vous ne connaissez absolument pas la façon de maîtriser la compétence ni les ingrédients nécessaires pour y parvenir.

2. L'incompétence consciente. Au début, vous vous heurtez au fait que vous n'avez aucune idée de ce dont il s'agit. Cela se produit lorsque nous avons conscience de ce que nous ne savons pas. Nous pouvons alors avoir le sentiment d'échouer et ressentir de la frustration.

3. La compétence consciente. Vous faites des tentatives timides pour maîtriser l'élément en question, mais cela n'a rien de facile. Il existe plein de faux départs et vous êtes hésitant. C'est un peu comme enfourcher un vélo pour la première fois.

4. La compétence inconsciente. Tout est fluide et se déroule de manière optimale. Vous avez atteint un sommet et c'est très naturel pour vous. Vous n'avez pas besoin de réfléchir, ni de réaliser de timides avancées.

Pendant ce cycle, vous allez aussi bien être enthousiaste qu'essuyer des revers et connaître le doute. Des expériences précieuses pour vous aider à être plus heureux au travail.

16. https://trainingindustry.com/wiki/strategyalignment-and-planning/the-four-stages-of-competence (document consulté le 16 novembre 2020).

Être trop proche de votre job, c'est manquer de recul dans d'autres domaines de votre vie. Un peu de distance et de mystère fonctionne à merveille pour n'importe quel type de relation. Que vous choisissiez de prendre des cours de poterie, de participer à des ateliers culinaires, d'assister à des conférences sur le génie génétique ou de fabriquer vous-même votre vin, n'oubliez pas la dimension ludique. Cela pourrait bien mettre en lumière différemment vos compétences et points forts.

J'AIME MON JOB, MAIS… CE QUE JE FAIS ACTUELLEMENT N'EST PAS UNE VOCATION – JE NE ME VOIS PAS FAIRE CELA TOUTE MA VIE

Pour certains d'entre vous, leur travail actuel est un pis-aller avec un but sur une période bien définie – épargner plus ou rembourser un emprunt, une mission bien adaptée à votre bagage ou formation, vous forger un peu d'expérience dans un nouveau secteur d'activité ou établir des contacts avant de passer à autre chose.

Qu'il s'agisse de monter une entreprise, de commencer un autre job ou de prendre une voie différente grâce à une formation poussée, vous êtes disposé à survivre à votre peine pendant une brève période si vous savez ce que vous voulez. Cependant, j'ai aussi rencontré des personnes qui avouaient être coincées dans un job « intermédiaire » parce qu'elles ignoraient quelle serait l'étape suivante. C'est une occasion en or pour vous d'expérimenter.

Si votre carrière prend une tournure qui ne vous enchante pas, mais que vous n'avez pas une idée concrète de la suite, l'expérimentation ouvre la porte à une exploration sans pression et qui est toujours une réussite.

EXERCICE

Le laboratoire d'idées

Au chapitre 6, nous avons parlé d'expérimentations pour essayer différentes idées. Si vous avez des horaires fixes ou flexibles, êtes barman, serveur, réceptionniste, télévendeur ou caissier, par exemple, vous pouvez profiter de votre temps libre pour mettre vos idées au banc d'essai.

Faire une observation	Poser une question	Émettre une hypothèse	Faire une prévision	Tester la prévision	Clarifier
Je déteste servir le café. Les habitués sont sympas, mais je ne pourrai pas faire ce job de barista éternellement.	J'adore jouer avec les enfants qui viennent avec leurs parents, les bandes dessinées, la science-fiction et recommander des films et des livres à mes amis et aux clients. Qu'est-ce qui me permettrait de faire tout ça pendant ma journée/semaine de travail ?	Il me faudrait peut-être des fonctions liées à l'écriture, aux livres et aux enfants.	Je me demande si je saurais écrire des livres pour enfants. Il faut que je m'exerce plus. Je devrais écrire plus régulièrement. Peut-être que créer un blog me permettrait de le découvrir. Je devrais repérer les auteurs dont je pourrais m'inspirer et en apprendre plus sur leur parcours, leurs études ou l'expérience qui les a menés à l'écriture.	Je vais commencer à écrire régulièrement pendant les deux prochains mois et voir si ça tient. Je vais chercher quels cours je pourrais suivre pour améliorer mes qualités rédactionnelles. Est-ce que je préfère écrire ou organiser et recommander des titres ? Je pourrais monter un club de lecture autour du thème de la science-fiction pour faire découvrir ce genre aux adolescents.	Après deux mois d'écriture, je me suis rendu compte que ça me passionne plus que diriger un club de lecture. Je souhaite continuer d'explorer ce domaine et peut-être acquérir de l'expérience professionnelle à raison d'un jour par semaine. Je pourrais faire moins d'heures afin d'y parvenir.

Dans mon premier job, j'étais tellement frustrée que je tournais en rond. Lorsque j'ai commencé à prendre des cours de mode et de création de chaussures, mon esprit a bénéficié de la liberté nécessaire pour m'amuser et être créative. Ma confiance en moi s'est développée, ma timidité s'est dissipée et je me suis fait de nouvelles relations. Évidemment, je n'ai pas fini par lancer ma ligne de chaussures sur mesure (pas encore), mais cela a constitué un tremplin pour collaborer avec certaines personnes et révéler ma flamme intérieure.

ÊTES-VOUS CAPABLE D'AIMER SUFFISAMMENT VOTRE JOB POUR REDOUBLER D'EFFORTS ?

Avoir un travail que l'on aime, mais qui présente des difficultés est très instructif. Cela apporte par exemple :

- de la résilience – la capacité à rebondir face aux obstacles ou difficultés ;
- de la persévérance – emprunter une voie quand on est persuadé que cela vaut la peine d'essayer ou que l'on a le sentiment que maîtriser des compétences hors de portée auparavant rend plus fort ;
- la capacité d'exploiter des forces sous-utilisées – le fait de se retrouver dans une situation épineuse dote de nouvelles forces insoupçonnées, comme savoir établir un rapport avec les autres.

Et cela permet de nouer des relations très solides et des amitiés avec des personnes de différents horizons qui n'appartiennent pas à votre cercle social actuel.

Faites un bilan, en compagnie d'un ou d'une amie, des avantages et inconvénients de votre projet d'être plus heureux au travail. Je vous ai donné des conseils pratiques pour transformer votre amour pour votre job. Il vous faut simplement prendre les mesures qui vous parlent le plus.

> *« Mieux vaut être un diamant avec un défaut qu'un caillou parfait. »*
>
> **Confucius**

Bien évidemment, un job que vous n'appréciez simplement pas est très différent d'un job qui nuit à votre santé, est très toxique ou vous empêche de mettre votre brillante idée de création d'entreprise à exécution. Mais, trop souvent, nous sautons sur un emploi qui paraît magnifique de l'extérieur, mais l'est beaucoup moins de l'intérieur, avec d'autres inconvénients qui se révéleront à la longue.

Si l'amour pour votre job se refuse à vous, souvenez-vous qu'il n'y a pas de honte à partir. En fait, vous vous rendrez service en vous donnant la possibilité de trouver ce qui vous convient. Et votre employeur pourra trouver quelqu'un qui aimera plus exercer ces fonctions que vous.

Nous allons maintenant voir ce qui se passe lorsque le seul véritable choix qui s'offre à vous est de partir. N'ayez aucune crainte. De l'autre côté de votre peur se trouvent deux voies « Quittez-le » exaltantes menant au bonheur professionnel.

SECTION 5

QUAND L'AMOUR S'EST ENVOLÉ

CHAPITRE 9

Le moment est venu d'aller voir ailleurs

Nous avons consacré un peu de temps à la façon de tomber amoureux de son travail, mais les pensées suivantes vous ont peut-être traversé l'esprit :

- *« C'est bien beau, mais soyons réalistes, si je reste une minute de plus à ce poste, je vais me mettre à hurler. »*
- *« Je vois le cheminement, mais il manque encore quelque chose. »*
- *« Si je ne pars pas maintenant, je vais passer à côté d'une grande occasion ou de la possibilité de combler un vide sur le marché. »*

Je vais vous fournir une autre feuille de route qui vous donnera la force nécessaire pour révolutionner votre vie professionnelle. Il s'agit simplement d'accroître votre niveau de satisfaction. Quelle est votre situation actuelle ?

1. Avez-vous un job toxique, démoralisant et stressant ? Êtes-vous prêt à changer de service dans une entreprise que vous appréciez ou à trouver un nouveau poste dans un secteur similaire ou en pleine expansion ?

2. Mais vous êtes peut-être prêt à vous lancer dans une carrière multi-activités ou à concrétiser cette idée d'entreprise qui vous taraude.

Repensez au chapitre 4, où nous avons déchiffré les différents types de souffrance professionnelle. Vous êtes peut-être en train de hocher la tête en prenant conscience du caractère toxique de votre job. Dans ce cas, vous devez quitter le navire le plus vite possible. Car avoir un travail toxique et source de stress n'a rien de bon pour votre moral. En fait, il le détruit, le réduit en miettes.

Je rencontre très souvent cette situation, avec des clients qui se sentent prisonniers et ont hâte de changer d'air. Ils travaillent sans ménager leur peine à un poste qui ne leur convient pas et rentrent chez eux épuisés et angoissés. Ce n'est vraiment pas le type d'énergie idéal lorsque vous visualisez le nouveau métier ou job souhaité.

Dans cette situation, je les aide à voir s'il est possible de trouver un poste similaire de même niveau hiérarchique dans une entreprise ayant une meilleure culture, offrant des horaires plus clairs et l'occasion de souffler. Cela peut paraître quelque peu étrange. Comment un changement horizontal dans un autre domaine du même secteur pourrait-il être bénéfique ? Cela ne ferait-il pas qu'accroître le stress ? Mais cette seule mesure va vous offrir l'espace et le temps nécessaires pour faire des essais de nouvelle carrière (repensez à l'exercice du laboratoire d'idées du chapitre 8), tout en retrouvant un semblant de santé mentale et physique et en gardant vos finances sous contrôle. Il est certes facile de dire que vous devez quitter votre job, mais cette décision loin d'être anodine pourrait avoir des conséquences désastreuses. C'est excitant, mais souvent, les gens se retrouvent dans une mauvaise passe, avec trop de temps à tuer et des économies qui fondent. À mes yeux, les changements vers la carrière idéale doivent s'effectuer à coups de mesures gérables et modérées.

Mais vous souhaitez peut-être garder votre job actuel tout en faisant moins d'heures afin d'essayer de vous lancer dans une carrière multi-activités ? Avez-vous pensé à monter une entreprise familiale ou à devenir un entrepreneur qui évolue en solo, à la tête d'une structure ne nécessitant ni investisseur ni recours à des fonds de capital-risque ? Une carrière multi-activités vous offre la liberté d'expérimenter et d'aménager vos horaires de travail afin de vous consacrer à ce que vous aimez et d'exploiter vos compétences.

Nous allons traiter en détail ce thème au chapitre 10, mais j'aimerais pour l'heure que vous réfléchissiez aux pistes suivantes :

- Imaginez la possibilité de renégocier l'aménagement de votre semaine de travail afin d'y ajouter une activité d'indépendant ou d'essayer de voir si votre passe-temps préféré vous permettrait de gagner votre vie. Quel second souffle cela vous apporterait-il ? Vous pourriez envisager de consacrer seulement trois ou quatre jours par semaine à votre travail et de plancher sur votre autre activité le reste du temps.
- Vous mourez d'envie d'associer deux compétences et passions très différentes qui vous permettraient peut-être de gagner plus d'argent. Par exemple, vous vous demandez comment vos compétences et votre passion pour le travail social, le commerce et la cuisine pourraient se combiner. Le moment est venu de saisir votre chance.
- Vous avez trouvé un partenaire pour votre idée d'entreprise et, après des nuits et des week-ends passés à cogiter et planifier, vous êtes tous deux prêts à vous mettre à temps partiel dans vos jobs respectifs pour faire avancer votre projet.

L'ancien job contre le nouveau

Il est temps de déchiffrer quel type de nouveau job vous recherchez et de savoir si vous devez tirer un trait définitif sur l'ancien travail sous sa forme actuelle. Qu'est-ce que j'entends par là ? Eh bien, je pense qu'il existe trois approches quand on souhaite quitter son job pour en exercer un autre :

1. Rester dans l'entreprise, mais prendre une autre orientation en changeant de fonctions ou de service : l'entreprise qui vous emploie vous convient peut-être à tous égards, mais vous avez perdu la foi pour continuer dans la sphère commerciale, et le département des ressources humaines a un poste à pourvoir pour lequel vous conviendriez à merveille moyennant une formation.
2. Changer de secteur d'activité, mais faire le même job en exploitant les mêmes compétences : votre job et vos compétences actuels pourraient être réorganisés au sein d'un autre secteur. Techniquement, il ne s'agit pas d'un nouveau job, mais certaines caractéristiques seront différentes et vous devrez vous réinventer en raison du changement d'entreprise ou de secteur. Par exemple, vous êtes avocat, spécialiste de la propriété intellectuelle, et passez d'un cabinet qui évolue dans le secteur du spectacle au département juridique d'une grande multinationale.
3. Changer de secteur d'activité et prendre un job totalement différent, synonyme de changement radical.

Avec toutes ces délicieuses options, je vous espère enthousiaste. Moi, je suis emballée !

Dans mon métier actuel, j'ai rencontré deux types de personnes :

– celles dont la petite voix est au clair avec les mesures à prendre, mais qui ne bougent pas, jusqu'à ce qu'une conversation provoque un déclic ;

– celles qui sont engluées dans la confusion jusqu'à ce qu'une confirmation anodine de la part de leur premier cercle les pousse à passer à l'action.

On pense facilement qu'un changement de carrière est un effort individuel. Mais c'est un tort, car quitter son job implique de sortir de sa zone de confort, de rencontrer de nouvelles personnes et de s'engager auprès d'elles, de solliciter son cercle d'amis, ses proches et collègues (anciens et actuels) pour dessiner une nouvelle voie vers le bonheur.

Jusqu'à présent, nous avons surtout procédé à de l'introspection en solo. L'exercice à suivre va vous donner une idée des pistes à explorer. L'enquête « Que dois-je faire ? » va vous aider à en savoir plus sur votre situation, vos capacités et les éléments à éliminer pour atteindre votre objectif.

La prime au vainqueur

L'enquête « Que dois-je faire ? » est excellente, car elle va vous remettre en tête vos caractéristiques, réussites, forces et aspirations qui sautent aux yeux de ceux qui vous connaissent bien.

Vous devez être en mesure d'exprimer assez rapidement votre personnalité et ce que vous avez à offrir. Et cela pour deux raisons :

1. Vous ne connaissez pas les recruteurs, RH et responsables de l'embauche. Et eux ne connaissent pas votre parcours et vos antécédents, contrairement à votre cercle social et à vos contacts.

2. En fonction de votre culture et de votre personnalité, vous n'avez peut-être pas souvent parlé de vos réalisations ou succès. Vous jugez peut-être que ça ne se fait pas ou pensez que cela revient à trop s'écouter. Nombre de mes clients ont du mal avec ça et vaquent à leurs occupations sans partager leurs réussites.

EXERCICE

Que dois-je faire ?

Envoyez ces questions à plusieurs personnes (entre trois et cinq amis, proches ou collègues), puis posez-vous et voyez ce que vous apprennent leurs réponses. Soyez courageux, envoyez ce questionnaire aux personnes dont vous savez qu'elles vous aideront vraiment. Si vous avez déjà une vision bien précise, cet exercice renforcera vos intentions.

Dans quel domaine est-ce que j'excelle, selon toi ?
Quels sont les talents que je possède et qu'il est dommage que je n'exploite pas ?
Selon toi, de quoi dois-je me débarrasser ou que dois-je surmonter pour embrasser la carrière dont je rêve ?
Dans ma prochaine carrière, penses-tu que je devrais .... ?
(Par exemple, aider les autres, explorer la nature, enseigner, construire quelque chose, concevoir, diriger les autres, faire des recherches, résoudre des problèmes ou faire du sport.)
Une fois sur mon lit de mort, quel serait selon toi mon plus grand regret professionnel ?
Si tu avais la possibilité d'inventer un intitulé de poste pour moi ou d'en trouver un qui existe déjà, quel serait-il ?

Inscris tes remarques ci-dessous :

....

....

....

....

....

3. Au chapitre 8, l'un des 22 moyens de favoriser un état d'esprit positif consiste à dresser la liste de vos réussites, avis positifs de la part de clients, victoires professionnelles ou jalons atteints. J'espère que vous avez fait cet exercice. Si vous avez sauté cette section, l'exercice suivant va mettre votre mémoire à l'épreuve. Le jeu en vaut malgré tout la chandelle.

EXERCICE

Le tableau des succès

Posez-vous les questions suivantes afin de façonner vos attentes et de vous préparer à exprimer tout votre talent.

- Parmi vos réalisations de ces 6 à 12 derniers mois, lesquelles ont été un succès pour vous-même, votre équipe ou votre entreprise ? (Si vous ne travaillez pas actuellement, remontez à vos dernières fonctions.)
- Comment pourriez-vous raconter ce succès et les résultats obtenus à une personne qui ne connaît pas votre entreprise, votre équipe ou les circonstances précises ?
- À votre niveau de compétence professionnelle actuel, pouvez-vous espérer une promotion ou une augmentation de salaire dans les six prochains mois ? Si la réponse est oui, pourquoi en êtes-vous persuadé ? Si la réponse est non, pourquoi en est-il ainsi ?
- Votre attitude, votre état d'esprit et votre comportement sont-ils assez en phase pour influer positivement sur votre évolution de carrière ?

Avec votre trousse à outils du chapitre 5 renfermant des forces et compétences transposables, ces questions vont vous aider à avoir une vision plus large de ce que vous vivez. Avoir clairement en tête le piquant et la magie que vous apportez à un environnement professionnel sera essentiel face aux responsables de ressources humaines ou aux employeurs potentiels. Inscrivez vos remarques ci-dessous :

....

....

....

TRAVAILLER EN AMONT

Le succès ne surgit pas du jour au lendemain. Il faut faire des recherches, se démener et avoir une stratégie pour décrocher des victoires. Il est important d'avoir des éléments sur les secteurs et marchés visés avant de postuler à un nouveau job.

Concernant le marché :

- Dans quels types d'entreprises souhaitez-vous faire acte de candidature ? *Êtes-vous attiré par les start-up ou par les grandes marques ou multinationales bien implantées ?*
- Quelles fonctions et responsabilités vous attirent ?
- Sur quels types de produits et services souhaitez-vous travailler ?

Il est utile de repenser aux exercices de la Passerelle (voir pages 64-71) et à celui du traitement du chapitre 4 (voir page 73).

En déterminant quels sont tous les ingrédients de votre vie professionnelle quotidienne, nous pouvons commencer à chercher les problèmes pouvant être réglés grâce à votre changement d'orientation, et donc empêcher de voir renaître la même souffrance. Fort de ces informations, vous pourrez commencer à regarder les postes disponibles sur le marché et les comparer à ce que vous souhaitez réellement. Cette analyse de données révélera les fonctions à privilégier.

Les conversations cruciales pour votre carrière

Il est également temps de commencer à vous demander quelles sont les personnes avec qui échanger devant un café seraient susceptibles de doper votre carrière. Ces conversations sont informelles et il ne s'agit pas d'entretiens d'embauche. Elles vous permettent de nouer des relations et d'acquérir les connaissances nécessaires pour préparer efficacement votre changement professionnel.

Commencez par envoyer par courriel à votre réseau vos pistes de réorientation professionnelle et voyez comment vos interlocuteurs pourraient vous aider. Par réseau, j'entends les amis, la famille, les contacts professionnels essentiels (ex-collègues et camarades de classe) et toute connaissance qui travaille, a travaillé ou est en relation avec vos entreprises préférées.

EXERCICE

Votre détonateur

Voici quelques conseils sur la façon de structurer un courrier ou courriel de premier contact.

1. Faire une brève introduction indiquant votre situation actuelle, votre objectif et les raisons pour lesquelles ce changement est important.

2. Exposer vos principales forces, compétences et réussites professionnelles.

3. Citer les entreprises et secteurs que vous souhaiteriez rejoindre. Et dire ce que vous estimez pouvoir leur apporter.

4. Expliquer en quoi ces personnes peuvent vous aider, par exemple en vous mettant en rapport avec une connaissance

faisant partie de leur réseau, en transférant ce courriel, en étant attentives aux pistes éventuelles, aux ouvrages ou ressources qu'elles jugent pouvoir vous être utiles.

5. Conclure en les remerciant et en demandant si vous pouvez faire quelque chose pour elles en retour.

Si cela vous paraît un peu formel, n'hésitez pas à formuler différemment votre message lorsque vous l'envoyez à vos proches ou amis. Grâce à cet exercice, vous aurez peut-être la chance de bénéficier de recommandations ou de contacts susceptibles de vous servir. Il est important que vous disposiez d'une approche sur deux fronts. Dressez donc une liste des personnes que vous ne connaissez pas encore mais avec lesquelles il serait indispensable de rentrer en contact.

- Responsables RH/fondateurs/dirigeants d'entreprises que vous aimez/admirez/souhaiterez joindre à un moment donné.
- Employés desdites entreprises à rencontrer pour avoir une idée précise de la culture et des postes existants.

Identifiez les recruteurs/responsables de l'embauche et renseignez-vous sur ce qu'ils recherchent et quel est le profil du candidat idéal.

Soyons réaliste, la plupart des CV terminent à la poubelle ou au bas de la pile. Voici des clés pour avoir une longueur d'avance :

- Nouer des relations avec les « gardiens du temple », à savoir les personnes chargées du recrutement, les responsables RH, les dirigeants et fondateurs d'entreprise.
- Comprendre leurs espoirs, peurs, besoins et désirs professionnels.
- Adapter vos compétences aux problèmes qu'il leur faut régler.
- Montrer de l'intérêt sans attentes particulières.

On parle là d'ACTION. Vous ne décrocherez pas le job de vos rêves en demeurant hésitant et frileux. Soyez audacieux, courageux, et abordez ces personnes afin de bien cerner les postes à pourvoir, ce qu'il faut faire pour être considéré et dans quelle mesure vous pourriez vous vendre en insistant sur les manques repérés au sein de ces entreprises. Vous n'avez pas besoin d'explorer toutes ces dimensions lors de la première rencontre, mais au cours de plusieurs conversations. Il s'agit d'importantes séances de découverte qui vous diront si ce genre d'entreprise vous conviendrait et si vous disposez des compétences requises.

Êtes-vous visible ?

S'il est judicieux d'explorer des pistes, ces « gardiens du temple » doivent pouvoir vous trouver sans difficulté et aimer ce qu'ils découvrent sur votre parcours professionnel. À notre époque, un profil en ligne est primordial. Êtes-vous visible, tout comme vos réalisations professionnelles ? Je ne dis pas de traîner sur Instagram, Viadeo ou LinkedIn à longueur de journée, mais que vont apprendre sur vous vos employeurs potentiels lorsqu'ils taperont votre nom dans Google ?

J'ai demandé à la super-experte Bianca Miller-Cole des conseils pour vendre ses compétences et son expérience sur LinkedIn. C'est une entrepreneure lauréate de nombreux prix, autrice, conférencière, spécialiste du marketing personnel et finaliste de la célèbre émission *The Apprentice*. En 2016, LinkedIn a attribué à Bianca le rang d'expert absolu et l'a considérée comme l'un des dix dirigeants les plus influents sur ce réseau social. Elle a été choisie parmi 20 millions de membres au Royaume-Uni et côtoie sur cette liste des noms très connus, comme ceux de Richard Branson, James Caan et David Cameron.

Les fondamentaux de LinkedIn

Photo : les photos racontent mille histoires. Que dit celle que vous avez mise sur votre profil LinkedIn ? Paraissez-vous heureux et abordable ? Est-ce qu'elle vous met à votre avantage et démontre clairement toute votre valeur ? Permet-elle de bien vous voir ? Évitez les arrière-plans qui attirent l'œil et faites en sorte qu'elle soit claire et donne envie de vous connaître.

Nom : cela paraît évident, mais pas de surnom. Il est préférable de signaler d'éventuels changements récents. Est-ce que vous venez de vous marier ? Est-ce que des gens vous recherchent encore sous votre nom de jeune fille ?

Titre : optez pour des mots-clés concis, que l'on retient facilement et qui vous représentent bien tels que « Entrepreneur », « Vidéaste », « Directrice RH » ; ils facilitent les recherches mais passent vite sur ce que vous faites. Je préfère approfondir d'un cran et créer un titre ou une signature professionnelle qui se retient (voir le chapitre 10). Par exemple, « Consultante en bonheur ». Cette dénomination vous fait sortir tout de suite du lot.

Résumé : il s'agit de la présentation qui vous met en valeur, à rédiger à la première ou à la troisième personne. Ne dressez pas la liste aride des tâches que vous exécutez au quotidien… Considérez cela comme une introduction discursive présentant ce que vous pouvez apporter aux autres, qui vous souhaitez rencontrer ou avec qui vous voulez travailler, ce que vous avez envie de réussir et pourquoi. Par exemple : « Diplômée en psychologie prête à vivre des aventures passionnantes dans les domaines de la pédopsychologie et du développement des enfants, forte d'une grande expérience et animée d'un réel intérêt pour la théorie de l'attachement chez les moins de 5 ans » ; ou bien : « Concepteur et éducateur expérimenté qui offre des apprentissages aux personnes, écoles et entreprises dans des domaines tels que la technologie, la conception créative, la communication, l'innovation, la culture et la création d'entreprise ». Pensez à intégrer les éléments ci-dessous dans la section « Résumé ».

- Les principales réalisations à votre actif, adaptées à l'orientation que vous souhaitez prendre. Si vous recherchez un poste de programmeur, dire que vous avez été employé du mois chez McDo n'est guère pertinent.
- Vos « superpouvoirs », passions et valeurs (ce que vous faites mieux que les autres). Reprenez tous les éléments indiqués au chapitre 5.
- Des faits et statistiques vérifiables : quels objectifs avez-vous remplis ? Combien de clients avez-vous convaincus ? Devant combien de personnes avez-vous pris la parole ?
- Fournissez des citations et témoignages de la part de clients ou des articles de presse récents.

Médias : c'est dans cette section que vous signalerez vos sites Web, blogs ou bandes démos. C'est l'endroit idéal pour rediriger les membres LinkedIn vers des vidéos montrant mieux vos compétences et votre talent. Les vidéos sont le meilleur moyen de savoir qui vous êtes vraiment et, à une époque où les contenus audio et visuels sont rois, vous vous feriez du tort en ignorant cette occasion de vous « exhiber ». Si vous n'avez pas encore créé vous-même ce genre de contenu, vous pouvez insérer des liens de sites sur lesquels vous apparaissez.

Activités : qu'avez-vous à dire ? À l'instar de n'importe quel réseau social, LinkedIn vous offre la possibilité de donner votre point de vue, de vous positionner en tant que leader d'opinion pertinent. Il ne s'agit pas forcément de messages écrits développés ou concis. Avec l'apparition des vidéos

LinkedIn, vous pouvez mettre en ligne de brefs entretiens, des déclarations face caméra ou des extraits d'interventions publiques ou d'exécution d'une tâche.

Expérience : décrivez ici le cœur même de votre métier et activité, votre parcours professionnel ou vos petits boulots si vous venez d'être diplômé. Servez-vous de cet espace pour aborder les réussites, résultats et victoires, au lieu de dresser une liste interminable et ennuyeuse des tâches exécutées au quotidien. Encore une fois, votre mission est d'embarquer le lecteur dans un périple et non de l'anesthésier à coups de faits. Il est utile de montrer aux entreprises ou acteurs intéressés la plus-value que vous pouvez apporter à leur activité.

Compétences et recommandations : énumérer vos compétences est un excellent moyen de dévoiler en un clin d'œil l'essence même de votre magie. Qu'il s'agisse de coaching, d'assistance en capital-risque, de recherche ou de médecine dentaire, il existe des moyens infaillibles de susciter l'enthousiasme chez des relations potentielles si elles perçoivent immédiatement une synergie avec ce qu'elles recherchent. Lorsque d'autres personnes vous recommandent en raison de telle ou telle compétence, cela montre à votre réseau toutes vos qualités. Les recommandations animent votre profil. Quand vos pairs, mentors, anciens collègues ou chefs deviennent lyriques en vantant votre talent exceptionnel, c'est gagné. Cela vous épargne beaucoup de travail. Veillez donc à entrer en contact avec des personnes clés désireuses de partager certains joyaux.

Réalisations :

- Projets – activités extrascolaires quand vous étiez à l'université, par exemple la présidence d'un club de lecture ou l'édition d'un magazine parallèlement à votre job actuel.

- Publications – articles ou ouvrages écrits sur un thème en rapport avec votre profession.

Au lieu d'éprouver de la crainte, considérez LinkedIn ou Viadeo comme votre meilleur allié pour trouver le job que vous souhaitez. L'exercice suivant va vous aider à dépoussiérer votre visibilité en ligne et faire en sorte que les informations qui vous concernent soient cohérentes et en phase avec l'évolution professionnelle souhaitée.

Pour en savoir plus sur la façon de créer un CV et une page LinkedIn de superstar, allez sur www.loveitleaveit.co. Vous y trouverez d'autres conseils et ressources.

EXERCICE

Quel est votre parcours professionnel ?

Il vous incombe de créer le récit de votre parcours professionnel. Aujourd'hui, tout le monde a accès à diverses plateformes en ligne, comme LinkedIn, Viadeo, Twitter ou Instagram. Elles permettent de montrer ses compétences, sa personnalité ou son vécu professionnel. Il vaut donc la peine de passer un peu de temps à vérifier si les contenus que les internautes peuvent trouver sur vous vous conviennent.

- Que se passe-t-il quand quelqu'un lance une recherche Google en saisissant votre nom ? Quels résultats s'affichent ?
- Que dit votre profil LinkedIn ? Est-il en phase avec l'orientation professionnelle que vous souhaitez prendre ou de légers changements s'imposent-ils ? Si votre profil raconte le travail incroyable que vous avez fourni au poste de cheffe cuisinière, alors que vous souhaitez devenir programmeuse informatique et que votre expérience n'apparaît pas dans ce domaine, c'est le signe qu'il existe un décalage.

- Êtes-vous présent ailleurs sur la Toile, avec des contenus susceptibles de soutenir votre changement de cap ? (Même s'il s'agit d'une simple page avec un nom de domaine à votre nom énumérant vos réalisations, un CV téléchargeable ou au format vidéo, une liste des prix remportés, des victoires, la mise en valeur de vos qualités ou des expériences menées avec succès.)

Décoder l'offre d'emploi

Votre CV doit refléter l'offre d'emploi proprement dite. L'idéal est qu'il lui corresponde de trois manières afin de vous permettre d'établir un premier contact :

1. Reprenez les mots employés dans l'annonce.
2. Mettez l'accent sur les compétences recherchées.
3. Insistez sur la valeur ajoutée que vous pouvez apporter à ce poste.

Dans la mesure où nous entrons dans une époque où c'est l'intelligence artificielle qui effectue le tri des CV, le vôtre peut se retrouver éjecté si vous décidez de vous écarter de la voie tracée pour ce poste. Si vous ne correspondez pas à ce que l'employeur recherche, vous serez perçu comme un candidat n'entrant pas dans le moule. Comme cette technologie devient de plus en plus intelligente ce problème devrait être prochainement réglé. Mais pour l'heure, tenez-vous-en à l'essentiel et attendez l'entretien pour afficher votre style personnel.

Penchons-nous sur le poste d'ambassadeur du bien-être au sein d'une grande entreprise. La plupart des jobs se décomposent en trois parties : un résumé des fonctions, ce que l'entreprise attend du titulaire du poste et les compétences requises pour assurer ces fonctions.

Contenu de l'annonce	En clair	Autres remarques
Résumé du poste • Nous sommes persuadés que des solutions révolutionnaires peuvent changer la donne. • Nous vivons une période de changement radical.	• L'entreprise traverse une période d'expansion passionnante. Elle a besoin de nouvelles idées et d'une réflexion sur le bien-être pour franchir un cap en matière de développement personnel.	
• Vous accompagnerez l'évolution, l'exécution et la gestion quotidienne d'une stratégie de bien-être intégrée. Il vous faudra collaborer avec diverses parties prenantes de plusieurs départements.	• Vous devez être capable de prendre en main une idée du début à la fin, de travailler et de nouer des relations avec des personnes souhaitant toutes une part du gâteau. Elles peuvent très bien avoir des opinions contraires. Êtes-vous capable de gérer les ego ?	
Vous serez chargé de : • Coordonner et mettre en œuvre le calendrier annuel des événements pour révéler les problèmes de bien-être cruciaux.	• Gestion de plusieurs éléments – organiser des événements, nouer des relations, communication, analyse de données.	• Les exercices du chapitre 5 (Combler des lacunes en matière de compétences et Assembler le tout, voir pages 93-96 et 108-110), destinés à creuser et révéler la valeur de vos fonctions actuelles, vont vous aider à déterminer si vous avez les atouts nécessaires pour assurer ces fonctions. De même, il vous sera utile de décrire les compétences transposables et les exemples d'expériences professionnelles à intégrer dans votre lettre d'accompagnement et à utiliser en entretien.
• Chercher les moyens les plus ingénieux de corréler les données en fonction des initiatives mises en œuvre, afin de démontrer et d'accroître l'impact de ces initiatives en interne et dans l'optique de partager les meilleures pratiques avec la communauté externe au sens large.	• Ne pas gaspiller d'argent dans l'organisation d'événements n'entraînant pas des changements ou n'apportant pas de résultats positifs.	

Contenu de l'annonce	En clair	Autres remarques
• Concevoir et gérer des mesures concrètes mettant l'accent sur la façon d'aborder la santé mentale et le bien-être du point de vue de l'employé et de l'encadrement, assurer leur actualisation et veiller à ce qu'elles soient utilisées au maximum par les divers publics.	• Aider l'encadrement et les employés à avoir, le cas échéant, des conversations difficiles sur le bien-être mental et physique pour favoriser l'emploi du bon jargon. Vous devrez faire preuve de diplomatie afin que toutes les parties se sentent entendues et non offensées.	
• Effectuer de la veille des tendances en matière de santé et de bien-être.	• Surveiller les tendances afin que l'entreprise reste à la pointe des mesures en termes de bien-être. L'entreprise est en plein essor et il n'y a donc pas de place pour une réflexion au point mort ! Si vous n'êtes pas au fait des dernières innovations majeures et n'aimez pas être avant-gardiste dans votre domaine, passez votre chemin.	
• Gérer les relations avec les fournisseurs externes et le personnel en interne.	• Prendre en compte les différentes personnalités pour que tout le monde ait son mot à dire.	
Expérience et compétences : • Vécu dans les domaines du bien-être, des événements et de la culture d'entreprise. • Préparation concertée et présentation de contenus. • Sens du détail et de l'analyse. • Collaboration au sein d'une équipe en faisant preuve d'altruisme et d'ouverture d'esprit.	Rien que du classique. • Êtes-vous capable de vous servir d'un ordinateur, de montrer que vous pouvez communiquer avec des personnes de différents niveaux hiérarchiques, dont certains ne sont pas forcément sensibles à l'essence de votre mission, et de les convaincre d'adhérer à votre philosophie rapidement et de manière organisée ? Êtes-vous également capable de raconter vos performances et succès passés, ainsi que votre passion pour la notion de bien-être ?	C'est là que se trouve toute la différence entre les hommes et les femmes. Les femmes se pencheront sur le thème de l'expérience et décideront qu'elles n'ont pas assez d'ancienneté en matière de XYZ et ne postuleront donc pas. MAIS ARRÊTEZ ! Essayez, au moins ! La plupart des hommes décideront que le jeu en vaut la chandelle. Faites-en autant !

EXERCICE

Votre CV fait peau neuve

Réfléchissez aux jobs pour lesquels vous souhaitez postuler. Reformulez votre CV en fonction des éléments requis pour ces postes et de ceux glanés au cours des conversations cruciales pour votre carrière.

1. Vous souhaitez rester dans votre entreprise, mais changer de fonctions ou de département
Scénario : Vous aimez votre entreprise, mais vous en avez marre de ce poste de chargé de comptes et souhaitez passer à la rédaction de contenus.
Stratégie : Montrer que des activités annexes ont forgé votre intérêt pour ce nouveau département ou job, de sorte que cela ne passe pas pour une lubie. Vous tenez par exemple un blog ou pouvez rédiger un article pour un nouveau produit en guise d'essai.

2. Vous voulez changer de secteur d'activité, mais garder le même poste, avec les mêmes compétences
Scénario : Ce poste de responsable des relations publiques au sein d'un établissement financier ne vous plaît plus. Vous souhaitez passer dans l'événementiel et avez hâte de gérer les réseaux sociaux d'une chaîne d'hôtels de luxe.
Stratégie : Votre CV doit montrer que vous êtes fait pour ce nouveau domaine, et il faudra que votre lettre d'accompagnement détaille les raisons de ce désir de changement et la valeur que vous pouvez apporter.

3. Vous avez décidé de changer de secteur d'activité et de décrocher un tout nouveau job
Scénario : Vous en avez marre de ce boulot d'architecte et êtes prêt à développer votre goût pour la cuisine haut de gamme. Vous souhaitez faire le nécessaire pour intégrer un restaurant gastronomique.

Stratégie : Insister sur vos compétences transposables, victoires et succès dans votre département et/ou vos fonctions actuels et sur vos atouts pour réussir ce changement d'orientation. Quelles formations supplémentaires avez-vous suivies et quelles expériences passées vous ont préparé à ce changement ?

Votre lettre d'accompagnement et votre CV doivent démontrer votre sens de l'initiative. Si vous parvenez à démontrer au recruteur ou à la DRH que vous êtes capable de vous fondre dans l'organisation ciblée, vous leur rendez service. Soyons honnête, ces personnes ont un emploi du temps chargé. À vous de leur montrer votre valeur et votre détermination, et de leur faciliter la tâche.

L'ENTRETIEN

Vous êtes sur la sellette. Super ! Vous pourriez être tenté de profiter de l'occasion pour parler, parler et parler encore de vous-même. Dès l'instant où vous mettez les pieds dans la pièce où se déroule l'entretien, vos interlocuteurs jugent votre personnalité, vos manières, votre attitude et votre démarche.

Un entretien est toujours à la fois une conversation multilatérale et une danse délicate. Je parle de danse, car il s'agit de trouver l'équilibre entre l'écoute, l'observation, la synchronisation et le mimétisme comportemental vis-à-vis de la personne qui vous fait passer l'entretien. Et vous devez également montrer votre personnalité à des moments stratégiques.

Vous pensez peut-être que ce sont des choses assez faciles à faire, mais une fois dans le feu de l'action et quand vos nerfs se jouent de vous, il arrive d'oublier certaines choses.

L'écoute

Nous aimerions tous penser que nous écoutons l'autre très attentivement. Mais en réalité, nous n'écoutons souvent qu'à moitié, par politesse et habitude, et ne retenons que des expressions par-ci par-là qui confirment ce que nous jugeons être la pensée de notre interlocuteur ou le message qu'il tente de nous faire passer.

Au lieu de rester prisonniers de nos pensées, à essayer frénétiquement de résoudre un problème ou de formuler la réponse suivante, demeurons plutôt dans l'instant présent, ouvrons notre esprit et mettons-nous à la place de l'autre (à savoir, dans ce scénario, la personne qui fait passer l'entretien).

Cela signifie résister à l'envie de couper la parole, et adapter notre réponse à ce que nous venons d'entendre.

- Montrez que vous écoutez en reformulant les points essentiels entendus et demandez confirmation. Pour éviter toute confusion, dites par exemple : « *Voyons si j'ai bien compris, vous dites que…* »
- Réagissez régulièrement aux propos de votre interlocuteur, afin qu'il sache que vous écoutez et suivez le fil de sa pensée.
- Ne soyez pas mal à l'aise si des silences s'installent. Souvent, nous souhaitons les combler, mais faire des pauses pour pouvoir rassembler ses idées n'a rien de répréhensible.

L'observation

Comme l'écoute, l'art de comprendre réellement notre interlocuteur implique de mieux déchiffrer les signaux non verbaux qu'il envoie.

La communication non verbale correspond à la communication difficile à cerner et qui va au-delà des mots prononcés. Cela englobe donc les mouvements du corps, la posture, les expressions du visage (fréquence des regards, roulements et clignements d'yeux), les détails vestimentaires et les silences.

Ayez conscience de la communication verbale et non verbale, et vous serez alors en mesure de suivre des pistes pertinentes pour mieux répondre aux autres.

- Prenez le temps d'étudier le regard de votre interlocuteur, mais sans le scruter bizarrement. Vous regarde-t-il droit dans les yeux lorsque vous parlez ou semble-t-il distrait ?
- Quelle est l'expression de son visage ? Est-il chaleureux, sévère, détaché, stressé ou ouvert ?
- Est-ce qu'il hoche la tête en guise d'assentiment ou sa tête est-elle penchée dans une attitude exprimant la perplexité ?
- Y a-t-il des signaux contradictoires ? Par exemple si vous expliquez votre intérêt profond pour un aspect précis de vos fonctions tout en gardant les bras croisés, attitude suggérant la distance et la résistance.

La synchronisation et le mimétisme comportemental
Il s'agit d'aligner intelligemment votre humeur, votre posture, votre ton, votre vocabulaire, votre langage et vos gestes sur ceux de la personne vous faisant passer l'entretien, en adoptant le même rythme. La synchronisation et le mimétisme comportemental ont pour effet de stimuler la confiance et de mettre tout le monde à l'aise.

- Écoutez ses expressions, son langage et la structure de ses phrases, et essayez de les recréer à l'aide de vos propres schémas. Il ne s'agit pas de vous lancer dans une véritable imitation, mais de vous retrouver tous les deux sur le même terrain.
- Ne reflétez que le discours et le langage corporel positifs.
- Bien qu'il soit essentiel de remarquer les mouvements et les attitudes de votre interlocuteur, ce ne doit pas être au point de cesser d'écouter ses propos et d'oublier comment y répondre. Le mimétisme comportemental contribue

à établir le rapport, mais ne perdez pas de vue l'objet de l'entretien – à savoir vous vendre et décrocher ce job.

Attention, chaque entretien se déroule à un rythme particulier. À vous d'être prêt à adapter l'utilisation de chacune de ces techniques. Nous pouvons repérer les signaux et nous synchroniser sur l'autre, mais avoir en face de soi une personne chaleureuse, gentille et ouverte d'esprit ne signifie pas obligatoirement que l'on va décrocher le poste.

Vous concentrer sur les besoins de l'entreprise

Bien que l'entretien soit le moment de vous présenter sous votre meilleur jour, attachez-vous à montrer que vous serez capable de satisfaire les besoins de l'entreprise. Toutes vos recherches et conversations fructueuses doivent vous donner une idée de la situation actuelle de l'entreprise, de ses difficultés et de la manière dont vos idées et compétences transposables contribueront à son succès.

Si vous avez des points forts sur le plan technologique et que tisser des liens et mettre en relation les gens sont votre passion, pourquoi ne pas proposer trois façons d'exploiter vos compétences et vos forces pour résoudre un problème flagrant découvert par le biais de vos conversations et recherches ? Que ne voient-ils pas que vous pourriez régler ? Ce sont souvent d'excellentes anecdotes ou idées que vous pouvez insérer dans votre lettre d'accompagnement ou suggérer en entretien.

Mais attention, il est important d'être prudent quant au ton employé et la manière d'avancer vos suggestions. Ne dénigrez pas et ne passez pas pour un monsieur ou une madame Je-sais-tout.

EXERCICE

L'équation de l'embauche

Pour vous mettre dans les meilleures conditions avant un entretien, vous avez toujours intérêt à avoir une longueur d'avance sur la concurrence et à montrer votre remarquable sens de l'innovation à la personne qui vous reçoit. Cet exercice va vous aider à associer vos atouts aux besoins de l'entreprise et à son intérêt de vous recruter pour élever le niveau de ses produits et services ou de son fonctionnement. Quand on vous demande de raconter votre histoire ou d'expliquer les raisons pour lesquelles vous postulez, choisissez les éléments clés de vos réussites professionnelles en rapport avec ce que l'entreprise souhaite et recherche.

X + Y × Z = EMBAUCHE

Mon expérience en X (secteur d'activité/fonctions) fait que je peux apporter Y (compétences/forces/connaissances) multiplié par mon désir de vous aider à parvenir à Z (objectifs/programme/lacune à combler) = EMBAUCHE

X – J'ai travaillé pendant dix ans dans ce domaine.

Y – J'apporte les meilleures compétences commerciales avec divers types de clients étrangers.

Z – L'impact des achats en ligne a fait baisser le nombre de clients en boutique. Il faudrait donc offrir une meilleure expérience d'achat, surtout aux clients étrangers. Je suis persuadé que vous pouvez y parvenir en faisant ABC. En outre, je parle le mandarin. Je pourrais vous aider à augmenter votre chiffre d'affaires de X %.
Voici l'exemple de l'un de mes clients : « Mon expérience en matière de relations publiques dans le domaine de la technologie, avec des marques comme Xero et Etsy, puis au sein de

ma propre start-up, signifie que je peux mettre en place ces stratégies victorieuses et permettre à de nouvelles marques technologiques d'obtenir les mêmes résultats, mais avec des budgets moins importants. »

Créez maintenant votre propre équation de l'embauche. Elle vous aidera à démontrer succinctement votre valeur à chaque entretien.

Vous franchissez le pas ?

Je vous ai montré une voie possible. Quelle impression vous donne-t-elle ? Êtes-vous optimiste ou anxieux ? Mais vous souhaitez peut-être poursuivre l'exploration…

Si vous franchissez le pas en adhérant à ce (très bon) choix, vous vous dirigerez vers un job qui correspond mieux à vos besoins et désirs. Mais vous souhaiterez peut-être jeter un œil au chapitre 10 – je suis toujours emballée à l'idée de découvrir les coulisses. Je vais démystifier les rouages de la carrière multi-activités en vous donnant des infos sur la façon de gagner de l'argent grâce à vos idées courageuses et de vous vendre sans devenir fou. Venez donc jeter un coup d'œil.

Pour découvrir d'autres idées et modèles sur le changement de fonctions au sein d'une entreprise, le changement de société ou de secteur d'activité, allez sur www.loveitleaveit.co. Vous y trouverez toutes sortes d'outils.

CHAPITRE 10

Bâtir une carrière multi-activités

Et si vous vous réveilliez un lundi matin en sachant qu'une superbe semaine vous attend, remplie d'activités chères à votre cœur ? Avec un travail que vous pouvez exercer à votre convenance, en compagnie de clients que vous adorez et en disposant de suffisamment de temps pour voir votre famille et vos amis ou travailler depuis l'étranger si cela vous chante ?

Intrigant et plutôt passionnant, n'est-ce pas ? Travailler autrement vous permet de puiser dans votre mine de compétences afin de créer la vie professionnelle pleine de sens dont vous avez toujours rêvé. Et cette alternative ne vous oblige pas à tenir le coup dans un environnement toxique, tout en veillant à ne pas vous retrouver embarqué dans un plan social ou face à une instabilité économique, car tous vos besoins financiers sont satisfaits grâce à plusieurs sources de revenus. Ce joli mélange, c'est une carrière multi-activités.

De quoi retourne-t-il précisément ?

Il s'agit de plusieurs modes de travail (emploi à temps partiel, activité indépendante ou détention d'une entreprise) qui, lorsqu'ils sont associés, équivalent à un job à temps plein, voire le dépassent en termes d'engagement.

Vous avez peut-être pris conscience que vous souhaitez travailler à la maison pour être plus proche de vos enfants ou consacrer trois jours par semaine à votre job principal et le reste de la semaine à exploiter votre talent de photographe. Vos autres activités peuvent servir à rembourser l'emprunt immobilier, avec une bonne gestion de votre temps.

LA VALEUR D'UNE CARRIÈRE MULTI-ACTIVITÉS

La beauté de conjuguer plusieurs passions, au lieu de s'en tenir au format traditionnel 9 heures-17 heures, a beaucoup été débattue. Rendue sexy par la génération Y, cette façon de travailler offre à mes yeux de nombreux atouts aux personnes plus âgées prisonnières depuis des années d'un job qu'elles n'apprécient guère, mais répugnant désormais à prendre des risques parce qu'elles ont plus de responsabilités. Regardons les choses en face. Lorsque l'on a une vingtaine ou une trentaine d'années, la vie est bien plus facile et les inquiétudes sont moins sérieuses. En vieillissant, le fardeau s'alourdit et une aversion pour les révolutions professionnelles peut vous inciter à voir petit.

DE QUELLE CARRIÈRE MULTI-ACTIVITÉS AVEZ-VOUS ENVIE ?

1. Négocier vos conditions de travail ou entrer dans une entreprise avant-gardiste agile de plus petite taille + une activité annexe

Une ancienne cliente, Angélique, travaillait comme assistante personnelle dans un établissement financier. Si elle adorait son travail, qui lui permettait d'exploiter ses points forts, elle éprouvait un manque. Le soir, elle aimait se mettre à sa machine à coudre et créer de jolis coussins pour sa famille et ses amis. Elle avait très envie d'explorer l'univers de l'architecture et de la décoration d'intérieur, mais savait également qu'elle n'était pas prête ni disposée à travailler dans l'industrie. Après tout, ses fonctions la satisfaisaient, elle aimait son équipe et n'était pas certaine qu'intégrer une entreprise spécialisée dans la décoration serait la solution idéale financièrement parlant. Avec mon aide, elle a conçu un plan pour proposer à son patron une modification de ses horaires de travail qui lui permettrait de découvrir, un jour par semaine, l'univers des accessoires d'intérieur. Elle a eu un premier entretien au cours duquel elle a abordé ses fonctions actuelles, la valeur qu'elle apportait à son poste et ses futures aspirations. Après quelques entretiens supplémentaires et une séance avec la RH, elle a négocié le passage à la semaine de quatre jours, obtenant ainsi une journée pour s'adonner à sa passion. En concentrant son temps de travail sur quatre jours, elle a pu conserver le même salaire et faire quelque chose de radicalement différent, à sa convenance, en l'occurrence suivre une formation à temps partiel en décoration d'intérieur.

2. Entamer une toute nouvelle carrière avec deux nouvelles activités

Une autre de mes clientes, Valentina, a pris pour sa part conscience qu'il lui était possible de combiner sans problème son amour pour la direction artistique, la peinture et le yoga. Réfléchissez à la manière d'associer avec bonheur vos différentes idées en vous mettant à votre compte.

Une autre cliente encore était comptable mais avait toujours été attirée par les beaux bijoux et désireuse de se démarquer des autres comptables. On la complimentait toujours pour ses bagues et colliers très variés. Elle savait qu'il existait un marché pour les femmes occupant des postes à grande responsabilité souhaitant se donner un certain style. Elle a commencé à collaborer avec une créatrice et diverses coopératives asiatiques dirigées par des femmes, chargées de fabriquer et vendre les bijoux à leur réseau. Elle a fini par ne plus travailler que trois jours par semaine au sein de son cabinet comptable et consacrer les deux jours restants au marketing, à la promotion et à la création d'un site Web marchand.

Cette nouvelle carrière multi-activités lui a permis de se lancer dans une aventure sans prendre trop de risques, de faire croître naturellement son activité et de compenser une mission comptable réduite. Elle consacre désormais le temps passé en dehors du bureau à se déplacer pour trouver de nouvelles pierres et garder le contact avec les coopératives partenaires.

3. Utiliser une compétence ou un domaine de diverses manières

Vous souhaitez peut-être exploiter vos compétences de consultant en marketing de plusieurs manières au lieu de rester coincé dans un bureau à travailler sur une seule marque. Un mélange de conseil en tant qu'indépendant, de conférences, d'animation d'un podcast et de programmes de formation en ligne pourrait vous permettre d'accroître vos revenus.

Mais avant de passer à l'action, j'aimerais clarifier certaines choses :

- Ralentir la cadence de votre activité principale n'est pas synonyme d'abandon.
- Il ne s'agit pas d'en profiter pour tourner complètement le dos à votre job actuel. Dans ma période publicité et innovation, nombre de collègues et de connaissances m'ont vraiment aidée à faire avancer mon nouveau projet.
- Je souhaite également que vous ayez envie d'apprendre. Comme lorsque vous testez de nouveaux passe-temps, vous connaîtrez des moments d'incertitude, de doute, de ralentissement de votre progression et de confusion. Cela fait partie de la démarche lorsque l'on passe des certitudes

associées au fait de travailler tous les jours au même endroit à la découverte de la nouveauté.

Cette transition n'est ni rapide ni facile. C'est un choix fabuleux que je n'ai jamais regretté, mais il faut bien cerner les voies à emprunter.

La feuille de route de ma carrière multi-activités

Je souhaite présenter ma feuille de route et creuser l'évolution de ma carrière multi-activités au fil des ans. Il arrive que votre idée de départ n'aboutisse pas, mais le processus d'expérimentation, d'ajustement et de développement personnel révélera ce qui portera ses fruits dans votre situation.

Voie 1 : consultant en tendances/stratégie de marque +
Voie 2 : coaching par le stylisme

J'ai commencé par deux voies qui sont devenues mes principales sources de revenus.

Voie 1 : Le métier de consultante en tendances, qui centre tous mes points forts autour de la recherche d'idées et l'assistance aux personnes dans l'optique d'avoir une vision d'ensemble et de trouver les pièces manquantes du puzzle. J'ai travaillé en tant qu'indépendante, en établissant des contrats temporaires englobant des honoraires par projet et des tarifs à la journée, avec pour mission d'aider les marques à avoir des données sur les pays dans lesquels elles souhaitaient se lancer.

Voie 2 : Répondant à mon amour pour la conception de chaussures et la mode, j'ai commencé à proposer des packages associant du coaching en ligne et un travail sur le style, des ouvrages au format numérique et des journées en présentiel consacrées au stylisme, ainsi que des programmes axés sur la dimension vestimentaire. Ce mélange m'offrait des revenus réguliers avec le coaching en ligne et les ouvrages numériques, et des rentrées ponctuelles substantielles grâce aux séances particulières en présentiel. Je prévoyais mes mois d'activité et vérifiais de combien de journées de stylisme ou de séances consacrées à la dimension vestimentaire je disposais, le restant étant consacré à mon travail sur les tendances.

Voie 1 : consultant en tendances/stratégie de marque
+ Voie 2 : coaching par le stylisme
+ Voie 3 : enseignante

Voie 3 : Je suis devenue enseignante à The School of Life, ce qui ajoutait une corde à mon arc. J'animais en moyenne quatre ateliers par mois, l'après-midi, le soir ou par demi-journée.

Expliquer mon choix de carrière a été source d'une confusion compréhensible, mais cela a également considérablement intrigué les autres :

- *« Je croyais que tu concevais des chaussures… Qu'est-ce que tu fais avec ces projets sur les tendances ? »*
- *« Alors comme ça, tu enseignes à The School of Life, mais tu conseilles également les femmes sur leur style. Où trouves-tu le temps de faire tout ça ? »*
- *« Qu'est-ce que tu préfères ? Est-ce que je pourrais faire la même chose ? »*

Et LA question :

- *« Pourquoi ne te concentres-tu pas sur une seule chose ? »*

À vrai dire, je ne le souhaitais pas !

Chaque jour était différent et, en matière de gains, le revenu de mon travail de coaching par le stylisme commençait à dépasser celui de mon travail sur les tendances. C'est donc devenu une priorité.

Rester alitée à cause de ma maladie m'a permis d'apprendre, de me former en ligne et de lire énormément. Cela m'a encouragée à suivre des cours sur les thèmes de la psychologie et du comportement humain.

Voie 1 : responsable du bonheur
Voie 2 : coaching par le stylisme
+ Voie 3 : enseignante

Voie 1 : Alors que j'étais désireuse de sortir complètement du domaine de la prévision des tendances, l'occasion de travailler pour une entreprise dont tout le personnel était en télétravail s'est présentée. Et je l'ai saisie ! Ils tentaient de se développer rapidement, avaient de nombreux problèmes d'affectation de personnel et ne disposaient d'aucun service RH. En fait, ils essayaient de courir avant de savoir marcher. J'y ai vu une occasion rêvée et j'ai préconisé le lancement d'un nouveau type de structure chargée de l'évolution du personnel. Je leur ai parlé de toutes les compétences, expériences et forces transposables que j'avais réunies jusqu'à présent et leur ai démontré que j'étais capable de les exploiter dans l'intérêt de leur personnel. Je suis devenue responsable du bonheur, puis je me suis lancée à fond dans le domaine du bonheur au travail. Cette voie est devenue ma principale source de revenus, car je suis passée à deux, puis trois jours de conseil par semaine.

Grâce à cette expérience, j'ai eu de nombreuses occasions de voyager, vivre et travailler ailleurs. J'ai réussi à passer sept semaines au Brésil en plein hiver. J'ai prodigué plus de conseils en ligne à mes clientes de stylisme et mes cours étaient faciles à planifier, car je connaissais mon emploi du temps un trimestre à l'avance.

Voie 1 : consultante en bonheur et créatrice de changement
+ Voie 2 : conférencière/enseignante

+ Voie 3 : PDG d'une école de l'épanouissement et du bonheur

Revenez à la notion de « signature professionnelle », introduite au chapitre 1, qui englobe tout ce que vous faites. Cela correspond à la période où je me suis totalement investie pour devenir consultante en bonheur, afin d'aider les personnes et les entreprises à faire du bonheur professionnel une priorité.

Voie 1 : Consultante en bonheur à part entière, je travaille sur des projets à long terme avec mes clients et anime des ateliers, réalise des interventions et organise des retraites – tout cela pour des clients qui me permettent de gagner ma vie.

Voie 2 : Je deviens une oratrice très sollicitée qui prononce des discours et donne des conférences, et je me spécialise dans le bonheur au travail.

Voie 3 : La période entre fin 2016 et début 2017 a été particulièrement horrible, avec des hospitalisations et énormément de temps passé au lit. Pendant près de six mois, j'ai été assez déprimée et j'ai dû refuser tellement de sollicitations que cela m'effrayait. Il m'a fallu trouver d'autres sources de revenus ne demandant aucune présence physique. Je suis revenue à la case départ pour mettre au point des formations clés en main, avec l'ambition de créer une école me permettant de me démultiplier pour diffuser mon message. Cela a donné naissance aux cours « Soyez d'abord heureux et bâtissez une carrière multiactivités », ainsi qu'au coaching et aux formations virtuels.

La prochaine étape était – vous l'avez deviné, car vous êtes en train de le lire – l'écriture du premier livre d'une longue série, ainsi que la commercialisation d'offres technologiques plus axées sur les produits et le renforcement de mes équipes de consultants en bonheur étrangers. Alors que j'entre dans une nouvelle phase de ma vie, je me concentre sur une activité allant au-delà de ma personne.

Comme toujours, mon souhait est de rester réaliste et objective. Je ne veux pas vous donner l'impression que cette transition a été rapide et facile. Je n'ai jamais regretté d'avoir franchi le pas, mais cela m'a demandé beaucoup de travail et une bonne analyse pour connaître l'itinéraire à suivre.

Au cours de mon périple pour aider les autres à transformer leurs compétences en carrière multi-activités, un schéma de questions initiales s'est dégagé :

- *« Je suis (insérez votre profession dans cet espace) depuis mon entrée dans la vie active et je ne sais pas quoi faire d'autre. »*
- *« Je viens de quitter mon emploi à temps plein pour me lancer dans une carrière multi-activités. Je n'avais pas vraiment de plan structuré et je tombe maintenant sur des jobs dont je ne veux pas, car je ne pourrais pas m'y faire. »*
- *« Je suis cheffe de produit et j'adore la psychologie des organisations. Pensez-vous que je pourrais mener les deux de front ? »*
- *« J'ai plein d'excellentes idées – il m'en vient chaque semaine –, mais sur laquelle me concentrer en premier ? »*
- *« J'ai déjà plusieurs activités, mais j'ai du mal à gérer mes deux carrières. Comment trouver un équilibre en termes de temps, d'énergie et d'état mental ? »*
- *« Je fabrique des bijoux tout en travaillant à temps partiel comme comptable. J'ai des difficultés à parler de ce que je fais, car les deux publics sont extrêmement différents. Que dois-je répondre quand on me demande quelle est ma profession ? »*

Au fil des années, j'ai commencé à définir les différentes phases que traverse une personne qui envisage de se lancer dans une carrière multi-activités ou la mène déjà.

LES DIX PHASES DE LA FRUSTRATION PROVOQUÉE PAR UNE CARRIÈRE MULTI-ACTIVITÉS

1. Motivation : « *OUI, LA CARRIÈRE MULTI-ACTIVITÉS EST FAITE POUR MOI ! Je suis enthousiaste à l'idée de faire ce travail. J'en suis capable !* »
2. Mode convaincu : « *Ça va aller, je vais finir par être heureux dans mon travail !* »
3. Paralysie d'analyse : « *Alors, sur mes cinq idées, je vais commencer par celle-ci… ou peut-être celle-là… ou alors par une autre parce que…* »
4. La réalité vous rattrape : « *C'est plus difficile que je le pensais. Pourquoi je n'y arrive pas ?* »
5. Remotivation : « *OK, j'ai assisté à cette intervention/lu ce blog… j'ai tout compris.* »
6. Jugement : « *Oh mon Dieu, ils vont me demander ce que je fais. Je ne sais pas quoi répondre. C'était bien plus facile avant, quand je disais que j'étais [insérer le job].* »
7. Gêne : « *Je suis encore juste ce mois-ci. On dirait que je n'arrive pas à associer les bonnes activités pour gagner l'argent dont j'ai besoin.* »
8. Submersion : « *J'ai dit oui à tous les clients. Et maintenant, je suis carrément débordé et incapable de tout gérer.* »
9. Épuisement : « *Je pensais rester à la maison en pyjama. Pourquoi suis-je fatigué et stressé à ce point en permanence ?* »
10. Renonciation : « *Je ne serai jamais capable de faire ça.* »

Je vais être franche avec vous : se retrouver dans une impasse et frustré arrive à tout le monde, y compris à des personnes intelligentes et brillantes. Notre petite voix nous empêche parfois de donner notre pleine mesure dans les changements à mettre en œuvre. La clé est d'identifier les points de votre blocage précis et les raisons associées. Heureusement, j'ai des exercices pour vous aider à éclaircir tout ça et à lancer votre carrière multi-activités avec succès.

Comment dépasser le stade de la frustration : vous êtes englué dans un « nuage d'idées »

Réfléchissez aux deux situations suivantes : pas de passions/forces/idées *contre* trop de passions/forces/idées. Ce sont deux problèmes très différents, mais le résultat est le même : la paralysie d'analyse.

Nombre d'entre nous sont tellement obsédés par la production de bonnes idées qu'ils ne savent pas par quoi commencer. Nous avons alors tendance à dire des choses allant à l'encontre du but recherché, comme : « *Est-ce que je peux vraiment trouver l'équilibre entre deux compétences/passions opposées ?* » ou : « *Je ferais mieux de rester là où je suis.* »

Il s'agit en fait de partir de l'association de voies RENTABLES vous donnant une BONNE IMPRESSION.

Vous devez considérer votre carrière multi-activités comme l'association d'activités individuelles pour en faire une carrière cohérente. Réfléchissez donc à la façon dont ces voies individuelles vous feront gagner de l'argent et au temps qu'elles vous prendront dans votre semaine de travail. Vous devez penser, non pas au seul job qui est le vôtre actuellement, mais à la création de plusieurs voies dotées d'un potentiel financier.

Voici quelques combinaisons suggérées à mes clients :

- Pour garder le job qui vous fait vivre + préparer le projet en lien avec votre passion ? Comptabilité et bijoux.
- Pour suivre les traces de Léonard de Vinci : cerveau gauche + cerveau droit ? Programmeur et peintre/menuisier.

- Pour trouver un équilibre entre les dimensions physique et mentale de votre travail ? Yoga thérapeute + peintre + directeur artistique.
- Pour avoir un fil conducteur dans tous les domaines ? Comme moi, le bonheur au travail – autrice/animatrice/conférencière/gestionnaire de podcast/consultante/coach.

Très souvent, les gens passent des heures à peaufiner des listes de passions, idées et orientations comme si la « bonne » allait surgir d'un coup, au lieu de se concentrer sur la combinaison de voies qui leur convient.

Dans cette section, nous allons effectuer cinq exercices pour vous aider à arrêter vos idées une bonne fois pour toutes !

EXERCICE

Les 5 questions

QUI ? Identifier vos clients, modèles, collègues idéaux.
OÙ ? Quels lieu géographique, secteur d'activité ou entreprise souhaitez-vous rejoindre ?
COMMENT ? Quelle forme de carrière multi-activités souhaitez-vous ?
QUOI ? De quelles compétences et forces vous servez-vous ?
POURQUOI ? Quelles sont vos valeurs ? Qu'est-ce qui vous pousse à faire ça ?

Les 5 questions	Idée de carrière multi-activités – exemple 1	Idée de carrière multi-activités – exemple 2	À vous…
	La cuisine me passionne et, en tant que mère, je souhaite que mes enfants bénéficient de repas nutritifs à moindres frais. Je ne souhaite pas travailler à plein temps à mon poste de responsable des réseaux sociaux.	J'aime le métier de comptable, mais mon travail n'a rien d'inspirant. Je gagne bien ma vie, avec un statut de contractuel, et je souhaite exploiter mes compétences pour faire le bien socialement.	
Qui ?	Je souhaite travailler avec des mères désireuses de concocter des repas équilibrés pour leurs nouveau-nés et tout-petits.	J'adore l'énergie et le sens de l'innovation des start-up. Je pourrais proposer mes services de comptable à des pépinières d'entreprises tout en conservant mon poste actuel.	
Où ?	Je souhaite avant tout vendre des produits en ligne de façon à rester à la maison avec mes enfants.	J'aime vivre à Paris, mais je serais prête à être mobile pour exercer cette activité.	
Comment ?	Associer mon job actuel de responsable des réseaux sociaux à la création de programmes et cours de cuisine en ligne.	Réaménager ma semaine de travail afin de pouvoir faire cela par exemple un jour par semaine et le soir.	

Les 5 questions	Idée de carrière multi-activités – exemple 1	Idée de carrière multi-activités – exemple 2	À vous…
Quoi ?	Conception, technologie, relationnel.	Proposer des services de comptabilité à de jeunes entrepreneurs dans des bureaux de coworking locaux ou au sein d'une pépinière d'entreprises.	
Pourquoi ?	La liberté – je souhaite pouvoir voyager et choisir mes horaires.	J'aime me servir de mes compétences pour aider les autres à prendre de meilleures décisions.	

EXERCICE

Banc d'essai – partie 1

Dans ce deuxième exercice, je souhaite que vous passiez au banc d'essai chaque voie afin de voir si elle vous permet de gagner l'argent nécessaire pour vivre décemment et si elle est viable.

Il vous aidera à révéler toutes les possibilités envisageables afin que vous n'ayez pas le sentiment de courir dans tous les sens pour que votre carrière multi-activités fonctionne. Il existe six failles pouvant mettre cette carrière en danger. Les voici :

1. Le créneau : quelle est la viabilité de ce que vous souhaitez créer/faire/devenir ? Y a-t-il beaucoup de monde sur ce créneau ? Le marché est-il mûr, saturé ou au stade embryonnaire ? Quel pourrait être votre argument clé ? Si vous entrez dans ce secteur d'activité en tant que consultant, connaissez-vous votre marge de manœuvre ?

2. Le plaisir : vous ne suivez pas cette voie pour mourir d'ennui. Ce travail vous mettra-t-il en joie ? Je pense que nombre de personnes se lancent dans certains types de job parce qu'elles les jugent lucratifs. Mais vous devez ressentir de la passion pour vous frayer un chemin et vous installer avant que les espèces sonnantes et trébuchantes ne tombent dans votre escarcelle, sous peine que l'aventure ne se solde par un échec.

3. Les relations dans le secteur : comment exploiter au mieux votre réseau ? Si vous ne connaissez personne dans le métier, comment allez-vous faire pour trouver des contacts ?

4. Des activités en phase avec vos talents : repensez au chapitre 5 et à votre trousse à outils regroupant vos forces et compétences. À quoi bon bâtir une carrière multi-activités qui n'en tiendrait pas compte ? Vous œuvreriez alors à l'encontre de vos talents naturels. Il existe bien sûr des domaines dans lesquels vous devrez peut-être vous faire aider, comme la comptabilité, si ce n'est pas votre tasse de thé et si vous devez créer un plan d'entreprise pour investir dans un bar.

5. Les options de rémunération : comment allez-vous vous rémunérer ? Vous faut-il une certaine somme chaque mois ou pourriez-vous accepter un travail basé sur un projet de six mois, par exemple, mais qui vous permettrait de consacrer les six autres mois à votre autre voie ? Nous allons très bientôt aborder en détail la question.

6. La facilité de mise en route : dans quel délai pourriez-vous lancer votre carrière multi-activités, à savoir travailler dans un nouveau domaine, l'intégrer à votre semaine et commencer à gagner de l'argent ? Quelles autres difficultés pourriez-vous rencontrer ? Par exemple, si vous souhaitez créer un logiciel, avez-vous les fonds nécessaires pour travailler en compagnie de développeurs avant de récolter les fruits de la vente ?

Jetez un œil à l'exemple suivant tiré du précédent exercice : la cuisine me passionne et, en tant que mère, je souhaite que mes enfants bénéficient de repas nutritifs à moindres frais. Je ne souhaite pas travailler à plein temps à mon poste de responsable des réseaux sociaux. J'aimerais trouver un moyen d'allier ma passion pour la préparation de plats nutritifs pour les enfants au marketing par les réseaux sociaux.

VOIE 1 : planification de repas et idées de recettes pour de jeunes mamans, ce qui implique des recettes en ligne, des solutions pour les courses en supermarché, des blogs et des vidéos.

VOIE 2 : job de gestionnaire de réseaux sociaux.

Étudiez le tableau à suivre, puis notez vos propres exemples.

Activité	Créneau	Plaisir	Relations dans le secteur
1 Planification de repas et idées de recettes pour de jeunes mamans	Énorme. Je suis allée sur les forums en ligne et c'est un thème très porteur. Je viens d'être mère et je partage ces difficultés avec d'autres mamans. Je peux rendre mon offre plus singulière en proposant des recettes en fonction des diverses intolérances qu'a mon bébé. Je suis donc au fait de la question.	J'adore la cuisine. Je réfléchis en permanence à de nouvelles recettes qui représenteraient un gain de temps. J'aime rencontrer des gens.	Je ne connais personne exerçant cette activité.

Activité	Créneau	Plaisir	Relations dans le secteur
2 Gestionnaire de réseaux sociaux	Je suis dans une entreprise en plein essor et je peux travailler à distance. J'ai de bonnes relations avec mon chef. Je vais donc lui demander de passer à temps partiel.	Mon entreprise est passionnante et le travail est toujours varié. Je ne m'ennuie jamais.	J'en ai plein ! Cela fait des années que j'évolue dans ce secteur. Je connais des gens qui pourraient m'aider à faire progresser mon activité de préparation de repas grâce au bouche-à-oreille.
À vous… 1			
2			

Activité	Activité en phase avec mes talents	Options de rémunération	Facilité de mise en route
1 Planification de repas et idées de recettes pour de jeunes mamans	Je suis créative. J'aime les relations humaines. Je sais utiliser les réseaux sociaux. Je peux donc me vendre. Il se peut que j'aie besoin d'apprendre des choses sur la gestion financière et la tarification.	Guides de recettes en ligne – bons revenus passifs. Courses en supermarché – il pourrait s'agir d'un abonnement mensuel.	J'ai uniquement besoin : • de mon ordinateur portable • d'un appareil photo pour faire de beaux clichés • d'argent pour le site Web et le marketing

Activité	Activité en phase avec mes talents	Options de rémunération	Facilité de mise en route
2 Gestionnaire de réseaux sociaux	J'ai accès aux tout derniers outils et idées sur le marketing par les réseaux sociaux. J'évolue donc constamment dans ce domaine.	Salaire mensuel qui couvre la majeure partie des dépenses familiales. Je reste éligible à certaines primes, même si je suis à temps partiel.	Je mène déjà cette activité !
À vous… 1			
2			

Banc d'essai – partie 2

Recherche de modèles d'entreprise

Et si votre carrière multi-activités était constituée de votre job principal et d'une entreprise que vous avez envie de créer avec un ami ? Une carrière multi-activités est le moyen idéal de tester votre idée de création d'entreprise et de peaufiner votre argumentaire commercial tout en travaillant à temps partiel ou en ayant un contrat de quelques heures sur une période courte, le temps que vous soyez prêt à vous lancer. *Quel modèle d'entreprise vous conviendrait ?*

Choisissez des entreprises dans le secteur que vous souhaitez investir et posez-vous les questions suivantes :

- Comment dirigeriez-vous autrement une entreprise existante ?
- Quelles sont les principales frustrations que vous avez éprouvées en tant qu'utilisateur d'un produit/service au sein d'un modèle d'entreprise existant que vous souhaitez étudier ?
- En quoi votre idée améliorerait-elle un produit/service existant ou constituerait-elle une véritable innovation ?
- Comment pourriez-vous emprunter une idée et en affiner le concept, trouver des entreprises partenaires ou créer une franchise/licence afin d'accélérer votre parcours ?

Une fois le modèle établi, quel prototype pouvez-vous créer pour votre service et produit ?

- S'agit-il d'une nouvelle gamme de produits de beauté bio pour des membres de la génération Z qui recherchent un prix abordable et une dimension communautaire ? *Créer la nouvelle marque à la mode ?*
- S'agit-il d'un service d'abonnement à des prestations vestimentaires pour les entrepreneurs et hommes actifs de 35 à 50 ans qui détestent faire les magasins mais souhaitent être élégants ? *Quand M. Dandy rencontre Netflix ?*
- S'agit-il d'une application de bien-être pour les sociétés à but non lucratif désireuses de veiller sur le bien-être mental et physique de leurs employés de première ligne ? *Une tranquillité mentale pour le secteur des associations caritatives ?*

Vous avez peut-être remarqué tous les détails fournis pour chacun des marchés cibles et offres de produits/services. J'espère que vous atteindrez vous aussi ce niveau de détails.

Banc d'essai – partie 3

Continuer de tester votre idée

Il est important de savoir dans quoi vous excellez, ce qui est une seconde nature pour vous et comment vous souhaitez exploiter cette passion/compétence/idée de votre trousse à outils du chapitre 5. Vous devez ensuite mettre votre idée à l'épreuve pour voir si elle fonctionne vraiment, si elle est conforme à vos valeurs et objectifs personnels et si elle est rentable.

Pour commencer, vous pouvez mettre en œuvre le processus de produit minimum viable. Il s'agit du produit ou service que vous créez avec des caractéristiques ou fonctionnalités minimales qui suffisent pour attirer l'attention de votre premier groupe de clients. Vous allez produire une version épurée de votre produit final, suffisante pour attirer l'attention et obtenir une réaction de la part d'acheteurs potentiels. Ce retour initial vous aidera à affiner et à faire évoluer petit à petit le produit jusqu'à l'offre finale, débarrassée de tous ses défauts et faiblesses.

Si nous prenons l'exemple précédent, vous pourriez réunir un petit groupe de jeunes mamans et faire des recherches sur leurs problématiques et les produits qu'elles seraient prêtes à acquérir. Créez ensuite une sélection de cinq menus de base en fixant un tarif inférieur à celui que vous souhaitez pratiquer. Faites-leur tester les recettes pendant deux semaines et demandez-leur ce qu'elles en pensent. Une fois les modifications apportées, vous pourrez remanier votre offre et augmenter progressivement vos tarifs une fois en possession d'un produit/service suscitant la demande. Ces toutes premières testeuses peuvent témoigner ensuite sur votre site Web, ce qui représente toujours un atout commercial incitant les internautes à acheter.

Disséquer votre idée

À ce stade, nombreux sont ceux qui se laissent distraire, passent trop de temps à perfectionner leur site Web ou font imprimer des cartes de visite, avant même de vérifier si leur idée est rentable ou de voir comment procéder pour qu'elle le soit. Puis ils se lancent à l'aveuglette avec un ensemble d'idées, sans vraiment savoir comment les transformer en mesures concrètes. Pour éviter cela, je veux que vous soyez capable, grâce aux précédents exercices et à quelques recherches, de compléter avec assurance les phrases suivantes.

- Ma première idée (celle qui a fait tilt dans votre esprit au tout début) est…
- Je suis attiré par le type de public suivant : (votre marché cible)…
- Je sais que ce public a des capacités financières parce que (arguments démontrant qu'ils ont les moyens de s'offrir votre produit/service)…
- Ma solution contribue à régler les… (problématique de votre public)… en… (expliquez votre solution).
- Après avoir effectué des recherches, des tests et échangé avec des clients potentiels, je suis persuadé que mon idée finale est… (énoncez la phase suivante, maintenant que vous en savez plus sur le marché cible, les coûts de commercialisation).
- Ce processus m'a permis de découvrir à propos de mon service/produit et de mon aptitude à réussir ce pari que…

Vous devriez maintenant avoir une idée claire de ce qui va marcher et des aspects à modifier, voire à carrément abandonner. Fixez-vous un délai pour effectuer vos recherches et tester votre produit minimum viable avant de vous lancer définitivement. Vous accordez-vous une semaine, deux semaines ou six mois de recherches et de tests ? Cela dépendra de la nature de votre produit/service, ainsi que du temps et des ressources disponibles. En fin de compte, je souhaite que vous amorciez la machine au lieu de procrastiner. Soyez donc réaliste et strict dans le respect du délai fixé, et veillez à ce que des amis ou des proches vous poussent à assumer vos responsabilités.

COMMENT DÉPASSER LE STADE DE LA FRUSTRATION : DÉGAGER LE REVENU DONT VOUS AVEZ BESOIN

Si vous travaillez deux fois plus dur à un poste classique de salarié, votre revenu restera le MÊME. Vous pouvez décrocher une prime ici ou là, mais votre salaire ne bougera pas. Tandis qu'avec une carrière multi-activités, une fois les différentes voies expérimentées et testées, vous pouvez redoubler d'efforts en doublant, voire triplant votre revenu.

Ajustez votre dose de travail à votre guise. Avec le bon « assortiment d'activités » (voir ci-dessous), vous pouvez travailler conformément au temps dont vous disposez et en compensant les risques.

L'assortiment d'activités

J'ai créé ce cadre pour aider mes clients à contrôler le rôle occupé par chaque voie dans leur assortiment d'activités et à savoir quels revenus ils peuvent espérer tirer de chacune d'elles. Vous trouverez ci-dessous les différents niveaux – gardez à l'esprit que vous pouvez les ajuster à votre guise, mais la quantité d'argent qu'il est possible d'empocher décroît à mesure que vous descendez dans la liste.

La prestation vedette

C'est le job que vous pouvez facturer au prix fort et que vous accomplissez en peu de temps. En ce qui me concerne, il s'agit de mes interventions en public, qui vont d'une prise de parole de trente minutes au discours d'après dîner accompagné d'une séance de questions-réponses ou d'une session d'une journée axée sur la stratégie. Je suis exigeante concernant le nombre de prestations vedettes que je réalise par trimestre, car si je passe en apparence peu de temps sur scène ou je ne consacre qu'une seule journée à une session, les préparatifs en amont avec le client représentent une grosse charge de travail, sans compter les répétitions du discours, etc.

Le gagne-pain

Une rentrée d'argent continue (mensuelle ou régulière pendant une période donnée). Par exemple, un emploi, un travail contractuel, du coaching. Dans mon cas, ce sont les séances de coaching particulières avec mes clients qui s'inscrivent dans le cadre d'un programme de trois mois ou des provisions sur honoraires versées par des entreprises sur six mois à un an.

Le passage au test

C'est l'environnement qui vous permet de tester de nouveaux produits ou contenus sur un nouveau public, de vous exercer à apprendre des choses ou à gérer les problématiques et inquiétudes de votre marché-cible. Me concernant, il s'agit des ateliers au sein de The School of Life que j'anime une fois par mois ou des cours que je dispense au *Guardian* en me servant des contenus que je crée.

Les revenus passifs/semi-passifs

Il s'agit typiquement d'un projet pour lequel le gros du travail s'effectue en amont et qui génère ensuite un revenu sans que cela ne vous demande une implication quotidienne. Par exemple, les droits d'auteur d'un livre, de produits/cours/formations en ligne, de licences/brevets, de logiciels/applications et de musique. Ainsi, le présent ouvrage entre dans cette catégorie.

Les cadeaux

C'est ce qui permet à votre public de s'informer sur votre marque, vos services et produits. Par exemple, vos lettres d'information mensuelles, vos posts sur les réseaux sociaux ou articles de blog qui fournissent de précieuses informations. Entrent dans cette catégorie les interventions lors de conférences ou d'événements qui vous exposent à un public plus large jamais sollicité jusqu'à présent et qui vous aident à créer des contacts et œuvrent pour la notoriété de votre marque. Les cadeaux peuvent également prendre la forme d'appels gratuits destinés à aider quelqu'un à en savoir plus sur votre service. Dans mon cas, il s'agit de ma lettre d'information mensuelle, de podcasts gratuits, de mes séances par téléphone de conseil en bonheur et de conférences à Londres ou de conventions à l'étranger.

EXEMPLES D'ASSORTIMENT D'ACTIVITÉS

Comptabilité + fabrication de bijoux

Prestation vedette :

- Commissions sur les bijoux

Gagne-pain :

- Comptabilité – contrats à court et long terme
- Comptable indépendant pour des pépinières d'entreprises

Passage au test :
- Salons et foires – interventions, présentations itinérantes et stands de bijoux

Revenus passifs :
- Vente de bijoux en ligne

Directeur artistique + artiste/peintre + professeur de yoga

Prestation vedette :
- Tâches publicitaires avec un partenaire créatif – blocs de trois à six mois de bonne rémunération

Gagne-pain :
- Yoga – cours collectifs chaque dimanche sur différents sites londoniens
- Yoga – travail avec un groupe de professeurs de yoga, organisation de séances sur divers campus universitaires dans tout le Royaume-Uni

Passage au test :
- Tournées artistiques, séances de portes ouvertes et marchés artisanaux éphémères – ponctuels et saisonniers

Revenus passifs :
- Vente d'œuvres d'art

Animateur de podcast + conférencier + logiciel à la demande

Prestation vedette :
- Intervenir lors de conférences – saisonnier

Gagne-pain/revenu passif :
- Marketing de partenariat – recommander des livres, des podcasts, des outils logiciels et les cours d'autres prestataires, en touchant une commission pour chaque produit vendu
- Podcasts – commission mensuelle, trimestrielle ou annuelle

- Logiciel pour podcast – abonnement récurrent à un logiciel pour vous aider à créer, lancer et animer votre propre podcast
- Deux livres – revenus passifs sous la forme de droits d'auteur
- Cours en ligne – frais d'inscription
- Semi-passif – appels téléphoniques une fois par mois

Cadeaux :

- Blog
- Événements Facebook Live
- Chaîne YouTube – FAQ en direct
- Histoires Instagram

COMMENT DÉPASSER LE STADE DE LA FRUSTRATION : VOUS AVEZ DU MAL À VOUS VENDRE ET À FAIRE DÉCOLLER VOTRE CARRIÈRE MULTI-ACTIVITÉS

Pour certaines personnes, devoir expliquer en permanence ce qu'elles font et ont à proposer est fatigant. Que vous assistiez à un événement de réseautage, un dîner ou un mariage, il est une question que redoutent les personnes qui démarrent une carrière multi-activités : « *Alors, vous faites quoi dans la vie ?* » Une grande partie de notre identité est liée à notre travail. Celui-ci influence nos objectifs, façonne notre personnalité et véhicule un message à propos de nos valeurs. Souvent, l'entreprise dans laquelle on travaille nous confère charme, aspiration et qualité, car on se retrouve associé à sa marque.

Lorsque nous quittons une entreprise, il peut s'avérer difficile de savoir où nous en sommes ou si nous pourrions nous faire remarquer dans un nouvel environnement. Mais pour retrouver du travail, il est pourtant impératif de tout faire pour y parvenir.

Des clients m'ont fait part de remarques lorsqu'ils décrivent leur carrière multi-activités, certaines personnes les prenant pour des non-spécialistes aux connaissances variées. Le défi à relever pour se vendre à différents publics peut faire grimper le niveau de stress. Nous devons penser à la manière de nous présenter. Il est plus facile de se présenter comme quelqu'un de créatif aux facettes multiples sur la plateforme Dribble, mais si vous êtes spécialiste de l'informatique au sein d'une banque d'affaires et coach sportif, vous vendre sur les réseaux sociaux et sur LinkedIn n'est pas une sinécure.

Une description en ligne de ce que vous faites – votre « signature professionnelle » – vous aidera à définir la personne que vous êtes et invitera les internautes à s'intéresser à vos activités. Il vous incombe ensuite d'insister sur les éléments pertinents en fonction du public ciblé. Cela vous offre la flexibilité de mettre en avant ou en retrait certaines caractéristiques en fonction de la situation et des interlocuteurs – le monde dans lequel nous vivons s'ouvre considérablement.

Alors, comment créer la signature professionnelle d'une carrière multi-activités ? La mienne, c'est : « Aider les gens à d'abord être heureux » ou : « Faire du bonheur professionnel une priorité. » Voici d'autres exemples :

- « Conteur d'histoires visuelles » (photographe et créateur de textiles)
- « Des services de comptabilité avec une touche de style » (comptable et créateur de bijoux)

Créez votre signature professionnelle à l'aide de l'exercice suivant.

EXERCICE

Créer votre signature professionnelle

Dans cet exercice, vous allez rédiger un titre ou une description de vous-même d'une ligne qui vous définit en tant qu'individu et donne une idée de ce que vous pouvez faire. Voici quelques éléments à prendre en compte :

- Pensez à au moins une idée qui marquera vos interlocuteurs.
- Qui êtes-vous vraiment ? Qui êtes-vous au-delà de votre titre ? Les gens sont attirés par une personnalité. Il faut donc que vous montriez l'importance de vos activités à vos yeux et que cela transparaisse dans votre personnalité, votre tenue vestimentaire, vos traits particuliers et votre attitude. Personnellement, ce travail me passionne car ce périple vers le bonheur professionnel m'a permis de me découvrir. Je suis également excentrique, abordable, apaisante et drôle. Cela transparaît dans ma façon de m'habiller, la stratégie de ma marque et mes interactions avec les gens.
- Pourquoi votre public devrait-il s'intéresser à vous ? Vous devez faire ressortir les raisons pour lesquelles on doit vous écouter. Nous vivons dans un monde très bruyant et trépidant, et votre travail doit être immédiatement en phase avec la clientèle visée. Trouvez donc des moyens de cibler ses difficultés et de l'aider.
- Que réservez-vous à vos clients ? Il s'agit essentiellement de l'aide qu'ils peuvent s'attendre à recevoir de votre part. Lorsqu'ils vous donnent leur argent et vous consacrent du temps, que peuvent-ils espérer recevoir en retour ?
- Que dégagez-vous d'authentique ?

COMMENT DÉPASSER LE STADE DE LA FRUSTRATION : TRAVAILLER EN ÉTANT BIEN MENTALEMENT ET PHYSIQUEMENT

Dernier élément, et non des moindres, il est important de veiller à bien tenir le coup ! Avez-vous déjà remarqué que, certains jours, vous avez tout le temps souhaité, mais que rien n'avance ?

Ce n'est pas qu'une question de TEMPS, mais également d'ÉNERGIE et de MOTIVATION.

« *J'ai du mal à vivre l'incertitude.* » Le stress provient très souvent du fait que vous ignorez si vous allez avoir des rentrées d'argent ou même du travail. Mais une fois que vous apprenez à concevoir chacune des voies de votre carrière multi-activités et à maîtriser la dimension financière, vous commencez à avoir une vision claire et viable pour gérer les risques. Cette anxiété diminue alors nettement.

« *Mon moral joue au yo-yo.* » Il vous arrive d'être très joyeux, car vous travaillez sur un nouveau projet ou échangez avec des clients potentiels et, à d'autres moments, vous avez envie de retourner sous la couette.

Quand les péripéties se multiplient, comment trouver cette force intérieure pour garder le bon cap ? Sur quoi vous concentrer lorsque les temps sont durs ? Il est essentiel de savoir comment parler de votre activité, de vos succès, de vos échecs et de votre état d'esprit.

Voici des professions de foi de certains de mes clients :

- *« Je m'assurerai de bien m'alimenter et m'hydrater chaque jour afin d'être au sommet de ma forme. »*
- *« Je surveillerai régulièrement les données chiffrées de mon activité, sans être effarouché. »*

- *« Je m'entourerai des personnes appropriées, de ressources de qualité et d'une bonne énergie. »*
- *« Je serai attentive à la charge de travail et aux clients que j'accepte afin de faire de l'excellent boulot. »*
- *« Je parlerai de mes activités en termes positifs, au lieu de m'appesantir sur les inconvénients. »*

Nous approfondirons un peu plus loin la façon de rester heureux sur le plan personnel. Mais penchons-nous d'abord sur l'organisation de votre semaine.

EXERCICE

Visualiser votre semaine de travail idéale

Lorsque vous bâtissez votre carrière multi-activités, il est important de bien gérer votre temps et votre énergie. Que vous ayez trois jours fixes de travail à votre poste principal et deux jours pour ficeler votre activité d'indépendant ou soyez libre d'organiser comme vous l'entendez toute votre semaine, je recommande toujours de disposer de créneaux pour…

Les affaires courantes

Comme le laisse entendre cette dénomination, c'est ce qui vous permet de mettre de l'huile dans les rouages.

Gestion de la vie personnelle :

- Faire le bilan pour savoir si vous prenez bien soin de vous.
- Assurer les rendez-vous médicaux, manucure, coiffeur… évaluer vos dépenses mensuelles et fixer un budget.
- Faire les courses.

Gestion de l'activité professionnelle :

- Évaluer les recettes et les dépenses de l'entreprise.
- Vous occuper de la facturation.
- Faire un point avec votre équipe.

Il s'agit essentiellement d'optimiser et de maintenir en état de marche toute structure permettant de vivre correctement sur les plans personnel et professionnel.

Le travail proprement dit

C'est ce que vous faites concrètement. Voici quelques exemples pour vous orienter :

- Travailler comme consultant en bonheur du mardi au jeudi, avec des ateliers, de l'enseignement, du conseil et du coaching.
- Voler un mois sur deux comme hôtesse de l'air et bâtir mon empire de la mode en dehors.
- Vendre des poteries sur le marché du vendredi au dimanche et travailler comme réceptionniste les mardis et mercredis.

L'étude des perspectives

Il s'agit des moments où vous ne tournez pas en rond à réfléchir à ce que vous allez faire la semaine suivante, mais où vous prenez le temps de penser à l'avenir et à des perspectives enthousiasmantes.

- Visualiser et bâtir des stratégies.
- Créer des tableaux de visualisation.
- Prendre du recul. Vous demander ce que vous voulez.
- Faire le point avec votre chef sur vos objectifs, possibilités d'augmentation ou idées pour progresser en tant que personne.
- Prendre le temps d'apprendre à connaître les personnes avec qui vous travaillez.

La créativité

Un temps nécessaire à faire jaillir votre créativité afin de progresser personnellement et/ou professionnellement.

- Expérimenter et réfléchir sur certaines mesures issues de l'exercice du laboratoire d'idées du chapitre 8.
- Rédiger des contenus de marketing et de relations publiques créatifs pour votre activité professionnelle.
- Créer de nouveaux blogs ou enregistrer un entretien pour la prochaine émission de votre podcast.

La régénération

Tout le monde a besoin de recharger ses accus.

- Passer du temps avec les amis, vous réserver des moments pour vous, rencontrer du monde, réserver des créneaux à la créativité.
- Faire du yoga, de la méditation, du sport.
- Tenir un journal ou enregistrer vos pensées sur votre téléphone.

En vous assurant de vous dégager du temps au cours de la semaine pour chacun de ces domaines, vous permettrez à votre carrière multi-activités de se développer harmonieusement. Je détaille systématiquement le contenu de ma semaine de travail à venir et l'organisation des tâches à exécuter. À quoi ressemblerait votre semaine de travail idéale ?

Je suis sur le départ

Vous avez donc fait le tour des options « Quittez-le ». Comment vous sentez-vous ?

Je sais que cela fait beaucoup de choses à digérer, mais ménagez-vous, faites vos recherches et décidez de ce qui vous paraît le mieux. De toute façon, cette décision ne sera pas gravée dans le marbre. Vous pouvez très bien passer d'une option à l'autre ! Vous pouvez partir pour trouver un autre job, puis rencontrer un partenaire potentiel avec qui vous pourriez monter une affaire. Mais vous pouvez aussi découvrir après avoir négocié vos conditions de travail que vous avez la possibilité de bâtir une carrière multi-activités. Comme je l'ai dit précédemment, les transitions professionnelles évoluent en permanence. Alors, accrochez-vous et soyez prêt à saisir les occasions et à profiter de ce que vous réserve le hasard.

On peut facilement s'emballer quand des idées brillantes surgissent de notre esprit, puis nous retrouver de nouveau à patauger péniblement quelques jours plus tard. Il est essentiel d'entretenir la dynamique afin de réussir tout changement. Dans la section suivante, nous allons approfondir cette notion et voir comment prendre soin de vos finances, bâtir la communauté qui vous soutiendra et dire adieu avec grâce et gratitude aux situations professionnelles qui ne vous conviennent plus.

Restez avec moi. L'aventure n'est pas encore terminée.

Allez sur www.loveitleaveit.co. Vous y trouverez des ressources, outils, modèles et conseils de lecture supplémentaires en lien avec ce chapitre.

SECTION 6

VOUS EN ÊTES CAPABLE !

CHAPITRE 11

Maintenir la dynamique

Jusqu'à présent, l'action n'a été que mentale. Vous avez cogité et réfléchi. J'aimerais maintenant que vous passiez de la réflexion à la réalité de votre environnement, à votre situation et aux relations que vous avez déjà ou qu'il vous faut nouer.

Ne nous voilons pas la face, en dehors de l'enthousiasme éprouvé à l'idée de suivre une nouvelle voie, l'inquiétude, la remise en question et la panique viennent probablement vous susurrer ce genre de choses à l'oreille :

- *« Comment vais-je m'en sortir financièrement ? »*
- *« Comment va réagir mon conjoint si je décide de changer de fonctions et que cela a des répercussions financières ? »*
- *« Quitter mes collègues me fait peur, mais je sais que je ne suis pas heureux – cela va être difficile de leur dire au revoir… »*

Rome ne s'est pas faite en un jour et, comme au cours de n'importe quelle transition, vous pouvez avoir l'impression de faire quatre pas en avant et deux pas en arrière. Mais je sais que vous en êtes capable ! Vous êtes arrivé jusqu'ici. Je sais donc de quel bois vous êtes fait. Pour finir, je souhaite simplement vous voir explorer quelques domaines pour vous aider à conserver votre dynamique et atteindre votre objectif final, quelle qu'en soit la nature.

Nous allons traiter plusieurs sujets primordiaux :

- La question épineuse de l'argent et si vous pouvez vous permettre de quitter votre job actuel.
- Comment bâtir votre réseau de soutien.
- Comment gérer l'échec.
- Comment percevoir le bon côté de ce passage à autre chose.

POUVEZ-VOUS VOUS PERMETTRE DE QUITTER VOTRE JOB ?

L'argent est toujours un sujet délicat. La plupart du temps, c'est l'une des principales raisons pour lesquelles les participants de mes ateliers restent à un poste qu'ils n'aiment pas ou sont pétrifiés à l'idée de changer.

Je vis à Londres, l'une des villes où la vie est la plus chère au monde. Le fait est qu'il faut de l'argent pour avoir un toit et remplir son frigo. J'imagine qu'il en va de même pour vous, que vous souhaitiez :

- passer de cinq à trois jours par semaine afin de pouvoir construire une carrière multi-activités ;
- encourager et soutenir le changement de service de votre conjoint, qui entraînera une légère baisse de salaire ;
- prendre un congé sabbatique de six mois afin d'explorer différentes pistes ;
- monter votre entreprise d'ici à neuf mois ;
- bâtir une communauté avant le lancement de votre nouveau produit ;
- ou créer des prototypes pour une nouvelle activité…

Ces décisions requièrent des bases solides. Nous sommes aujourd'hui trop habitués à la gratification immédiate. D'un seul clic, nous pouvons commander un taxi, des livres, des repas, qui sont livrés le jour même. Mais ce qui empêche le bonheur professionnel de survenir immédiatement, c'est principalement et le plus souvent l'argent, ou plus précisément le manque d'argent.

Je n'incite jamais mes clients à démissionner sur un coup de tête. À moins que vous évoluiez dans un environnement incroyablement toxique, démissionner est certes une mesure radicale propice à l'affirmation de soi, mais qui peut être annonciatrice d'heures bien sombres. Il est difficile de créer un climat de créativité et de progression quand le manque de ressources vous hante. Il est très utile d'avoir conscience de l'environnement dans lequel vous travaillez, de vos besoins, des risques calculés que vous pouvez prendre et des domaines dans lesquels il vous faut vous débarrasser du superflu.

Le nécessaire mensuel

De quelle somme avez-vous besoin chaque mois pour couvrir toutes vos dépenses ? Le savez-vous ? Si ce n'est pas le cas, pourquoi l'ignorez-vous ?

Lorsque je pose la question à mes clients, ils ne sont pas tous capables de me donner un chiffre précis sur-le-champ. Il est important d'avoir des connaissances financières de base pour être professionnellement heureux. Savoir ce que vous pouvez entreprendre en toute confiance et ce qui risque de ne pas passer est valorisant et responsabilisant.

Je n'ai pas toujours fait preuve de bon sens en matière d'argent. À l'époque où je créais des chaussures, par exemple, je dépassais vraiment mon budget et j'étais contrainte de faire des emprunts, car je dilapidais mes primes. J'aurais dû acquérir des produits financiers bien plus tôt. J'étais naïve, j'avais peur de me plonger dans les comptes et préférais opter pour la politique de l'autruche. Lorsque j'ai commencé à multiplier les projets de marketing personnel et de coaching par le stylisme avec des particuliers, j'étais remplie de joie en voyant rentrer l'argent et, encore une fois, je ne le plaçais pas toujours là où la plupart des gens (mes parents) auraient souhaité le voir atterrir. Je choisissais d'acquérir de nouvelles compétences, de me recycler et de voyager. Tout cela renforçait mon bonheur personnel et professionnel, mais si j'avais mieux placé mon argent, j'aurais par exemple pu acheter une maison pour la mettre en location lorsque je passais du temps à l'étranger, au lieu de continuer à payer un loyer. La vie est faite de leçons. J'ai alors décidé d'améliorer mes connaissances financières afin d'avoir les bases solides sur lesquelles je m'appuie aujourd'hui. Je craignais toujours que mes problèmes de santé m'empêchent de gagner suffisamment bien ma vie. Veiller à épargner et acquérir des produits financiers, créer plusieurs sources de revenus et savoir ce que je valais est devenu un mode de vie et m'a aidée à dormir sur mes deux oreilles.

Une gestion soignée de vos revenus vous permet d'assurer l'essentiel et d'atteindre vos objectifs. C'est grâce à Ann Wilson, autrice de *The Wealth Chef* et coach internationale en gestion financière, que j'ai appris à gérer mes revenus. Elle s'est donné pour mission de permettre aux hommes et aux femmes d'accroître leurs connaissances financières.[17] Elle suggère de diviser votre revenu mensuel en portions. J'ai décidé pour ma part de créer plusieurs types de postes répartis dans des pots.

Pot 1 : éléments du quotidien = 55 %. Il s'agit de votre emprunt ou loyer, des factures, de l'alimentation et des vêtements. La prudence dans ce domaine vous permettra de mettre plus

---

17. Wilson, A., *The Wealth Chef: Recipes to Make Your Money Work Hard, So You Don't Have To,* Hay House, 2015.

d'argent dans les pots « Cagnotte de secours » et « Nourriture intellectuelle ».

Pot 2 : bon temps = 10 %, car la vie est trop courte pour être sérieux en permanence. Même si vous faites attention à vos dépenses et à votre épargne, ne penser qu'au travail et ne jamais se distraire est d'un ennui mortel. J'aime utiliser ce pot pour des aventures fantaisistes, me faire des cadeaux et des expériences culinaires.

Pot 3 : épargne à long terme, poire pour la soif = 10 %. À placer directement, par exemple en achetant des actions. Et à n'utiliser qu'en cas d'urgence.

Pot 4 : cagnotte de secours = 10 % que vous mettez de côté maintenant si vous envisagez de démissionner dans un petit moment. Cette réserve est votre filet de sécurité. La plupart des gens s'en servent pour les vacances, la maison ou l'éducation des enfants, mais je conseille à mes clients en plein dilemme de partir du principe que ce pot leur permettra de se maintenir à flot s'ils décident de quitter soudainement leur emploi ou de survivre en attendant que la carrière multi-activités qu'ils viennent de démarrer devienne rentable.

Pot 5 : dons aux associations caritatives = 5 %, car il est toujours important de renvoyer l'ascenseur. Si 5 % vous paraît excessif, faites selon vos moyens. Aider les autres renforce notre bien-être.

Pot 6 : nourriture intellectuelle = 10 %, pour investir dans votre enrichissement personnel. Éducation, formation, livres, événements de réseautage, conférences et sommets. Si vous épargnez ainsi, vous aurez suffisamment de ressources pour suivre un cours ou participer à un événement de réseautage de base. Pour les cours plus coûteux, vous pouvez également piocher dans le pot « Cagnotte de secours ». Le savoir vous donne le pouvoir et, si vous savez que votre prochaine démarche professionnelle ou personnelle demande que vous vous formiez, franchissez le pas et investissez.

Remarque : si vous êtes à votre compte ou chef d'entreprise, vous aurez besoin de provisionner en vue de payer vos impôts. Ceux qui envisagent de monter leur entreprise ou l'ont déjà fait et souhaitent créer un système automatisé pour leurs finances personnelles et professionnelles peuvent lire l'ouvrage très pertinent de Mike Michalowicz intitulé *Profit First*.[18]

La plupart des applications bancaires vous permettront de créer des « pots » ou comptes séparés sur lesquels répartir votre argent et de respecter le budget fixé.

J'aime automatiser les pots 3 et 4 avec des virements automatiques sur des comptes d'épargne. En période d'expérimentation, il vous sera utile de savoir que vous vous constituez une réserve que vous utiliserez lorsque vous franchirez le pas.

Essayez l'exercice suivant, qui vous aidera à utiliser au mieux l'argent dont vous disposez.

EXERCICE

Connaître l'état de vos finances

Grâce à cet exercice, vous maîtriserez les entrées et sorties d'argent et saurez sur quels pots mettre l'accent afin d'aller de l'avant plus facilement et avec moins de stress.

Étape 1

Pour prendre de bonnes habitudes financières, vous devez avoir une idée précise de vos dépenses mois après mois. Je vous conseillerais de le faire pour les douze derniers mois mais, à des fins d'illustration, je vais vous montrer comment procéder sur trois mois. Servez-vous de vos relevés bancaires

18. Michalowicz, M., *Profit First*, Portfolio, 2017.

pour voir où va l'argent gagné à la sueur de votre front. Il est important que vous sachiez :

- combien d'argent rentre – salaire, honoraires versés par les clients, ventes de produits ;
- combien d'argent sort – dépenses, emprunts, prêt étudiant, petits plaisirs, vacances, frais d'habitation, factures, voyages, voiture, etc.

Sorties d'argent	Mois 1	Mois 2	Mois 3
Dépenses courantes			
Gaz, électricité, etc.			
Échéances des prêts			
Emprunt immobilier ou loyer			
Impôts locaux			
Courses			
Assurance			
Loisirs et plaisirs			
Mode			
Cinéma			
Séjours			
Restaurant			
Épargne à long terme			
Plan d'épargne			
Bourse – investissements réguliers			

Sorties d'argent	Mois 1	Mois 2	Mois 3
Associations caritatives			
Prélèvements mensuels au bénéfice d'associations			
Nourriture intellectuelle			
Événements de réseautage			
Atelier d'écriture			
TOTAL			

ÉTAPE 2

Le moment est venu de vous fixer des limites et de répartir en différents postes vos revenus mensuels. Vous aurez ainsi une idée de ce que vous pouvez mettre de côté, consacrer à l'éducation ou à la formation, et aux folies pour les vacances. Vous allez commencer à voir la différence que font des rentrées d'argent plus ou moins importantes en termes de niveau de vie.

- Minimum vital : somme avec laquelle vous pouvez vivre sans faire le moindre écart
- Niveau moyen satisfaisant : niveau de revenus qui vous permet de conserver le mode de vie auquel vous êtes habitué
- Niveau rêvé : niveau auquel vous devez parvenir pour avoir le mode de vie dont vous rêvez, sans aucune restriction ni hésitation

RENTRÉES	POT 1 55 %	POT 2 10 %	POT 3 10 %	POT 4 10 %	POT 5 5 %	POT 6 10 %
MINIMUM VITAL 2 500 € par mois	1 375	250	250	250	125	250
NIVEAU MOYEN SATISFAISANT 6 000 € par mois	3 300	600	600	600	300	600
NIVEAU RÊVÉ 20 000 € par mois	11 000	2 000	2 000	2 000	1 000	2 000

Étape 3

Si vous décidez de quitter votre job, d'accepter une réduction de salaire, de monter une entreprise ou de démarrer une carrière multi-activités, il vous faudra peut-être réorganiser votre budget afin de pouvoir vivre décemment avec votre famille. Vous vous êtes peut-être donné un délai de six à neuf mois avant de démissionner. Vous déciderez peut-être d'augmenter ou de diminuer le pourcentage des différents pots afin de mettre plus d'argent de côté, de consacrer une somme plus importante à la formation ou à l'éducation ou de réduire pendant un moment la part affectée aux loisirs.

Rentrée d'argent	Pourcentage actuel	Nouveau pourcentage	Statu quo
Pot 1 Éléments du quotidien	55	50	
Pot 2 Bon temps	10	5	
Pot 3 Épargne à long terme	10	0	
Pot 4 Cagnotte de secours	10	25	
Pot 5 Dons aux associations caritatives	5		5
Pot 6 Nourriture intellectuelle	10	15	

SOUFFLER FINANCIÈREMENT

Vous entrez peut-être dans l'un des deux camps suivants :

1. Vous envisagez d'opter pour la configuration ci-dessus. Vous disposez donc d'une base de départ.
2. Ce système est déjà en place et vous devez évaluer pendant combien de temps votre épargne et vos autres produits vous permettront de vivre si vous vous retrouvez sans revenu pendant un moment.

Et ensuite ? En répondant aux questions suivantes, vous pourrez contrôler des aspects essentiels de votre plan nécessitant votre attention.

- Que se passerait-il après six à neuf mois sans travailler ou sans un revenu suffisant pour couvrir vos dépenses quotidiennes ? Si vous avez des actions, lesquelles pourriez-vous vendre ?
- Combien d'argent avez-vous de côté ? Combien de temps pourriez-vous tenir en piochant dans votre épargne ?

Quels actifs et quelles dettes avez-vous ?

- Vos actifs
  Revenus de capitaux mobiliers : actions, obligations, fonds de placement. Il s'agit de votre part des bénéfices produits par des entreprises appartenant à quelqu'un d'autre.
  Immobilier source de revenus : résidence secondaire ou immobilier commercial autre que votre résidence principale. Biens vous rapportant un revenu sous forme de loyer.
  Activités générant un revenu semi-passif ou passif : par exemple, droits d'auteur de livres, produits en ligne, cours, formations, brevets, logiciels, applications et musique.
- Si vous avez déjà lancé un projet d'achat de votre première maison ou d'un bien pour le mettre en location, n'abandonnez surtout pas ! Vous pouvez mettre de l'argent

de côté même si votre budget est serré en investissant une somme mensuelle très modeste dans des produits financiers ou, lorsque vous faites des achats courants, en mettant de côté dans un « pot » spécial la différence de façon à arrondir la somme. Par exemple, si le café que vous vous offrez dans l'après-midi coûte 2,75 euros, mettez de côté les 25 centimes qu'il manque pour parvenir à 3 euros. Vos actifs vont gonfler centime après centime !
- Vos dettes. Quelles sommes devez-vous à travers vos emprunts, prêts étudiants, etc. ?

Ces calculs paraissent plus pertinents pour ceux qui démarrent leur entreprise ou optent pour une carrière multi-activités, car récolter les fruits de ces options peut prendre plus de temps qu'escompté.

De même, vous pouvez changer de job et vous retrouver soudain dans le pétrin si l'entreprise qui vous emploie traverse une mauvaise passe et doit dégraisser. Dans ce cas, le dernier arrivé peut se retrouver le premier à partir. Combien de temps pourriez-vous survivre ? Œuvrer activement à votre bonheur professionnel signifie vous préparer à toute éventualité financière.

Et s'il me faut plus d'argent ?

Si vous devez refaire les niveaux de vos réserves, le moment est venu de réfléchir aux possibilités s'offrant à vous pour y parvenir. Je souhaiterais vous rafraîchir la mémoire avec quelques modèles de ressources tirés du chapitre 10. Notez dans un carnet, au fil de la lecture, le modèle le mieux à même de générer plus de revenus.

Prestation vedette

Elle est en adéquation directe avec vos compétences et talents, demande généralement moins de temps et offre des gains importants. Mais, dans certains cas, ces jobs lucratifs ne sont pas forcément aussi répandus que le gagne-pain de base.

Gagne-pain
C'est une rentrée d'argent mensuelle ou au bout d'une durée bien précise – emploi salarié, prestation de services, séances de coaching ou de thérapie…

Revenus passifs/semi-passifs
Il s'agit des droits d'auteur pour des ouvrages, logiciels, applications et musique.

Prêts-relais
Ils servent souvent à « faire la soudure » entre la vente d'un bien immobilier et l'achat d'un autre, mais peuvent aussi servir pour presque tout professionnellement parlant. Vous souhaitez peut-être réaliser un premier investissement immobilier lors d'une mise aux enchères ou vous cherchez à rénover un bien afin qu'il vous rapporte plus.

Activité annexe
Quelle est la compétence, le service ou le produit que vous pouvez proposer pour obtenir une rentrée d'argent supplémentaire alors que vous travaillez à temps plein et souhaitez remplir vos pots « Cagnotte de secours » ou « Nourriture intellectuelle » ? Cette activité annexe doit concerner un marché lucratif, divertissant pour vous et, dans certains cas, exploiter ou développer vos compétences ou vous aider à augmenter le nombre de vos contacts et relations.

EXERCICE

Remplir ses réserves

Dans quelle situation financière vous trouvez-vous en ce moment ? Si vous voulez remplir vos pots « Épargne à long terme » et « Nourriture intellectuelle », vous devez empocher plus d'argent, en négociant une augmentation de salaire ou, si vous avez une entreprise ou une carrière multi-activités, envisagez différentes manières d'accroître votre niveau de revenus.

Pour cet exercice, parcourez les différentes sources de revenus des pages précédentes et consignez par écrit le modèle le plus adapté pour accroître vos rentrées d'argent. Puis réfléchissez aux questions ci-dessous et remplissez les cases en trouvant des moyens d'augmenter vos réserves.

Revenu mensuel actuel (en euros)	Combien souhaiterais-je gagner en plus ?	D'où pourrait provenir cette rentrée supplémentaire ?	Dans quel délai ?
5 000	1 000	• En donnant des cours d'informatique à des enfants, deux soirs par semaine • En louant mon appartement via Airbnb pendant mes absences	Dans les six mois à venir

Réduire les dépenses pour vous aider à aller de l'avant

Nous n'avons pas tous une âme de fourmi. Mais si vous ou votre conjoint envisagez d'opérer des changements radicaux dans votre vie professionnelle, vous gagnerez à être soucieux de vos sorties d'argent, et plus particulièrement des domaines dans lesquels vous pouvez réduire la voilure. Je ne dis pas que vous deviez vivre chichement, mais comment conserver un certain niveau de normalité sans ce superflu pas forcément utile à votre existence ?

Voici quelques moyens de diminuer certaines dépenses indésirables en vue d'un avenir plus rose.

- Frais bancaires – La plupart des gens n'ont aucune idée du montant qu'ils paient. Quels frais bancaires avez-vous et comment opter pour un compte sans frais au presque ?
- Intérêts de prêts – Payez-vous le strict minimum chaque mois ? Êtes-vous en mesure de payer moins cher ?
- Assurances – C'est l'un de ces postes que vous remettez en cause, mais difficile de s'en passer. Vous est-il cependant possible de modifier vos contrats d'assurance habitation, voiture, mutuelle afin de réaliser des économies ?
- Gaz et électricité – Comparez soigneusement les offres et changez de prestataire afin de bénéficier de meilleurs tarifs.
- Alimentation – Mangez-vous beaucoup de plats tout préparés ? Avez-vous l'habitude d'acheter des plats à emporter ? Arrêtez ça ! Essayez de cuisiner deux fois plus et de congeler les portions supplémentaires afin d'emporter votre gamelle au bureau.
- Faites vos courses une fois par mois en ligne après avoir préparé une liste – cela a tout changé dans mon cas. Désormais, je prévois le plus possible mes repas à l'avance

afin de limiter le gaspillage. De même, il n'y a aucun mal à acheter vos articles ménagers auprès de vendeurs en gros.

- Abonnements et adhésions – Si vous allez régulièrement à la salle de sport, fantastique, mais après les bonnes résolutions de janvier, certains la désertent et sont prélevés chaque mois alors qu'ils n'y remettent pas les pieds. Pouvez-vous annuler votre adhésion ? Utilisez-vous souvent ces applications, revues et abonnements à des cours ? Pourriez-vous vous débarrasser de certains ?
- Fabriquez vous-même vos produits de beauté, pour la peau, les cheveux, ainsi que votre gel douche. Au moins, vous saurez ce qu'ils renferment et pourrez ainsi réduire votre exposition aux substances toxiques.
- Faites du vide dans votre dressing et votre logement, et vendez les objets dont vous ne voulez plus et qui vous embarrassent.
- Instaurez une fois par mois une journée sans dépenses. Cette idée amusante vous permettra de ne pas ouvrir votre portefeuille pendant une journée complète.

Surveillez vos dépenses en utilisant une application de gestion de budget ou en créant une feuille de calcul.

Que pourriez-vous faire d'autre pour remplir vos objectifs d'envergure en matière de bonheur professionnel ?

Votre réseau de soutien pour être professionnellement heureux

Et si, au cours de votre quête pour donner un sens à votre vie et poursuivre votre mission, vous faiblissez, faites des erreurs ou êtes simplement fatigué ? C'est inévitable, cher lecteur ! Je ne peux pas et ne vais pas minimiser la question. Lorsque nous optons pour « le courage et non le confort », comme dirait

Brené Brown, nous pénétrons sur un territoire inconnu, mais qui vaut la peine d'être développé.

Quand il s'agit d'emprunter un nouvel itinéraire avec résolution, il est important d'être D'ABORD HEUREUX.

Vous commencerez peut-être par être mal à l'aise : « *Qui suis-je pour me mettre en avant ? Ça paraît égoïste.* » Mais ce manifeste n'a rien d'égoïste, car il est empreint d'amour et de compassion pour veiller à ce que, quels que soient votre influence sur le monde et le changement entrepris, vous puissiez parvenir à vos fins sans mettre en péril la précieuse matière première dont vous disposez : vous-même.

Trop souvent, nous nous laissons emporter en essayant de créer une influence/des idées/de l'argent/des changements/du bien-être/du bonheur (rayer les mentions inutiles) pour nos clients, collègues, équipes ou famille et amis, et nous finissons épuisés.

Sept éléments constituent le modèle ÊTRE D'ABORD HEUREUX :

- **Être attentionné, conscient, présent**

  Soyez bien conscient des éléments déclencheurs qui vous font réagir, identifiez les domaines dans lesquels mettre votre énergie, et prenez les bonnes habitudes pour une réussite et un bien-être supérieurs, en adoptant des techniques de pleine conscience et de recherche du bonheur pour rester centré. Revenez au chapitre 4 pour vous rappeler les mesures servant à prendre soin de vous et surmonter le stress, et au chapitre 7 pour l'exercice de balayage corporel.

- **Dévoiler**

  Apprenez à apprivoiser la vulnérabilité (au travail), à demander de l'aide afin de franchir un cap et à provoquer la réussite que vous désirez. Nous avons évoqué à la fin du chapitre 4 les pistes pour demander de l'aide si vous vous sentez submergé par votre carrière.

- **Les blocages**
  Identifiez les blocages personnels qui entravent votre réussite. De quoi devez-vous vous débarrasser ? Que devez-vous réprimer, refréner afin d'effectuer les changements souhaités ? Nous allons voir plus loin comment nous débarrasser d'un travail qui ne nous convient plus et demander de l'aide.

- **Apprécier**
  Trouvez des moyens de montrer que vous appréciez les autres, des occasions dans votre quête de bonheur professionnel et acceptez difficultés et obstacles, ainsi que vous-même, en toute conscience. Replongez-vous dans la section « Garder à l'esprit que vous êtes génial » (voir chapitre 5), afin de vous rappeler les compétences et forces incroyables accumulées dans votre existence et qui vous aideront à franchir votre prochain cap.

- **Apprendre**
  Quand il s'agit de tirer le meilleur parti de votre travail (et de votre vie), est-ce que tout se déroule systématiquement comme prévu ? Connaître vos forces ne suffit pas. Vous devez être capable de vous en servir intelligemment et de vous mettre au défi d'en acquérir d'autres. Encouragez-vous souvent à innover et ayez un esprit neuf. Si vous avez besoin de vous rafraîchir la mémoire, nous en avons parlé au chapitre 8 dans les quatre cycles de l'apprentissage.

- **Combler les vides**
  J'adore la citation suivante de John Donne, et je vis totalement en accord avec ce qu'elle dit : « Aucun homme n'est une île, complet en soi. Chaque être humain est une partie du continent, une partie du tout. » Les relations sont l'élément essentiel de l'épanouissement. La clé pour reconstituer ce puzzle qu'est le bonheur personnel et professionnel est de se bâtir un réseau de confidents, d'être chers, d'amis et de mentors. Nous traiterons le sujet plus loin.

- **Vos mots**

  Pour obtenir ce qui vous tient le plus à cœur, la maîtrise de votre monologue peut vous aider ou vous compliquer la tâche lorsque vous rencontrez des difficultés, essuyez des revers et atteignez des paliers. Comment affronter les histoires qui vous freinent, pratiquer l'autocompassion et dompter votre petite voix négative du chapitre 2 ?

J'ai peu à peu répandu dans ce livre toute l'utilité de se soucier avant tout d'être heureux, mais pour les besoins du présent chapitre, j'estime important de mettre l'accent sur deux de ces éléments. Pour en savoir plus sur les autres, rendez-vous sur www.loveitleaveit.co.

Tout d'abord, COMBLER LES VIDES.

Les relations et contacts contribuent à :

- vous façonner et vous rendre plus raffiné ;
- vous montrer les comportements que vous devez prendre en compte, modifier ou accepter volontiers ;
- vous offrir les moyens de progresser émotionnellement et de mieux exprimer vos pensées et idées.

Je dois dire que j'ai la chance d'avoir depuis toujours des confidents, âmes sœurs et amis que je peux appeler à 3 heures du matin pour du soutien et des conseils. Ils m'apportent de la joie, émettent des critiques utiles lorsque j'en ai besoin et m'aident à me sentir forte quand je suis faible et assaillie par le doute.

Pensez aux cinq personnes essentielles de votre vie (conjoint, proches, amis, collègues).

- En quoi vous soutiennent-elles ?
- Selon vous, que manque-t-il dans votre réseau de soutien et comment y remédier ?

- Quelles relations souhaitez-vous privilégier ? En avez-vous négligé certaines à cause de vos déceptions professionnelles ?

J'ai besoin d'un peu d'aide !

Vous avez peut-être des amis et proches exceptionnels capables de vous soutenir et de vous prodiguer des conseils judicieux pour votre vie personnelle, mais pourquoi ne pas trouver l'équivalent dans votre sphère professionnelle ? Comment passer rapidement d'une situation sans emploi le mercredi à une foule de possibilités et une proposition de poste la semaine suivante ?

Je vous pose cette question car votre superpouvoir de création de contacts sincères sera votre grande force pour évoluer dans le labyrinthe menant au bonheur professionnel. Que vous souhaitiez intégrer un autre service, monter une entreprise ou changer de secteur d'activité, il est toujours utile de prendre le temps de vous constituer un solide réseau professionnel. Qui fait partie de votre réseau ? Je vous suggère de faire le point.

Mentors potentiels :

- Des gens dont vous admirez le travail – un travail que vous aimeriez faire vous aussi. Des personnes dont les fonctions vous intriguent, qui sont peut-être disposées à ce que vous marchiez dans leurs traces et à démystifier le poste que vous espérez décrocher.
- Des personnes que vous avez comme relations de deuxième ou troisième niveau sur LinkedIn – vous n'êtes pas spécialement en contact, mais l'évolution de leur carrière rejoint vos aspirations personnelles.

Comité personnel de conseillers :
Il s'agit d'une sélection de personnes uniques que vous pouvez consulter, dont vous pouvez emprunter les idées et qui peuvent vous aider à nouer d'autres relations. Dans mon cas, il s'agissait d'anciens mentors, d'amis dignes de confiance,

d'ex-coachs que j'ai consultés moyennant rétribution et de relations LinkedIn. Que vous vous rencontriez en face-à-face ou virtuellement, que vous fassiez un point seulement une fois par trimestre ou en période de transition, il s'agit d'une relation profitable à chacun. Je suis toujours prête à renvoyer l'ascenseur pour les aider. Veillez à ce que votre comité de conseillers (au nombre de trois à de sept) soit :

- un panel très divers –échanger avec des personnes aux parcours et expériences différents était très enrichissant ;
- progressiste et axé sur les actions – il est bénéfique d'établir des relations avec des personnes toujours prêtes à insuffler une certaine dynamique à leur vie personnelle et professionnelle ; cela déteindra sur vous ;
- intelligent – j'aime parler avec des gens plus intelligents que moi. Cela m'incite à rester curieuse, à continuer d'apprendre et à avoir des débats d'idées et d'opinions ;
- constitué de bons coachs – il ne s'agit pas toujours de vous dire quoi faire, ces personnes doivent être capables de tirer le meilleur de vous-même et de vous poser des questions qui vous font réagir ;
- doué en matière de communication – cela va sans dire ; s'ils sont incapables d'exprimer des idées ou leurs pensées, cela n'a d'intérêt pour personne ;
- doté d'un bon carnet d'adresses – il est crucial de disposer d'un conseiller stratégique en mesure de vous mettre en relation avec les bonnes personnes et ressources pour vous aider à progresser et mettre à profit plus rapidement votre vision ;
- expérimenté – si tous vos conseillers étaient inexpérimentés ou n'avaient pas fait leurs preuves dans les domaines que vous visez, vous ne seriez guère avancé, car ils n'en sauraient pas plus que vous.

Comment trouver un précieux mentor ? Jetez un œil à l'exemple suivant.

Envoyer un courriel à un expert que vous ne connaissez pas

Bonjour M./Mme X,

Diplômée tout comme vous de l'école Estienne, je suis en quête d'un poste de directrice artistique. J'ai remarqué sur LinkedIn vos travaux remarquables et les prix que vous avez décrochés.

Je recherche l'emploi de mes rêves et j'aimerais vous poser des questions sur votre expérience à ce poste.

Seriez-vous disponible pour prendre un café ce jeudi à 10 heures ? Je suis également disponible le vendredi. Mais si c'est plus pratique pour vous, je serais ravie de vous envoyer mes questions par courriel.

Bien à vous

Emmanuelle Lefort

Conseils pour établir d'excellents contacts

- Expliquez les raisons pour lesquelles ces personnes vous inspirent et ce que vous admirez chez elles. Votre compliment doit être sincère.
- Veillez à ce que votre demande soit précise et favorise une réponse positive.
- Posez des questions ouvertes : je suis intéressé par un changement de fonctions – passer de la [gestion comptable] à la [direction artistique]. C'est bien évidemment un changement radical, mais à mon précédent poste, j'ai fait X, Y et Z. Pensez-vous que cette expérience serait directement exploitable à ce poste ? Quelle posture adopter lorsque je postule à un job de direction artistique ?
- Si vous finissez par les rencontrer, respectez leur emploi du temps.
- Envoyez un mot ou courriel de remerciement ou un cadeau. Il est essentiel de les informer de l'importance

que cette conversation a eue pour vous et des mesures que vous avez prises.

- Tenez-les au courant de vos avancées – dites-leur que vous êtes désormais en relation avec les personnes qu'ils vous ont suggérées.
- Apportez quelque chose – rendez la pareille, encore et encore. Cela fonctionne dans les deux sens. Par exemple : *« J'ai vu cet article dans la revue X et ça m'a rappelé ce que vous avez dit sur le pouvoir des pôles d'innovation. Voilà, j'ai pensé que cela pourrait vous intéresser. »*

J'ai contacté Natalie Campbell, qui a trouvé un équilibre fantastique entre un éventail d'activités incroyables en tant qu'entrepreneure sociale plusieurs fois primée et ses fonctions de membre du conseil d'administration de différentes institutions. Elle a connu une réussite extraordinaire grâce à son cran, sa vision et la force de son réseau de soutien. Voici ce qu'elle m'a écrit :

> *« Les mentors et les gens qui vous soutiendront et vous parraineront tout au long de votre carrière font partie intégrante de la réussite professionnelle. Avec leurs conseils indispensables et leurs encouragements sincères, les personnes que vous choisissez pour vous accompagner sur un petit bout de chemin font toute la différence entre bien négocier des décisions difficiles et vous laisser emporter par ces dernières. Il n'est jamais trop tôt pour démarrer. Les professeurs sont des mentors et parrains/marraines dans leur façon de se comporter. Ils nous mettent en avant pour des récompenses, nous sélectionnent dans des sports collectifs et nous incitent à dire : "Secoue-toi un peu" et "Bravo, je sais que tu as bossé dur." Et c'est la même chose que vous ayez 15, 25 ou 55 ans. Entourez-vous de personnes, quelle que soit votre situation. »*

Un système de soutien pour parvenir au bonheur professionnel ne se bâtit pas du jour au lendemain. Il faut du temps et de la patience. Vous devez continuer d'agir en fonction des conseils qui vous sont prodigués par vos mentors et leur apporter vous aussi quelque chose, afin que vous ayez tous les deux le sentiment que votre relation est fructueuse. Le jeu en vaut vraiment la chandelle.

Voir le bon côté des choses

Le dernier élément du processus visant à d'abord être heureux est la maîtrise de votre monologue intérieur. Je pense qu'il est important de savoir en quoi notre discours intérieur provoque ou anéantit notre réussite, définit notre conception de l'échec et nous aide à négocier nos changements professionnels avec grâce.

L'échec

« *Qu'as-tu raté cette semaine ?* », ai-je entendu Sara Blakely, de Spanx, dire quand elle racontait que son père lui posait systématiquement la question en fin de semaine au cours du dîner, afin qu'elle puisse apprendre la valeur de l'échec.[19]
Par rapport à : « *Comment s'est passée ta semaine ?* », cette question nous force à apprivoiser l'échec et être à l'aise avec, à l'évaluer par le biais d'un prisme différent, et à modifier notre vocabulaire autour de ce thème.

---

19. « Spanx founder: My dad encouraged me to fail », https://www.youtube.com/watch?v=_TeV9op6Mp8 (document consulté le 24 novembre 2020).

EXERCICE

Affronter la peur et foncer !

SURMONTER L'ANGOISSE DE COMMETTRE DES ERREURS

Vu le grand nombre de changements à venir, nous pouvons nous retrouver paralysés par la peur de commettre des erreurs. J'aimerais que vous vous projetiez en répondant aux questions suivantes.

Quel rêve ou action aimerais-je voir se concrétiser ?	Quels sont mes peurs immédiates ou pires scénarios ?	Quelle est la meilleure chose qui puisse m'arriver ?	Quelles mesures vais-je prendre en premier ?
Cesser d'être agent d'administration pour devenir promoteur immobilier.	Je n'ai aucune connaissance. Je vais perdre de l'argent. Je ne vais pas acheter les biens qu'il faut.	Je pourrais me servir de mon sens de l'organisation pour coordonner une équipe. Je vais chercher à trouver les meilleures options.	Je vais commencer le soir après le travail et assister à une vente aux enchères samedi prochain pour acquérir un peu d'expérience et rencontrer du monde afin de bâtir une équipe.

> *« Vous n'échouerez peut-être pas au point où je l'ai fait, mais les échecs sont inévitables dans la vie. Il est impossible de vivre sans échouer à quelque chose, à moins de vivre tellement prudemment qu'il vaut alors mieux ne pas vivre du tout – auquel cas vous échouez automatiquement. »*
>
> **J. K. Rowling**

Plutôt que de laisser la peur de l'inconnu ou celle de ne pas être à la hauteur dicter votre prochain changement ou les décisions à venir, tirez parti de votre manque d'expérience et des faiblesses que vous vous connaissez pour vous mettre sur la voie du succès.

Reformuler la notion d'échec

Et si vous commettez une erreur ? Voyons quelle est la bonne attitude à adopter quand quelque chose n'a pas fonctionné ou n'a pas été un succès immédiat.

Avec l'avènement d'Instagram et de divers réseaux sociaux, la plupart d'entre nous ne font que partager les points d'orgue de leur existence, occultant les épisodes fâcheux et privilégiant les moments de gloire.

Comme le dit Elizabeth Day, autrice et animatrice du podcast *How to Fail with Elizabeth Day*, dans un climat où le succès est l'aspiration suprême, il est de plus en plus difficile d'innover ou de prendre des risques. Mais l'échec m'a permis de tirer des enseignements que je n'aurais jamais découverts autrement.[20] On parle rarement d'une idée d'entreprise qui a capoté ou de la peur de ne pas pouvoir payer ses factures à la

---

20. Pantony, A., « All Over the Gaffes: Why Failing Isn't So Bad Anymore », https://www.standard.co.uk/lifestyle/esmagazine/all-over-the-gaffes-why-failing-isnt-sobad-anymore-a4217361.html (document consulté le 24 novembre 2020).

fin du mois. Mais si vous le faites, vous pourrez commencer à passer en revue les enseignements à tirer et à prévoir les obstacles qui vous aideront à préserver de l'épreuve du temps le prochain jalon ou événement de votre carrière.

EXERCICE

Le verre à moitié plein

Servez-vous du tableau ci-dessous pour identifier les changements à apporter à votre perception de l'échec et en tirer des leçons.

Échec perçu ou réel	Que s'est-il vraiment passé ?	Qu'est-ce que cet échec perçu vous a offert ou quel succès a-t-il provoqué ?
Je n'ai pas réussi à lancer mon activité de création de chaussures.	Ce n'était pas le bon moment et je ne disposais pas des fonds nécessaires.	Je me suis servie de mes compétences en matière de conception et de mode pour monter une activité de marketing personnel qui a débouché sur un changement de carrière.
Je n'ai pas eu ce job, car je suis nul.	Ces fonctions demandaient beaucoup plus d'expérience dans ce secteur.	Je vais continuer de me former afin d'acquérir toutes ces compétences.

BOUCHER LES TROUS DE VOTRE CV

Il est difficile d'effectuer des changements dans notre quotidien professionnel ou de quitter un job pour deux raisons : la perspective de devoir expliquer des changements d'orientation, d'une part, et des trous dans notre CV, d'autre part, peut s'avérer angoissante. Essayez de mettre cette anxiété de côté et de réfléchir à la manière de répondre aux questions suivantes :

- Pourquoi souhaitez-vous quitter votre poste actuel pour ce nouveau job ?
- Qu'avez-vous fait entre 2012 et 2014 ? Pourquoi ce trou ?

Meilleure est votre faculté d'adaptation et plus vous êtes ouvert sur vos antécédents professionnels, plus vous serez à l'aise pour répondre à ces questions de manière convaincante. Et vous saisirez alors les occasions qui se présenteront. Pour abandonner un job au profit d'un autre, vous devez faire un bilan de votre situation actuelle, de votre objectif et des ingrédients nécessaires pour l'atteindre. Faites en sorte d'avoir un meilleur point de vue.

Voici quelques scénarios.

Scénario 1 : Pourquoi avez-vous quitté ces fonctions/cette entreprise ?

- Ce qui peut sembler être une occasion en or pour certains peut devenir un cauchemar pour d'autres. Ayez donc clairement en tête les raisons de certains changements dynamiques, les fruits récoltés et ce que vous espérez apporter à l'entreprise dans laquelle vous souhaitez entrer grâce à ces changements.
- Vous avez peut-être décidé de quitter votre job pour vous recycler ou vous former dans le nouveau domaine choisi, en recommençant à zéro avant la quarantaine.

- Vous étiez peut-être à un poste d'encadrement qui, à vos yeux, n'exploitait pas au mieux vos compétences. Il était incompatible avec l'orientation professionnelle souhaitée ou ne vous épanouissait pas sur le plan personnel.

Scénario 2 : Que s'est-il passé entre 2012 et 2014 ?

- Essayez d'expliquer ce qui s'est passé pendant cet intermède et qui pourrait s'avérer positif et bénéfique pour l'entreprise en position de vous recruter.
- Vous avez pris un congé sabbatique pour voyager et apprendre une langue étrangère ? Vous êtes retourné sur les bancs de l'école ou vous êtes recyclé ? Expliquez qu'aujourd'hui vous êtes prêt à mettre cette expérience à profit dans vos nouvelles fonctions.
- Vous avez eu un bébé, vous vous êtes occupée d'un parent âgé ou vous avez été malade ? Il arrive certaines choses dans la vie, vous n'êtes qu'un être humain ! Des explications en toute honnêteté sont toujours préférables à un mensonge.

Scénario 3 : Pourquoi avez-vous changé de secteur pour faire ensuite volte-face ?

- Cela vous a permis d'acquérir de nouvelles compétences et vous en ressortez plus fort ? Le fait de vous essayer à travailler dans un nouveau secteur vous a permis de redécouvrir la joie que vous procurait votre job dans le premier domaine ? Les différents environnements professionnels vous ont aidé à renforcer votre sens du relationnel ? Les connaissances acquises dans les deux secteurs sont un atout ?

Plutôt que de douter de vos changements professionnels ou de vous soucier du qu'en-dira-t-on, expliquez à quel point vous avez mûri. Précisez tout ce que vous avez acquis en termes d'expériences, de compétences et d'outils, et en quoi ces éléments nourriront votre progression. C'est primordial pour gagner en confiance et vous préparer aux questions piégeuses.

Faire le deuil de vos changements professionnels

Il peut s'avérer difficile d'opérer des changements dans la vie professionnelle à cause de tous les souvenirs et expériences profondément ancrés. Nous avons noué des amitiés solides ou rencontré notre conjoint dans cette entreprise. Ces souvenirs ont peut-être sapé notre confiance en nous (chef/culture/collègues toxiques ou ambiance de travail gênante) ou l'ont au contraire renforcée (promotions/reconnaissance). Lorsque nous quittons une entité ou un département, ignorer ce qui nous attend est redoutable, nous devons lutter contre notre syndrome de l'imposteur interne, qui nous fait nous demander si nous réussirons à obtenir des résultats dans cette nouvelle entité.

Certains de mes clients pleurent des jobs qu'ils n'ont même pas aimés – ils étaient en place depuis longtemps et la routine était devenue leur béquille. On peut facilement s'enfermer dans une attitude face aux autres qui nous met à l'aise et s'avère difficile à modifier.

À l'heure de réfléchir aux personnes importantes à vos yeux, décidez avec qui vous souhaitez vraiment garder le contact et dites au revoir à celles et ceux que vous laissez derrière sans regrets ou avec lesquelles vous avez pris plaisir à travailler.

Après la remise de votre démission et votre départ, il est important d'exprimer vos émotions ou de pleurer vos fonctions passées avant de prendre votre nouveau poste, même si vous restez dans l'entreprise et changez seulement de département ou d'équipe. Comme dans la vie amoureuse, pas question de trimbaler de vieux bagages. Des souvenirs de votre ancien job resurgiront peut-être au début, mais soyons réalistes, personne ne souhaite entendre le récit de votre fâcheuse aventure.

Arrivez l'esprit ouvert et plein d'ondes positives. Laissez-vous surprendre et ravir par votre nouveau job.

Et maintenant ?

Le trio gagner de l'argent, se bâtir un réseau et assumer son parcours professionnel constitue l'un des plus gros écueils à l'heure de trouver le bonheur professionnel. En effectuant les exercices de ce chapitre, vous multiplierez les chances de réussir votre changement.

Si vous avez besoin d'un coup de pouce supplémentaire, suivez-moi dans le dernier chapitre. Vous y trouverez des propos qui me permettent d'avancer vers la réalisation de mes objectifs, même quand je ne sais pas vraiment où je vais.

Allez sur www.loveitleaveit.co pour disposer d'autres ressources, outils, modèles et conseils de lecture concernant ce chapitre.

CHAPITRE 12

C'est le moment !

Un jour, on m'a demandé de donner une conférence sur le thème « Donner un sens à sa vie et vieillir avec fierté en conservant une capacité d'action ». Cela m'a fait réfléchir à ma vie en tant que femme de 38 ans (l'âge que j'avais à l'époque). J'ai pensé au lien étroit que j'entretiens avec la vie et la mort depuis ma jeunesse, et à la façon dont cela a orienté à mon insu ma raison d'être et ma relation au travail.

Vous connaissez maintenant mon histoire. Je ne vais donc pas revenir sur mon parcours professionnel, mais je souhaite expliquer comment s'est déroulée mon évolution personnelle. À l'âge de 5 ans, j'ai été transportée à l'hôpital pour une méningite et une pneumonie. Voyant que mon organisme ne réagissait pas aux antibiotiques et face à la détérioration rapide de mon état, ils ont approfondi leurs recherches et là, boom ! On m'a diagnostiqué une drépanocytose. Je m'en souviens parfaitement. J'étais alitée et je regardais mon père qui avait les larmes aux yeux et ma mère qui observait, l'air stupéfait, le médecin en train de décrire ma maladie et de préciser que la plupart des enfants frappés par cette affection chronique n'atteignaient pas l'âge adulte.

En grandissant, j'ai toujours entendu ma mère me rappeler la chance que j'avais : « *Sammy, tu es née avec un destin.* »

Au milieu de l'adolescence, je ne voyais pas vraiment de quel destin elle parlait. Tout ce que je voyais, c'était que j'étais incapable de faire les mêmes choses que les autres enfants. Au fil des années, pourtant, les crises me faisaient de plus en plus souffrir. J'ai souffert dès le départ, quand j'avais 5 ans, puis lorsque j'étais coincée à l'hôpital à l'époque de l'université, pendant que tous les autres vivaient leur vie d'étudiant et que moi j'étais sous perfusion, et enfin quand j'ai décidé d'échapper aux frimas de l'hiver en partant au Brésil en voyage organisé pour sept semaines. Je suis tombée malade au cours d'une excursion en solo. Je me tordais de douleur dans un hôpital brésilien, ne parlant pas un traître mot de portugais et me demandant comment mes amis et ma famille apprendraient ma mort.

À chacun de ces moments, après la colère, la frustration et les larmes, je me suis demandé : « *Qu'essaie de m'apprendre ce moment ? Qu'aurai-je fait de vraiment important dans ma vie si je devais mourir ? Après avoir eu la chance d'en réchapper à plusieurs reprises, est-ce que je profite pleinement du dépassement de l'espérance de vie censée être la mienne au départ ?* » J'avoue, ce n'est pas une introspection banale.

Aux différents postes que j'ai occupés dans plusieurs entreprises, les poussées de la maladie m'ont empêchée de donner le meilleur de moi-même, et j'en suis arrivée à un point où je me suis dit : « *Ça suffit !* » Car non seulement je n'étais pas heureuse au travail, mais les environnements dans lesquels j'évoluais ne m'aidaient ni moralement ni physiquement.

Je me suis promis de me façonner un meilleur moyen de travailler, parfaitement adapté à mes besoins mentaux et physiques et qui révélerait ma disposition à aider les autres. Être considérée par les amis et la famille comme quelqu'un d'altruiste et plein de vie est une chose, mais je souhaitais vraiment aider les autres. Mon périple pour devenir consultante en bonheur a été gâché par des épisodes de maladie, de souffrance, de contrariété et de frustration. Mais je me suis nourrie de la mission consistant à donner aux autres les moyens et la force de surmonter les obstacles et de trouver la détermination nécessaire pour innover, afin qu'ils puissent eux aussi donner un sens à leur vie.

Lorsque vous retournez dans votre tête les décisions à prendre, je souhaite que vous fassiez vôtre la formule « *Memento mori* », qui signifie « Souvenez-vous que vous allez mourir. » Vous trouvez peut-être ça quelque peu morbide, mais je tiens à ce que vous évaluiez les étapes à franchir afin d'effectuer des choix judicieux. Je ne veux pas que vous passiez à côté de l'occasion d'avoir une vie meilleure aujourd'hui *et non demain.*

Le célèbre stoïcien Sénèque a écrit : « *Le terme de notre carrière est où l'inexorable nécessité des destins l'a fixé : mais nul de nous ne sait de combien il est proche. Aussi faut-il disposer notre âme comme si nous y touchions déjà : ne remettons rien au futur, réglons journellement nos comptes avec la vie. Car elle pèche surtout en ceci que, toujours inachevée, on l'ajourne d'un temps à un autre. Qui sut chaque jour mettre à sa vie la dernière main n'est pas à court de temps.* »[21] Ce n'est pas simplement un mode de pensée stoïcien. Cette approche remonte aux enseignements égyptiens, bouddhistes, romains et catholiques. Entrepreneurs, sportifs professionnels et universitaires s'en servent de nos jours pour se pousser à passer à l'action et garder une bonne dynamique. Je vous demande simplement de penser à l'étincelle qui allumera votre feu et de vous permettre de saisir toutes les occasions.

Comme le dit Shunryu Suzuki, père fondateur du bouddhisme zen aux États-Unis : « *L'esprit du débutant contient beaucoup de possibilités, mais celui de l'expert en*

---

21. Sénèque, *Choix de lettres morales de Sénèque à Lucilius*, Librairie de L, Hachette et Cie, 1864, p. 151.

contient peu. »[22] C'est simplement ce à quoi je vous demande de penser.

ALORS, QUE VA-T-IL ADVENIR ?

Que vous choisissiez de quitter votre job ou de l'aimer, n'attendez pas inutilement. J'espère que ce livre vous a guidé de façon à penser, voir et agir différemment dans l'optique d'atteindre le bonheur professionnel.

Servez-vous de ce que vous avez lu pour savoir précisément ce que vous souhaitez. Évitez de laisser plusieurs options en attente – même si vous prenez la mauvaise décision, cela demeure une décision et vous allez de l'avant. Repensez à la situation dans laquelle vous vous trouviez il y a un an, puis imaginez là où vous en serez dans huit semaines, six mois ou même un an, avec tout ce panache, cette perspicacité, ce savoir et cet air fanfaron. Je demande toujours à mes clients ce qui leur ferait le plus de mal :

> se contenter d'une vie professionnelle stressante et démoralisante qui ne les rend pas heureux
>
> ou
>
> tolérer de la gêne en cherchant ce qui les rend vraiment heureux dans la vie et au travail ?
>
> Alors, votre job, vous l'aimez ou vous le quittez ?

---

22. Suzuki, S. *Esprit zen, esprit neuf*, traduit par Sylvie Carteron, Point2, Paris, 2013.

ANNEXE I

LE QUIZ DES QUATRE CARACTÈRES RENCONTRÉS AU BUREAU

Au chapitre 4, nous avons présenté quatre traits de caractère difficiles sur lesquels vous êtes susceptible de tomber au bureau et, au chapitre 7, nous avons vu comment nouer de meilleures relations avec chacun de ces caractères pour être plus heureux au travail. Pour identifier votre profil, répondez aux questions suivantes en indiquant la réponse qui vous correspond le mieux. À la fin de l'exercice, comptez le nombre de A, de B, de C et de D, afin de découvrir le caractère le plus conforme à votre profil.

1.

Au travail, dans le cadre de vos activités et tâches journalières, quelles sont les priorités les plus importantes à vos yeux ?

A. Obtenir d'excellents résultats, surmonter les obstacles et fêter les victoires.
B. Me sentir respecté, travailler sur plusieurs projets avec d'autres personnes et être aimé.
C. Instaurer un environnement serein et un ensemble de processus et de systèmes pour que les gens tendent vers l'excellence et évoluent à leur meilleur niveau.
D. Travailler méthodiquement sans me laisser surprendre ni être pressé par le temps.

Au travail, dans le cadre de vos activités et tâches journalières, quelles sont les priorités les moins importantes à vos yeux ?

A. Travailler méthodiquement sans me laisser surprendre ni être pressé par le temps.
B. Instaurer un environnement serein et un ensemble de processus et de systèmes pour que les gens tendent vers l'excellence et évoluent à leur meilleur niveau.
C. Obtenir d'excellents résultats, surmonter les obstacles et fêter les victoires.
D. Me sentir respecté, travailler sur plusieurs projets avec d'autres personnes et être aimé.

2.

Au sein d'une équipe, vous serez très probablement la personne qui :
A. Est prête à démarrer immédiatement ; les actes sont plus éloquents que la parole.
B. Permet au temps de passer à toute vitesse grâce à ses blagues et son humour.
C. Tient à ce que tout le monde s'investisse, même les personnes en retrait.
D. Fonce une fois le plan en place.

Au sein d'une équipe, il y a peu de chances que vous soyez la personne qui :
A. Permet au temps de passer à toute vitesse grâce à ses blagues et son humour.
B. Fonce une fois le plan en place.
C. Est prête à démarrer immédiatement ; les actes sont plus éloquents que la parole.
D. Tient à ce que tout le monde s'investisse, même les personnes en retrait.

3.

Si vous êtes en désaccord avec les propos de quelqu'un, qu'êtes-vous le plus susceptible de faire ou dire ?
A. Je suis tout à fait sincère et lui dis que je ne suis pas d'accord.
B. Je me prends de curiosité et lui demande d'approfondir le sujet.
C. Je change de ton ou de sujet.
D. Je prends la chose avec nonchalance.

Si vous êtes en désaccord avec les propos de quelqu'un, qu'êtes-vous le moins susceptible de faire ou dire ?
A. Je prends la chose avec nonchalance.
B. Je change de ton ou de sujet.
C. Je suis tout à fait sincère et lui dis que je ne suis pas d'accord.
D. Me prendre de curiosité et lui demander d'approfondir le sujet.

4.

Concernant le travail de réflexion comme les recherches, les séances de remue-méninges, la visualisation créative, quelle sera très probablement votre réaction ?
A. C'est fabuleux, si cela nous mène rapidement à l'objectif final.
B. Génial ! Si cela nous rassemble, je suis partant.
C. J'adore ce genre de travail.
D. Je suis partant si cela permet à toute l'équipe de résoudre les problèmes.

Concernant le travail de réflexion comme les recherches, les séances de remue-méninges, la visualisation créative, quelle réaction n'aurez-vous très probablement pas ?

A. J'adore ce genre de travail.
B. Je suis partant si cela permet à toute l'équipe de résoudre les problèmes.
C. C'est fabuleux, si cela nous mène rapidement à l'objectif final.
D. Génial ! Si cela nous rassemble, je suis partant.

5.

Si vous rencontrez un problème, qu'êtes-vous le plus susceptible de dire ou faire ?
A. Pas de procrastination, je choisis d'aller de l'avant et de me mettre illico à travailler.
B. Je suis certain que tout ira bien ; inutile de m'inquiéter.
C. J'analyse ce que je ressens et prends une décision émotionnelle.
D. Je recueille plus de données et de faits afin de définir avec soin les options existantes.

Si vous rencontrez un problème, qu'êtes-vous le moins susceptible de dire ou faire ?
A. Je suis certain que tout ira bien ; inutile de m'inquiéter.
B. Je recueille plus de données et de faits afin de définir avec soin les options existantes.
C. Pas de procrastination, je choisis d'aller de l'avant et me mets illico à travailler.
D. J'analyse ce que je ressens et prends une décision émotionnelle.

6.

Lors d'un événement de réseautage, qu'êtes-vous le plus susceptible de faire ?

A. J'établis le contact avec certaines personnes d'une manière amusante et unique qui va au-delà du traditionnel « Qu'est-ce que vous faites dans la vie ? »
B. Je reste calme, j'observe et trouve des petits groupes de gens avec qui faire connaissance.
C. Je suis un plan bien établi afin de recueillir des informations sur un nombre précis de personnes en exploitant au mieux le temps imparti.
D. Avant l'événement, je dresse la liste des personnes à trouver, rencontrer et avec qui entrer en relation.

Lors d'un événement de réseautage, qu'êtes-vous le moins susceptible de faire ?
A. Je reste calme, j'observe et trouve des petits groupes de gens avec qui faire connaissance.
B. Je suis un plan bien établi afin de recueillir des informations sur un nombre précis de personnes en exploitant au mieux le temps imparti.
C. Avant l'événement, je dresse la liste des personnes à trouver, rencontrer et avec qui entrer en relation.
D. J'établis le contact avec certaines personnes d'une manière amusante et unique qui va au-delà du traditionnel « Qu'est-ce que vous faites dans la vie ? »

7.

Quels sont les types de tâches que vous appréciez le plus ?
A. Les tâches progressives et palpitantes qui mènent à la réussite pour moi et mon équipe.
B. Rencontrer des gens, avoir de nouvelles idées, susciter des idées brillantes.
C. Le travail solitaire en toute autonomie.
D. Les tâches répétitives et prévisibles.

Quels sont les types de tâches que vous appréciez le moins ?
A. Rencontrer des gens, avoir de nouvelles idées, susciter des idées brillantes.
B. Le travail solitaire en toute autonomie.
C. Les tâches répétitives et prévisibles.
D. Les tâches progressives et palpitantes qui mènent à la réussite pour moi et mon équipe.

8.

Vous vous décririez comme étant surtout :
A. Déterminé, compétent, axé sur les résultats.
B. Chef de bande, sociable, extraverti.
C. Bienveillant, prévenant et avec un sens de la médiation.
D. Méthodique, précis, efficace.

Vous vous décririez comme n'étant surtout pas :
A. Bienveillant, prévenant et avec un sens de la médiation.
B. Déterminé, compétent, axé sur les résultats.
C. Méthodique, précis, efficace.
D. Chef de bande, sociable, extraverti.

9.

Quand on vient vous parler d'un projet, qu'est-ce qui vous intéresse en premier lieu ?
A. Parler à la personne qui dirige le projet.
B. Avoir des idées nouvelles à soumettre.
C. Identifier les répercussions de ce projet.
D. Comprendre pourquoi on a besoin de moi et quelle serait ma contribution.

Quand on vient vous parler d'un projet, qu'est-ce qui vous intéresse le moins ?
A. Identifier les répercussions de ce projet.
B. Comprendre pourquoi on a besoin de moi et quelle serait ma contribution.
C. Avoir des idées nouvelles à soumettre.
D. Parler à la personne qui dirige le projet.

10.

Quand vous entendez parler d'un changement soudain, qu'êtes-vous le plus susceptible de penser :
A. En quoi cela va-t-il jouer sur ma capacité à obtenir des résultats ?
B. En quoi cela va-t-il influer sur l'expérience que je vis ?
C. Quelles seront les conséquences pour les autres ?
D. Quel est le meilleur moyen d'en établir les grandes lignes ?

Quand vous entendez parler d'un changement soudain, qu'êtes-vous le moins susceptible de penser :
A. Quelles seront les conséquences pour les autres ?
B. Quel est le meilleur moyen d'en établir les grandes lignes ?
C. En quoi cela va-t-il jouer sur ma capacité à obtenir des résultats ?
D. En quoi cela va-t-il influer sur l'expérience que je vis ?

11.

Quelle est la meilleure remarque que l'on puisse vous adresser ?
A. Tu obtiens toujours des résultats.
B. Tu nous as manqué à la réunion/au bureau/à la fête/hier.

C. Je me sens toujours considéré et écouté quand je suis avec toi.
D. Tu as accompli énormément de choses en très peu de temps !

Quelle est la pire remarque que l'on puisse vous adresser ?
A. Je me sens toujours considéré et écouté quand je suis avec vous.
B. Ouah, tu as accompli énormément de choses en très peu de temps !
C. Tu obtiens toujours des résultats.
D. Tu nous as manqué à la réunion/au bureau/à la fête/hier.

12.

En quoi consiste le plus souvent votre façon d'aborder un travail ou un projet ?
A. Obtenir le consensus concernant la meilleure approche.
B. Trouver quelqu'un avec qui m'associer.
C. En savoir plus sur l'objectif final avant de démarrer.
D. Balayer rapidement ma liste de choses à faire.

En quoi consiste le plus rarement votre façon d'aborder un travail ou projet ?
A. Trouver quelqu'un avec qui m'associer.
B. Obtenir le consensus concernant la meilleure approche.
C. Balayer rapidement ma liste de choses à faire.
D. En savoir plus sur l'objectif final avant de démarrer.

SI VOUS AVEZ…

Une majorité de A
Commandant

Vous savez gérer les problèmes, en vous affirmant et en contrôlant les situations. Vous aimez que le travail soit fait et bien fait, obtenir des résultats et décrocher de belles victoires.

Une majorité de B
Navigateur

Dans votre façon de gérer les gens, votre mode de communication et votre relation aux autres, vous aimez vous engager avec un grand nombre de personnes, appréciez la démarche et êtes regonflé par de nouvelles idées.

Une majorité de C
Pacificateur

Vous êtes d'un tempérament patient, persévérant et attentionné. Vous aimez vous assurer que les gens se sentent bien accueillis, investis et entendus.

Une majorité de D
Prudent

Dans la façon dont vous abordez et organisez votre activité, vos procédures et vos responsabilités, vous appréciez le fait d'avoir du temps pour travailler en solo et en toute autonomie.

ANNEXE II

LE TEST DES POINTS FORTS

Le moment est venu de trouver vos superpouvoirs. Chaque zone comprend 5 questions. Indiquez votre sentiment vis-à-vis de chaque énoncé selon la grille suivante :

- Tout à fait d'accord = 5 points
- Plutôt d'accord = 4 points
- Ni d'accord, ni pas d'accord = 3 points
- Pas vraiment d'accord = 2 points
- Pas du tout d'accord = 1 point

À la fin de chaque zone, faites le total et notez les scores – j'ai renseigné la première zone en guise d'exemple. Une fois en possession des scores pour toutes les zones, vérifiez quels sont vos cinq superpouvoirs.

Zone 1 – Esprit universel

Énoncé	Tout à fait d'accord (5)	Plutôt d'accord (4)	Ni d'accord, ni pas d'accord (3)	Pas vraiment d'accord (2)	Pas du tout d'accord (1)
1. Je m'ennuie rapidement quand je n'ai pas l'occasion d'apprendre des choses.	X				
2. J'assimile facilement les nouveaux concepts.		X			
3. Je pense qu'il est préférable d'être généraliste que spécialiste.			X		

4. Apprendre, quel que soit le sujet, me donne de l'énergie.					X
5. Mon enthousiasme et ma soif de savoir sont contagieux et admirables.		X			

Total pour la ZONE 1 = 17 (5 + 4+ 3 + 1 + 4)

Zone 2 – Conteur

Énoncé	Tout à fait d'accord (5)	Plutôt d'accord (4)	Ni d'accord, ni pas d'accord (3)	Pas vraiment d'accord (2)	Pas du tout d'accord (1)
6. Le meilleur moyen de donner mon point de vue est de raconter une histoire.					
7. Mes amis disent que je peux faire d'un événement banal une véritable aventure.					
8. Les gens sont tout de suite captivés par ce que je dis.					
9. Je prends plaisir à m'exprimer singulièrement pour faire passer un message.					
10. Je prends facilement la parole en public.					

Zone 3 - Dynamiseur

Énoncé	Tout à fait d'accord (5)	Plutôt d'accord (4)	Ni d'accord, ni pas d'accord (3)	Pas vraiment d'accord (2)	Pas du tout d'accord (1)
11. J'adore démarrer un nouveau projet, mais sans être forcément la personne qui le mènera à son terme.					
12. J'aime faire avancer de nouveaux projets, idées et possibilités.					
13. Je suis persuadé que l'on peut trouver d'excellentes solutions en posant des questions qui poussent à la réflexion.					
14. Mettre en œuvre, c'est très bien, mais tout part d'une idée brillante.					
15. Ça m'irrite quand j'entends de belles paroles qui ne sont pas suivies d'actes.					

Zone 4 - Diplomate

Énoncé	Tout à fait d'accord (5)	Plutôt d'accord (4)	Ni d'accord, ni pas d'accord (3)	Pas vraiment d'accord (2)	Pas du tout d'accord (1)
16. Il vaut mieux favoriser la paix qu'alimenter des conflits interminables et inutiles.					
17. L'harmonie est source de productivité.					
18. J'adore restaurer la paix entre deux personnes aux points de vue divergents.					
19. Je m'attache à inclure tout le monde et à veiller qu'ils soient tous traités de manière équitable.					
20. J'aime cerner la version des deux camps dans toute dispute.					

Zone 5 – Tacticien

Énoncé	Tout à fait d'accord (5)	Plutôt d'accord (4)	Ni d'accord, ni pas d'accord (3)	Pas vraiment d'accord (2)	Pas du tout d'accord (1)
21. Il est difficile pour moi de travailler avec des personnes incapables de prendre du recul.					

22. Je déteste me focaliser sur les petits détails.					
23. J'aime penser plusieurs coups à l'avance.					
24. Je perçois facilement les similitudes dans des problèmes en apparence différents et complexes.					
25. Je suis persuadé que l'on ne peut pas résoudre de nouveaux problèmes avec d'anciennes recettes. Il faut des idées neuves.					

Zone 6 – Cogiteur

Énoncé	Tout à fait d'accord (5)	Plutôt d'accord (4)	Ni d'accord, ni pas d'accord (3)	Pas vraiment d'accord (2)	Pas du tout d'accord (1)
26. Il me faut du temps et de l'espace pour réfléchir avant de tirer des conclusions.					
27. Je suis souvent dans mes pensées.					
28. Mes amis sont souvent étonnés de ma profondeur d'esprit.					
29. La théorie est une base utile pour n'importe quelle pratique ou action.					

30. Je suis enthousiaste à l'idée d'avoir du temps pour réfléchir seul dans mon coin.					

Zone 7 – Sociable

Énoncé	Tout à fait d'accord (5)	Plutôt d'accord (4)	Ni d'accord, ni pas d'accord (3)	Pas vraiment d'accord (2)	Pas du tout d'accord (1)
31. On m'appelle souvent pour apaiser les conflits.					
32. Je suis capable de cerner les besoins des autres sans qu'ils ouvrent la bouche.					
33. Je cherche toujours un terrain d'entente et à comprendre l'autre.					
34. Les gens se sentent compris et importants en ma présence.					
35. Si je ne suis pas d'accord avec tout le monde, je comprends toujours l'état d'esprit de l'autre.					

Zone 8 – Agile

Énoncé	Tout à fait d'accord (5)	Plutôt d'accord (4)	Ni d'accord, ni pas d'accord (3)	Pas vraiment d'accord (2)	Pas du tout d'accord (1)
36. Je m'adapte facilement au changement.					

37. J'aime les colles, les changements soudains et le chaos.					
38. Ma souplesse d'esprit fait que les engagements sérieux me passionnent.					
39. Je suis une personne assez malléable et facile à vivre.					
40. Trop de cohérence et de prévisibilité m'ennuie.					

Zone 9 – Meneur

Énoncé	Tout à fait d'accord (5)	Plutôt d'accord (4)	Ni d'accord, ni pas d'accord (3)	Pas vraiment d'accord (2)	Pas du tout d'accord (1)
41. J'aime rétablir l'ordre dans les situations paraissant chaotiques.					
42. Les gens sont enthousiastes lorsque je prends les choses en main.					
43. Je suis euphorique quand on exécute mes ordres.					
44. Je respire la certitude et la confiance en soi.					

45. Je suis à l'aise quand il s'agit de donner des points de vue qui peuvent déranger.					

Zone 10 – Évaluateur

Énoncé	Tout à fait d'accord (5)	Plutôt d'accord (4)	Ni d'accord, ni pas d'accord (3)	Pas vraiment d'accord (2)	Pas du tout d'accord (1)
46. Donnez-moi des faits probants et non des réflexions fantasques.					
47. Les gens disent de moi que je suis logique et précis.					
48. Je déteste mélanger émotions et logique. La logique l'emporte toujours chez moi.					
49. Si vous avez un point à faire, il vaut toujours mieux vous appuyer sur des faits objectifs et concrets, ainsi que sur des chiffres.					
50. Rien ne me met plus en joie que les chiffres et les données.					

Zone 11 – Conquérant

Énoncé	Tout à fait d'accord (5)	Plutôt d'accord (4)	Ni d'accord, ni pas d'accord (3)	Pas vraiment d'accord (2)	Pas du tout d'accord (1)
51. Le succès est important pour moi.					
52. Mes amis disent que l'esprit de compétition est inné chez moi.					
53. La compétition est le meilleur moyen de révéler la détermination et de pousser à l'excellence.					
54. J'aime tout gagner, les compétitions, les débats, les jeux de société, et j'en passe !					
55. Je rivalise avec les autres afin de repousser mes propres limites.					

Zone 12 – Débrouillard

Énoncé	Tout à fait d'accord (5)	Plutôt d'accord (4)	Ni d'accord, ni pas d'accord (3)	Pas vraiment d'accord (2)	Pas du tout d'accord (1)
56. Il y a tous les jours des problèmes à régler.					
57. Rien ne me passionne plus que résoudre un problème qui donne du fil à retordre aux autres.					

58. Les gens viennent toujours me voir pour débloquer une situation.					
59. Rien n'est insoluble.					
60. Je trouve facilement des solutions.					

Zone 13 – Mentor

Énoncé	Tout à fait d'accord (5)	Plutôt d'accord (4)	Ni d'accord, ni pas d'accord (3)	Pas vraiment d'accord (2)	Pas du tout d'accord (1)
61. J'adore soutenir ceux qui opèrent des changements.					
62. Nous devrions tous aider ceux qui nous entourent à exploiter leur potentiel.					
63. Je souhaite que les gens connaissent le succès.					
64. J'aime lever les obstacles empêchant les autres de réussir.					
65. Je suis naturellement enclin à aider les autres à exceller dans ce qu'ils font.					

Zone 14 – Vertueux

Énoncé	Tout à fait d'accord (5)	Plutôt d'accord (4)	Ni d'accord, ni pas d'accord (3)	Pas vraiment d'accord (2)	Pas du tout d'accord (1)
66. La pire chose pour moi est de sentir que mes valeurs sont compromises.					
67. Je suis animé par une grande résolution.					
68. Je ne renoncerai jamais à mes valeurs et critères.					
69. Je suis persuadé que les actes en disent long sur ce qui importe le plus aux autres.					
70. J'attends que les autres respectent autant mes valeurs que je respecte les leurs.					

Zone 15 – Créateur

Énoncé	Tout à fait d'accord (5)	Plutôt d'accord (4)	Ni d'accord, ni pas d'accord (3)	Pas vraiment d'accord (2)	Pas du tout d'accord (1)
71. Je suis enthousiaste lorsque je bénéficie d'une totale liberté de créer.					

72. Les gens viennent toujours me voir quand ils cherchent des idées nouvelles et novatrices.					
73. Il me vient des idées tous les jours.					
74. J'aime pousser les gens à soumettre de meilleures idées.					
75. Je m'impatiente quand les gens ne sont pas imaginatifs.					

Zone 16 – Guerrier solitaire

Énoncé	Tout à fait d'accord (5)	Plutôt d'accord (4)	Ni d'accord, ni pas d'accord (3)	Pas vraiment d'accord (2)	Pas du tout d'accord (1)
76. J'aime prendre des décisions à mon rythme, sans que l'on me force la main.					
77. J'ai une totale confiance en moi, en mes capacités et en mon intuition.					
78. J'adore avoir le pouvoir d'influer sur ma situation.					
79. J'ai confiance en ma capacité à toujours prendre la bonne décision.					
80. Les gens admirent ma grande perception de soi.					

Zone 17 – Optimiste

Énoncé	Tout à fait d'accord (5)	Plutôt d'accord (4)	Ni d'accord, ni pas d'accord (3)	Pas vraiment d'accord (2)	Pas du tout d'accord (1)
81. Ça m'agace quand on cherche des failles à toutes les situations.					
82. Je préfère voir le verre à moitié plein qu'à moitié vide.					
83. Je regarde toujours le positif dans mon travail et dans la vie.					
84. Je retiens plus les bons côtés que les mauvais côtés des gens.					
85. Il est toujours possible de trouver le bonheur, même dans les périodes difficiles.					

Zone 18 – Investi

Énoncé	Tout à fait d'accord (5)	Plutôt d'accord (4)	Ni d'accord, ni pas d'accord (3)	Pas vraiment d'accord (2)	Pas du tout d'accord (1)
86. J'ai toujours l'objectif final en tête.					
87. Je pense qu'il est important de tenir ses engagements, qu'ils soient modestes ou d'envergure.					

88. J'attends des autres qu'ils soient aussi investis que moi.					
89. J'adore tenir mes promesses.					
90. Votre réputation se forge sur votre capacité à remplir vos engagements.					

Zone 19 – Méthodique

Énoncé	Tout à fait d'accord (5)	Plutôt d'accord (4)	Ni d'accord, ni pas d'accord (3)	Pas vraiment d'accord (2)	Pas du tout d'accord (1)
91. J'aime les rituels, les programmes et les délais.					
92. J'aime par-dessus tout être fiable.					
93. Je suis convaincu que le succès est conditionné par le respect d'une feuille de route.					
94. Je déteste que l'on ne respecte pas un plan.					
95. Sans plan, je suis perdu.					

Zone 20 – Posé

Énoncé	Tout à fait d'accord (5)	Plutôt d'accord (4)	Ni d'accord, ni pas d'accord (3)	Pas vraiment d'accord (2)	Pas du tout d'accord (1)
96. J'aime me concentrer sur une chose à la fois.					
97. Les distractions et le multitâche me mettent mal à l'aise.					
98. Les gens disent que j'évalue chaque tâche et chaque acte méticuleusement.					
99. Ça m'agace quand les gens agissent sans réfléchir.					
100. Je préfère être lent et sérieux afin d'éviter de commettre des erreurs.					

RÉSULTATS

Faites le total pour chaque zone. Quelles sont vos cinq zones de superhéros ?

Zone 1 : Esprit universel L'apprentissage vous passionne vraiment ! Devenir lyrique sur de nouveaux sujets, quels qu'ils soient, vous remplit de joie.	**Zone 3 : Dynamiseur** Vous avez le pouvoir de déclencher la créativité ou d'injecter de l'innovation dans des situations ou des modes de pensée rebattus.
Zone 2 – Conteur « Laissez-moi vous embarquer ! » Vous êtes toujours prêt à faire d'événements banals une histoire épique, au grand ravissement de n'importe quel public.	**Zone 4 : Diplomate** Vous aimez aider les gens à trouver un compromis pour le bien de tous. Vous recherchez la paix et vous vous efforcez d'y parvenir en période de tension et de discorde.

Zone 5 : Tacticien Vous êtes logique et stratégique. Vous adorez aller à l'essentiel et fournir à tout le monde une feuille de route.	**Zone 13 : Mentor** Le potentiel est comme un joyau caché que vous aimez déterrer chez les autres. Grâce à vos questions et votre curiosité, vous amenez les gens à dévoiler leurs talents afin de les aider à exceller dans leur domaine.
Zone 6 : Cogiteur Adepte de la réflexion en profondeur, vous aimez cogiter sur de grandes idées et solutions avant de prendre des décisions.	**Zone 14 : Vertueux** Vous êtes droit, avec une moralité élevée sur laquelle vous ne transigerez avec personne. Il vous est pénible d'exploiter des scénarios contraires à vos valeurs.
Zone 7 : Sociable Vous aimez plus que tout cerner le ressenti des autres et faire votre possible pour qu'ils aient toujours un état d'esprit positif.	**Zone 15 : Créateur** Vous débordez toujours de suggestions radicales, de nouveaux objectifs et recommandations.
Zone 8 : Agile Quelle que soit la situation, vous savez vous adapter, changer, compenser ou vous y conformer. Vous détestez que l'on vous mette dans des cases.	**Zone 16 : Guerrier solitaire** « *Je n'ai pas besoin d'aide !* » C'est souvent votre première et dernière pensée. Vous préférez satisfaire vos besoins sans ingérence extérieure.
Zone 9 : Meneur Vous êtes toujours le premier à entreprendre, prêt à mettre l'accent sur le meilleur moyen d'aller de l'avant. Vous parvenez toujours à rallier les gens pour atteindre un objectif commun.	**Zone 17 : Optimiste** Vous regardez toujours le bon côté des choses.
Zone 10 : Évaluateur Les faits, les données et les chiffres vous procurent la confiance nécessaire pour prendre des décisions efficaces et limpides. Vous avez un esprit très analytique.	**Zone 18 : Investi** Vous adorez tenir vos promesses ! À vos yeux, le plus important est d'agir, et vous détestez décevoir les autres sans une bonne raison. Si vous dites que vous allez faire quelque chose, vous vous y tenez.
Zone 11 : Conquérant Vous êtes un compétiteur né, animé de la détermination à parvenir à l'excellence. Pour vous, le succès va au-delà du fait de terminer premier. Il s'agit de veiller à employer au mieux vos compétences.	**Zone 19 : Méthodique** Quelqu'un a parlé de feuilles de calcul, listes de choses à faire et plans de projet ? Ce sont les péchés mignons qui vous aident à atteindre vos objectifs.
Zone 12 : Débrouillard Résoudre des problèmes vous enchante ! Vous ne reculez pas devant une situation fâcheuse ou un problème à régler.	**Zone 20 : Posé** « Un pas après l'autre » est votre devise. Inutile de se précipiter. Vous aimez prendre votre temps, gérer un problème à la fois. Vous étudiez sérieusement vos plans.

ANNEXE III

EXCUSEZ-MOI, J'AIMERAIS VOUS DIRE QUELQUE CHOSE…

Tout au long de ce livre, je vous ai fourni des exercices pour vous aider à emprunter la voie adaptée à votre situation, qu'il s'agisse d'aimer votre job ou de le quitter. L'orientation à prendre est peut-être un peu plus claire dans votre esprit, même si la perspective d'une conversation avec votre chef à propos des horaires de travail ou avec votre conjoint vous intimide toujours. Voici une série de conseils et de scénarios ayant fait leurs preuves pour des conversations délicates telles que :

- aborder avec votre conjoint un changement professionnel potentiel ;
- négocier les conditions de travail à votre poste en passant en télétravail ou à temps partiel ;
- demander un congé sabbatique ;
- aborder votre chef au sujet des moyens d'accroître le bonheur au bureau.

Lancez-vous et commencez à opérer des changements aujourd'hui même.

Entamer une conversation avec votre conjoint à propos de changements professionnels

J'ai décidé d'interviewer Lotte Jeffs, journaliste plusieurs fois primée, rédactrice en chef d'une revue, autrice et directrice déléguée dans la publicité, sur l'épineuse question des conversations avec son conjoint à propos du bonheur professionnel et la manière de les appréhender.

Quel est le meilleur moyen d'aborder avec son conjoint la transition professionnelle que l'on envisage ?

Je pense qu'il ne faut pas être égoïste et bien peser les répercussions de cette décision sur les personnes importantes dans votre existence. S'installer ailleurs, avoir des absences plus longues, les inconvénients d'un changement de situation ou une baisse de salaire sont autant de facteurs qui ne concernent pas que vous. Je conseillerais donc d'avoir cette conversation sur votre transition professionnelle avant de prendre la moindre décision. Expliquez votre idée et votre réflexion, et demandez à votre conjoint ce qu'il en pense. Et écoutez vraiment sa réponse. Discutez-en régulièrement dès que vous le pouvez, au fil de votre réflexion, et impliquez votre conjoint lors de ce stade précoce d'infusion. C'est préférable à une seule conversation bien pesante après y avoir longuement réfléchi, mais sans avoir parlé du processus, car cela pourrait faire l'effet d'une bombe et déboucher sur une dispute.

Comment un couple se prépare-t-il quand ses deux membres souhaitent opérer en même temps un grand changement professionnel, comme monter une entreprise ou se mettre à son compte ?

Bienvenue dans mon existence ! Il faut beaucoup d'organisation, d'ouverture d'esprit et de volonté pour trouver un compromis. Assurez-vous d'avoir le sentiment de bénéficier d'un traitement équitable en termes d'espace et de temps pour bâtir votre carrière, plutôt que d'être rongé par le ressentiment si vous estimez que votre conjoint a plus de moyens que vous. Rechercher l'égalité absolue, avec deux carrières d'importance égale et sans avoir d'attentes basées sur le genre concernant la carrière « vedette », est une base de départ saine pour avoir ce genre de conversation. En outre, soyez réaliste et ne faites pas preuve d'égoïsme. Allez-vous vraiment pouvoir franchir un palier professionnel d'envergure tous les deux en même temps ? Votre famille s'en porterait peut-être mieux si vous les décaliez. Encore une fois, il convient de parler souvent et en toute franchise.

Quel est le meilleur moyen de parler argent et revenus avec son conjoint pendant cette période de transition professionnelle ?

Échanger, tout simplement. Si vous ménagez la chèvre et le chou, vous donnez inutilement un air étrange et complexe au sujet. Veillez à contribuer tous les deux équitablement à la bonne marche du foyer, en fonction de vos moyens. Et la seule façon d'y parvenir est d'être clair sur votre niveau de revenus et ce qu'il faudra changer en cas de transition professionnelle.

Comment continuer de soutenir son conjoint, même si cela implique d'avoir une progression personnelle légèrement différente ou décalée dans le temps ? Comment effectuer ce périple dans la paix ?

Il est utile d'avoir un plan mutualisé. Le fait de savoir que le mois ou l'année d'après, ce sera au tour de votre conjoint de quitter son job et de poursuivre son rêve vous permet de vous adapter en conséquence. Réfléchissez à votre qualité de vie et à ce qui vous rend vraiment heureux, et bâtissez votre vie professionnelle en fonction de ces éléments et non l'inverse. Appréciez le moment. Si vous avez pris un congé parental pour élever votre enfant, appréciez cette période comme une étape de votre vie, au lieu de vous concentrer sur ce que vous loupez peut-être professionnellement parlant. Si vous avez beaucoup d'ambition, il peut s'avérer particulièrement difficile de « décrocher » pendant un moment. Mais prenez du recul par rapport à ce nouveau poste au lieu de lutter intérieurement, et soutenez-vous mutuellement sans retenue au cours des différents moments de votre vie et de votre carrière.

Négocier les conditions de travail à votre poste actuel en passant en télétravail[23] ou à temps partiel

Étape 1 : Se connaître

Avant de demander à votre patron de vous laisser travailler chez vous, assurez-vous de pouvoir mettre en œuvre votre idée. Pesez-en sérieusement les avantages et les inconvénients. Avez-vous le matériel informatique nécessaire et une bonne connexion Internet ? Pourrez-vous faire efficacement votre travail sans aller au bureau tous les jours ? Disposez-vous d'un bon bureau pour garantir votre productivité et votre bien-être ? Soyez réaliste ! Si vous avez des enfants en bas âge, comment allez-vous gérer les appels impromptus en visio ? Il est également important de savoir comment distinguer les périodes de travail et de repos, sous peine de vous retrouver dans la confusion et d'avoir du mal à savoir quand commencer et quand interrompre le travail.

Étape 2 : Préparer sa démarche

Cherchez à savoir si d'autres salariés sont en télétravail et si le fait de les avoir autorisés à travailler chez eux est bénéfique à l'entreprise. Si vous proposez quelque chose de totalement nouveau, soyez prêt à passer plus de temps et à mettre plus d'énergie dans la préparation de votre dossier. De même, ne piquez pas une crise si l'on n'accède pas immédiatement à votre demande. Flexibilité et patience sont vitales lorsque vous essayez de convaincre votre encadrement d'opérer des changements d'envergure.

---

23. La pandémie qui sévit dans le monde depuis le premier trimestre 2019 a considérablement changé la donne sur la question du télétravail. Entreprises et salariés ont dû s'adapter et s'équiper. Ce mode de fonctionnement est devenu la norme et ne sera plus exceptionnel à l'avenir, même à l'issue de cette crise sanitaire. (NdT)

Étape 3 : Mettre l'accent sur les points positifs

Est-ce que le fait de ne pas avoir de transport vous permettra de démarrer votre journée de travail plus tôt ? Quels autres arguments pourriez-vous avancer pour montrer que vous feriez gagner ou économiser de l'argent à votre entreprise en travaillant chez vous ? Soyez le plus précis possible et ayez un plan stratégique exposant les bienfaits et la valeur de ce mode de travail pour votre employeur (et non pour vous).

Étape 4 : Éliminer tout souci

Dans n'importe quelle négociation, il est utile d'avoir en tête les soucis potentiels. Lorsque vous effectuez ce genre de demande, veillez à indiquer la façon dont vous assumerez vos responsabilités. Détaillez votre nouvel emploi du temps. Offrez à votre chef des options viables lui garantissant votre assiduité au travail.

Étape 5 : Suggérer une période d'essai

Nombre de cadres souhaitent légitimement avoir une vision claire du résultat avant de s'engager dans un mode de fonctionnement plus souple. Si votre chef vous paraît disposé, suggérez une période d'essai. Décrivez ce que vous comptez accomplir et dites que vous afficherez le même niveau de performances qu'au bureau. Anticipez les sujets susceptibles d'être problématiques, comme les réunions, la collaboration avec vos collègues et votre disponibilité par téléphone, courriel et messagerie instantanée.

Demander un congé sabbatique de six semaines[24]

Étape 1 : Donner le ton

L'idéal est de commencer par une brève introduction retraçant votre carrière, votre expérience et votre engagement pour mettre votre job en valeur. À ce stade, il est utile de mentionner ce qui pourrait améliorer votre situation professionnelle, ainsi que les éléments vous manquant pour poursuivre votre progression et apporter plus à votre équipe, votre département. Dites que vous avez étudié diverses options, dont l'une consiste à prendre un congé sabbatique de six semaines, par exemple.

Étape 2 : Le « pourquoi »

Énoncez en quelques phrases l'objet de votre congé sabbatique. Que prévoyez-vous de faire ? Qu'est-ce que ce congé va vous permettre de réaliser, et qu'en tirera l'entreprise ?

- Immersion culturelle – Allez-vous apprendre une langue étrangère ?
- Apprentissage et développement – S'agit-il d'un camp stratégique dans lequel vous apprendrez à être un meilleur cadre ou d'une retraite axée sur le bien-être qui vous permettra de régénérer votre attention, votre esprit et votre corps ?
- Bénévolat – Qu'il s'agisse de construire des maisons ou de participer à un projet éducatif pour les jeunes enfants, pourquoi souhaitez-vous faire du bénévolat ?
- Travail à distance – Vous souhaitez peut-être avoir la chance de vous mêler à d'autres salariés ou entrepreneurs des quatre coins de la planète en vous installant à l'étranger pour donner un nouveau souffle à vos missions, compétences et perspectives.

---

24. En France, sauf dispositions particulières prévues par la convention ou l'accord collectif d'entreprise, la durée d'un congé sabbatique est de six à onze mois. (NdT)

Étape 3 : Quel intérêt pour l'entreprise ?

Décrivez brièvement les avantages de votre congé sabbatique. Encore une fois, mettez-vous à la place de votre employeur et demandez-vous ce qu'il y gagnerait, lui. Reliez dans la mesure du possible le but de votre congé sabbatique à ces avantages. Dressez une brève liste des entreprises qui proposent des congés sabbatiques à leurs employés (entièrement rémunérés ou non rémunérés afin de pouvoir exposer la diversité des options). Vous montrerez ainsi que cette pratique est répandue, mais également qu'une telle option profitera à la compétitivité de l'entreprise dans son secteur et lui permettra d'attirer de jeunes talents. Il est aussi utile de préciser si vous êtes prêt à accepter que ce congé soit non rémunéré.

Étape 4 : Le travail fourni

Qu'espérez-vous réaliser avant votre départ ? Le but est de prouver votre valeur à votre employeur en énumérant tous les sujets que vous aurez traités avant de partir.

Étape 5 : Arrêter un plan de continuité pendant votre absence

Il s'agit d'anticiper les questions « Concernant X/et si… » Qui effectuera votre travail en votre absence et selon quelles modalités ? Si vous êtes disposé à travailler un peu pendant votre congé, comment procéderez-vous avec l'éventuel décalage horaire ? Proposez des solutions pour faciliter la poursuite de votre mission en votre absence.

Étape 6 : Déterminer la durée du congé et votre accessibilité pendant cette absence

Quelles sont les dates de début et de fin de votre congé sabbatique ? Où envisagez-vous d'aller et comment vous contacter en cas de besoin ?

Proposer une disponibilité minimale peut convaincre un chef réticent. Tout en indiquant clairement que vous ne serez joignable que de manière limitée et pas avant la fin de la troisième ou quatrième semaine. Si vous préférez ne pas vous engager sur cette voie, oubliez, mais cela pourrait vous être bénéfique, en rassurant votre chef, qui saura qu'il peut toujours vous contacter en cas d'urgence.

Étape 7 : Retour au travail et résumé

Fournissez un petit résumé clarifiant votre engagement dans votre job, tout en invitant à discuter de votre proposition.

Voici un modèle de courriel pour une demande de congé sabbatique d'une durée réduite que vous adresserez à votre chef ou qui peut servir de base à l'entretien.

Proposition de congé sabbatique de courte durée

Évoluant dans le secteur de [...] depuis [...] années, dont [... années][25] chez [employeur], j'ai acquis des connaissances considérables et une expérience qui demeurent précieuses à mon poste actuel.

Mon travail [et mes réalisations] chez [employeur] sont importants à mes yeux et j'espère demeurer un employé actif pendant de nombreuses années encore.

Je suis aujourd'hui à un stade de ma vie professionnelle où une période de renouvellement et de développement personnels serait bénéfique à la fois pour moi et pour [nom de votre département ou groupe de travail]. Je souhaiterais donc effectuer une demande de congé sabbatique de courte durée, à compter du [date, qui se situe entre six et neuf mois après la soumission de votre demande et, en tout état de cause, pas avant trois mois].

J'ai la possibilité de [décrire brièvement vos projet et objectif pour ce congé sabbatique].

Ce changement temporaire va me permettre de régénérer ma pensée créative et de refaire le plein d'énergie, en

25. Vos chances de voir votre proposition acceptée sont optimales si ce chiffre est supérieur à cinq.

accroissant ma productivité et mon investissement dans mes fonctions au sein du [groupe de travail] du département de [nom], chez [employeur].

Insérez des articles sur les bienfaits des congés sabbatiques, avec des statistiques, par exemple sur la manière dont ils contribuent à diminuer le stress, à renforcer la créativité, etc. Voilà pourquoi de grandes entreprises telles que Nike, Adobe, Patagonia, Nestlé et de nombreuses autres le proposent à leurs salariés.

Voici les projets que j'envisage de boucler avant le début de mon congé sabbatique :

- [Donnez le nom du projet 1. Décrivez le résultat et l'avantage pour votre chef/employeur.]
- [Donnez le nom du projet 2. Décrivez le résultat et l'avantage pour votre chef/employeur.]
- [Donnez le nom du projet 3. Décrivez le résultat et l'avantage pour votre chef/employeur.]

J'ai beaucoup réfléchi à la façon dont ma mission première [et mes principaux projets] peut être gérée [ou réattribuée] pendant mon absence. Voici le plan que je propose :

- [Énumérez vos projets/responsabilités et décrivez brièvement leur mode de gestion.]

[Nom du principal collègue] a accepté de prendre en charge les questions urgentes [peu probables]. *[À noter que c'est facultatif – voyez s'il est préférable que vous et votre chef décidiez ensemble de qui se chargera d'occuper vos fonctions ou s'il vaut mieux que vous soyez proactif et fassiez une suggestion.]* Les missions moins vitales [comme…] peuvent attendre mon retour.

Le plan de continuité du travail décrit ci-dessus s'entend pour un congé de [X] semaines, qui démarre à compter du [date], avec un retour prévu le [date].

Au vu de la nature et du but de mon congé sabbatique, je ne prendrai des nouvelles du bureau que la semaine précédant mon retour.

Outre le plan de continuité du travail, [nom du collègue principal] a accepté d'être mon principal contact au bureau. *[Cela suppose qu'il est plus prudent de choisir une autre personne que votre chef.]* Il disposera de toutes les procédures écrites liées à mes fonctions. En collaboration avec vous et les autres personnes, il est disposé à régler les différents problèmes susceptibles d'apparaître et à évaluer l'urgence de leur caractère, de manière à savoir s'il faut ou non me contacter.

J'ai testé des logiciels de prise de contrôle à distance et prévu un accès sécurisé à mon ordinateur et à tous ses fichiers par le biais de n'importe quelle connexion Internet depuis l'étranger, au cas où une urgence l'exigerait. *[Cela peut bien entendu être formulé différemment en fonction de la politique de gestion des données de votre entreprise.]*

J'ai l'intention de demeurer un membre actif du [département ou groupe de travail] de chez [employeur] pendant les années à venir. Pour couvrir la période de mon absence, je vous fais cette proposition détaillée, qui prend en compte les besoins de l'employeur comme ceux de l'employé.

J'espère que vous jugerez ce plan suffisant. Je reste à votre disposition pour peaufiner les détails. *[C'est une approche courageuse partant du principe que votre proposition sera acceptée.]*

Envie/besoin d'une démarche « Votre job : aimez-le ou quittez-le » ?

Vous avez lu ce livre et savez au fond de votre cœur que vous avez besoin d'entamer une conversation « Votre job : aimez-le ou quittez-le », mais ne savez pas trop comment vous y prendre. Voici quelques idées pour être plus heureux en tant que membre d'une équipe ou cadre.

Je suis cadre

En tant que cadre, vous avez écouté votre équipe et constaté que ses membres sont frustrés, épuisés et ont besoin de soutien – et vous aussi. Sans même en avoir conscience, vous occupez une place unique au sein de votre entreprise. Vous entendez ce qui se dit chez les employés ET vous avez accès aux conversations des cadres supérieurs et dirigeants. Alors, servez-vous-en !

Effectuez le « Bilan bonheur » à suivre, pour vous-même et pour au moins cinq collègues (idéalement de différents départements et niveaux hiérarchiques). Servez-vous des données recueillies pour informer les cadres supérieurs du niveau de bonheur dans l'entreprise, ces données pouvant constituer une base de départ à une proposition de création d'une « équipe du bonheur » dédiée à la résolution des problèmes au sein de l'entreprise. Vous pouvez désigner au sein de votre équipe une personne également passionnée par le sujet qui prendra des initiatives et communiquera sur le travail fourni.

Exploitez vos conclusions, montez votre équipe de rêve et expliquez à l'encadrement supérieur son importance, non seulement pour le bien-être mental de ses employés, mais également pour améliorer le taux de rotation du personnel, diminuer le nombre de jours d'arrêt maladie et augmenter la productivité.

Si vous êtes prêt à prendre en main votre bonheur professionnel, allez sur www.loveitleaveit.co pour découvrir mes formations et tous mes outils.

Je suis membre d'une équipe ou employé

Après la lecture de ce livre, je suis sûre que vous vous sentez plein d'énergie et prêt à faire en sorte que vos journées de travail vous mettent en joie. Vous avez cependant remarqué que votre responsable est stressé et peu disponible pour effectuer les changements que vous souhaitez. N'attendez pas qu'il le soit, prenez le taureau par les cornes.

Le « Bilan bonheur » à suivre est la première étape vers un plan et une stratégie « Votre job : aimez-le ou quittez-le » qui vous permettront de mettre en œuvre les changements souhaités et d'obtenir l'aide dont l'équipe a besoin selon vous.

Si vous êtes prêt à mettre au point de meilleurs processus, systèmes et échanges au bureau afin de favoriser votre évolution personnelle, la progression de votre carrière et votre bien-être au travail, allez sur www.loveitleaveit.co. Vous y trouverez des ressources, outils et informations utiles. Vous pouvez être le détonateur et générer un mouvement « Votre job : aimez-le ou quittez-le » !

Bilan bonheur

Utilisez ce petit outil pour déterminer dans quels domaines le niveau de bonheur dans votre entreprise plonge peut-être et dans quels autres il est au plus haut.

Envoyez-le aux personnes de votre choix et demandez-leur de répondre en donnant une note de 1 à 10.

Ajoutez sous chaque question quelques remarques (concises et percutantes) expliquant l'analyse du score. Précisez que vous souhaitez des réactions et des idées instinctives. Vous pourrez ensuite vous servir des enseignements que vous en aurez tiré comme base d'une discussion qui devrait entraîner la prise de mesures.

1. La tête et le cœur

Répondez sur une échelle de 1 (pas du tout) à 10 (tout à fait)

Êtes-vous capable de contrôler les caractéristiques clés de votre job ?

Vous sentez-vous empêché d'évoluer à votre meilleur niveau au travail ?

2. Communiquer et établir des relations

Répondez sur une échelle de 1 (pas du tout) à 10 (énormément)

Les idées et connaissances novatrices sont-elles monnaie courante au sein de votre entreprise ?

Avez-vous le sentiment de pouvoir tisser des liens avec les autres employés de votre entreprise ?

3. Travail

Répondez sur une échelle de 1 (pas du tout) à 10 (énormément)

Êtes-vous capable de vous montrer créatif à votre poste ?

Vous sentez-vous inspiré et fier de travailler dans votre entreprise ?

4. Numérique et attention

Répondez sur une échelle de 1 (pas du tout) à 10 (énormément)

Est-ce que votre environnement et vos conditions de travail vous donnent de l'énergie et favorisent votre bien-être ?

Diriez-vous que vous subissez des distractions technologiques ?

5. Équipe

Répondez sur une échelle de 1 (pas du tout) à 10 (tout à fait)

Appréciez-vous de travailler avec les membres de votre équipe ?

Bénéficiez-vous de l'aide et du soutien de votre équipe lorsque vous en avez besoin ?

6. Leadership

Répondez sur une échelle de 1 (pas du tout) à 10 (tout à fait)

Est-ce que votre chef vous écoute et fait attention à vous ?

Est-ce que votre supérieur vous donne les moyens d'évoluer à votre meilleur niveau ?

Bénéficiez-vous de retours constructifs sur votre travail ?

7. Entreprise

Répondez sur une échelle de 1 (pas du tout) à 10 (énormément)

Croyez-vous aux valeurs de votre entreprise ?

Est-ce que votre job contribue à la bonne marche de la société ou à une cause supérieure ?

Avez-vous de la visibilité sur l'orientation de votre entreprise dans le futur ?

8. Vécu au travail

Répondez sur une échelle de 1 (extrêmement mécontent) à 10 (extrêmement satisfait)

Comment noteriez-vous votre vie professionnelle dans l'ensemble ?

Si vous souhaitez un questionnaire plus détaillé et des contenus sur le sujet, allez sur www.loveitleaveit.co.

SOURCES ET LECTURES COMPLÉMENTAIRES

ENTRETENIR LA DYNAMIQUE

Si vous avez des questions, des histoires de réussite ou des commentaires, j'aimerais que vous me le fassiez savoir. N'hésitez pas à m'envoyer un courriel à l'adresse suivante : sam@samanthaand.co.

J'adorerais vous indiquer des tas de livres, ressources et sites Web, mais cet ouvrage aurait alors le volume d'un bottin. Dieu merci, Internet existe. Allez sur www.loveitleaveit.co pour trouver des ressources et des trousses à outils, et pour vous abonner à la lettre d'information.

Et si vous souhaitez prêcher la bonne parole...

- Postez un commentaire. Cela aidera d'autres personnes dans une situation similaire à prendre une décision. Quel que soit l'endroit où vous avez acheté ce livre, rédigez un commentaire.
- Pourquoi ne pas offrir ce livre à votre conjoint, un ami, un collègue ou un proche ?
- Partagez vos aventures « Votre job : aimez-le ou quittez-le » sur notre page Instagram :
  @loveitleaveit_
  @samanthaand
  et sur LinkedIn, www.linkedin.com/in/clarkesl/

DES OUVRAGES À LIRE

Voici quelques lectures pour aiguiser votre appétit. Vous en trouverez d'autres (en anglais) sur www.lovitleaveit.co.

Introduction

Gratton, Lynda et Scott, Andrew, *100 ans : Du bonheur d'être centenaire*, traduit par Pascal-Marie Deschamps, Saint-Simon, Paris, 2020.

Daugherty, Paul R. et Wilson, James H., *Human + Machine : Reimagining Work in the Age of AI*, Harvard Business Review Press, 2018.

Hess, Edward D. et Ludwig, Katherine, *Humility Is the New Smart: Rethinking Human Excellence in the Smart Machine Age*, Berret-Koehler Publishers, 2020.

Section 1 : Harmonie entre vie professionnelle et vie personnelle

Lyubomirsky, Sonja, *Comment être heureux et le rester*, traduit par Camille Fort, Marabout, Paris, 2011.

Slim, Pamela, *Body of Work : Finding the Thread That Ties Your Story Together*, Portfolio Penguin, 2014.

Neff, Kristin, *S'aimer : comment se réconcilier avec soi-même*, traduit par Patricia Lavigne, Belfond, Paris, 2013.

Reivich, Karen et Shatte, Andrew, *The Resilience Factor : 7 Keys to Finding Your Inner Strength and Overcoming Life's Hurdle*, Broadway Books, 2003.

Section 2 : Trouver l'origine de la souffrance

Godin, Seth, *le DIP : un petit livre qui vous enseignera quand renoncer (et quand persévérer)*, Trésor Caché, Paris, 2008.

North, Danielle, *Pause : How to press pause before life does it for you*, Aster, 2017.

Hendricks, Gay, *le Grand Saut : osez sortir de votre zone de confort*, traduit par Renée Thivierge, J'ai lu, Paris, 2019.

Section 3 : Garder à l'esprit que vous êtes génial

Covey, Stephen S., *les 7 habitudes de ceux qui réalisent tout ce qu'ils entreprennent*, traduit par Magali Guenette, First, Paris, 2017.

Newport, Cal, *So Good They Can't Ignore You : Why Skills Trump Passion in the Quest for Work You Love*, Piatkus, 2016.

Bungay Stanier, Michael, *Do More Great Work : Stop the Busywork and Start the Work That Matters*, Workman Publishing Company, 2010.

Section 4 : La voie à suivre pour aimer ce que vous faites

Newport, Cal, *Deep Work : retrouver la concentration dans un monde de distraction*, traduit par Christophe Billon, Alisio, 2019.

Scott, Kim, *En toute franchise : adoptez la sincérité bienveillante et devenez un super chef*, traduit par Magali Guenette, Pearson, Montreuil, 2019.

Husain, Mishal, *The Skills : From First Job to Dream Job – What Every Woman Needs to Know*, Harper Business, 2019.

Section 5 : Quand l'amour s'est envolé

Godin, Seth, *C'est ça, le marketing : on ne vous verra pas tant que vous n'aurez pas appris à voir*, traduit par Marylène Delbourg-Delphis, Diateino, Paris, 2019.

Guillebeau, Chris, *Side Business : lancez votre activité complémentaire en 27 jours*, traduit par Catherine Zerdoun, Alisio, 2020.

Epstein, David, *Range : How Generalists Triumph in a Specialized World*, Macmillan, 2020.

Section 6 : Vous en êtes capable !

Kerpen, Dave, *The Art of People: The 11 Simple People Skills That Will Get You Everything You Want*, Penguin Books Ltd, 2017.

Conley, Chip, *Wisdom at Work: The Making of a Modern Elder – How to Reinvent the Second Half of Your Career*, Portfolio Penguin, 2018.

Dispenza, Joe, *Rompre avec soi-même : pour se créer à nouveau*, traduit par Louis Royer, Guy Trédaniel, Paris, 2020.

REMERCIEMENTS

« Il faut tout un village pour élever un enfant ! »

Ce livre a vraiment bénéficié d'un important système de soutien pour voir le jour.

Mille mercis à ma gigantesque et fantastique famille qui a prié pour et avec moi, visualisé, consulté, coaché, écouté patiemment, relu, cuisiné et m'a nourrie lorsque j'étais trop fatiguée ou malade, m'a inspirée avec une dose de parler franc et m'a aimée les jours où j'étais irascible :

Akala
Frederique Stephanie
Mei-Lin Rawlinson
Amy Dick
Irene Moore
Michy Kintu
Anita Borvanker
Jenny Garrett
Natalie Campbell
Anne-Marie Springer
Kate Nightingale
papa et maman
Bianca Miller-Cole
Kemi Akinbola
Peishan Chen
Chanelle Newman
Kevin George
Petra Velzeboer
Chiron Cole
Ladi Delano
Ronke Oke
Della Michelle
Lea Woodward
Tiwirayi Magwenzi
Dominique Antiglio
Leila Shokuhi
Tutu Amoye
Dorett Clarke
Letesia Gibson
Vanessa Belleau
Emma Sexton
Lotte Jeffs
Vanessa Brown
Fiona Buckland
Lucy Wern
Vanessa Sanyauke
Francis Lee
Marianne Cantwell
Winnie Awa
Freddie Harrel
Mark Leruste
Yasmine Haimovici.

Merci à mon éditrice, Claudia Connal, qui m'a permis de révéler ma vision, a créé de l'ordre dans ma folie et patienté quand les différents délais étaient dépassés.

Merci à Sybella Stephens pour avoir rassemblé tous les éléments afin de boucler le projet.

Merci à Juliette de m'avoir supportée au gré des changements de version des couvertures ; nous y sommes arrivées !

Merci à Caroline et Caro, magiciennes du marketing.

J'aimerais également remercier toutes les personnes qui ont contribué à la naissance de ce livre, ainsi que Hachette et Octopus, pour m'avoir permis de faire passer mon message.

Merci à mes agents, Alice Saunders, qui a repéré quelque chose en moi en 2016, l'a fait mûrir et m'a poussée à continuer de croire en moi, et Ben Clark, qui m'a aidée à percevoir les atouts de *Votre job, aimez-le ou quittez-le.*

Je souhaiterais exprimer mon immense gratitude envers mes clients, ceux qui reçoivent ma lettre d'information et que je n'ai jamais rencontrés et toutes ces belles personnes auxquelles j'ai parlé sur les réseaux sociaux, au cours de conférences, d'ateliers et d'événements.

Merci à ma fabuleuse équipe qui a maintenu le navire à flot pendant que mon esprit s'égarait dans l'univers du livre : Riley McGhee, Em Romano, Jessica Nelligan, Gemma Sewell et Caz Wilson.

Merci à tout le personnel du Wildcard Cafe, pour les thés à la menthe gratuits et les innombrables tranches de pain grillé à la banane qui m'ont nourrie pendant ces heures entières passées à écrire.

Et enfin, merci à mes lecteurs d'avoir acheté ce livre. J'espère qu'il vous aidera à trouver le bonheur. Je vous supplie de partager les enseignements tirés de cette lecture. Vous aiderez ainsi d'autres personnes.

Avec toute mon affection,
Samantha

TABLE DES MATIÈRES

Direction de la publication : Sophie Descours et Corine Girac-Marinier
Édition : Véronique Tahon
Couverture : François Lamidon
Mise en pages : CGI
Fabrication : Rebecca Dubois

Les Éditions Larousse utilisent des papiers composés de fibres naturelles, renouvelables, recyclables et fabriquées à partir de bois issus de forêts qui adoptent un système d'aménagement durable. En outre, les Éditions Larousse attendent de leurs fournisseurs de papier qu'ils s'inscrivent dans une démarche de certification environnementale reconnue.

Achevé d'imprimer en Italie par
GRAFICA VENETA SPA
Dépôt légal : mars 2021
327443/01-11045822 – février 2021
ISBN : 978-2-03-600300-2

PAPIER À BASE DE FIBRES CERTIFIÉES

LAROUSSE s'engage pour l'environnement en réduisant l'empreinte carbone de ses livres
Celle de cet exemplaire est de :
900 g éq. CO_2
Rendez-vous sur www.larousse-durable.fr